Algoritmos iluminados

Tim Roughgarden

Algoritmos iluminados

Cuarta parte: Algoritmos para problemas NP–complejos

Algoritmos iluminados
Cuarta parte: Algoritmos para problemas NP–complejos

Primera edición en castellano

ISBN: 978-84-122380-8-2
Depósito legal: VA 579-2023

Traductor Miguel Revilla Rodríguez

Traducido de la primera edición en inglés de:
Algorithms Illuminated – Part 4: Algorithms for NP–Hard Problems
Tim Roughgarden
Soundlikeyourself Publising, LLC
ISBN: 978-0-9992829-6-0

Compuesto con X∄LᴬTEX

Índice general

Prefacio

Este libro es la cuarta parte de una serie basada en los cursos sobre algoritmos que he impartido en línea, de forma regular, desde 2012, y que están, a su vez, inspirados por otro que he realizado en innumerables ocasiones en la Universidad de Stanford. La *cuarta parte* da por hecho que el lector tiene, como mínimo, una cierta familiaridad con el análisis asintótico y la notación *Big-O*, la búsqueda en grafos y los algoritmos de caminos más cortos, los algoritmos voraces y la programación dinámica (todos ellos temas que hemos tratado en las tres primeras partes).

De qué vamos a hablar en este libro

La cuarta parte de *Algoritmos iluminados* trata sobre problemas NP–complejos y cómo lidiar con ellos.

Herramientas algorítmicas para problemas NP–complejos. Muchos de los problemas del mundo real son "NP–complejos" y resultan imposibles de resolver utilizando los algoritmos siempre rápidos y correctos que hemos destacado en las tres primeras partes de esta serie de libros. Cuando se nos plantea un problema NP–complejo, debemos sacrificar la corrección o la velocidad. Veremos técnicas ya conocidas (como los algoritmos voraces) y otras nuevas (como la búsqueda local) para obtener algoritmos heurísticos rápidos que son "aproximadamente correctos", con aplicaciones dirigidas a la planificación, la maximización de la influencia en redes sociales y el problema del viajante. También trataremos técnicas ya conocidas (como la programación dinámica) y tendremos novedades (como los solucionadores MIP y SAT) para desarrollar algoritmos correctos que mejoren de forma sustancial la búsqueda exhaustiva. Entre estas últimas se incluyen aplicaciones para el problema del viajante (otra vez), la búsqueda de vías de señalización en redes biológicas y la reestructuración de emisoras de televisión de Estados Unidos, en una subasta de altos vuelos del espectro radioeléctrico, realizada recientemente.

Identificación de problemas NP–complejos. Este libro también te enseñará a identificar rápidamente los problemas NP–complejos, para evitar que pierdas tiempo en tratar de diseñar algoritmos que resulten demasiado buenos como para ser verdad. Te familiarizarás con muchos problemas NP–complejos famosos y típicos, que pasarán por la satisfacibilidad, el coloreado de grafos o el problema del camino hamiltoniano. Aprenderás, mediante la práctica, los trucos del equilibrio necesario en la demostración de problemas NP–complejos mediante reducciones.

Para obtener una visión detallada del contenido del libro, puedes consultar las secciones "Conclusiones", que ponen fin a cada capítulo y recuerdan los aspectos más importantes. El *Manual de campaña para el diseño de algoritmos*, en la página 255, aporta una visión global del encaje de los algoritmos voraces y la programación dinámica en el mundo de los algoritmos.

Las secciones destacadas (indicadas con un asterisco) son las más avanzadas y, si el lector tiene prisa, puede ignorarlas en una primera lectura, sin que esto suponga una pérdida de continuidad en el contenido global.

Temas tratados en las tres primeras partes de la serie. La *primera parte* trata de la notación asintótica (notación *Big-O* y sus parientes cercanos), algoritmos de divide y vencerás y el método maestro, *QuickSort* aleatorizado y algoritmos de selección en tiempo lineal. La *segunda parte* trata de estructuras de datos (montículos, árboles de búsqueda equilibrados, tablas de *hash*, filtros de Bloom), técnicas para grafos (búsqueda en anchura y profundidad, conectividad, caminos más cortos) y sus aplicaciones (desde la deduplicación hasta el análisis de redes sociales). La *tercera parte* se centra en los algoritmos voraces (planificación, árboles de expansión mínimos, agrupamientos, códigos de Huffman) y la programación dinámica (mochila, alineamiento de secuencias, caminos más cortos, árboles de búsqueda óptimos).

Qué aprenderás en esta serie de libros

Dominar los algoritmos requiere tiempo y esfuerzo. ¿Por qué molestarse?

Serás un mejor programador. Aprenderás varias subrutinas espectacularmente rápidas para procesar datos, así como varias estructuras útiles para organizar información, que podrás desplegar directamente en tus programas. La implementación y uso de estos algoritmos expandirá y mejorará tus capacidades como programador. También conocerás los paradigmas generales de diseño de algoritmos, relevantes para muchos problemas en una amplia variedad de dominios, así como herramientas para predecir el rendimientos de dichos algoritmos. Estos "patrones de diseño de algoritmos" te ayudarán a diseñar nuevos algoritmos para resolver los problemas que se te vayan presentando en el futuro.

Agudizarás tu capacidad de análisis.   Practicarás mucho la descripción y el razonamiento sobre algoritmos. A través del análisis matemático, lograrás una profunda comprensión de los algoritmos y estructuras de datos específicos tratados en estos libros. Ganarás agilidad en el uso de varias técnicas matemáticas, cuyo uso está ampliamente extendido en el análisis de algoritmos.

Pensarás en términos algorítmicos.   Una vez comiences a conocer los algoritmos, los encontrarás en cualquier parte, ya sea al subir a un ascensor, al observar una bandada de pájaros, en la administración de tu cartera de inversiones o, incluso, viendo cómo aprenden los niños. El pensamiento algorítmico es cada vez más útil y está cada vez más presente en disciplinas ajenas a las ciencias de la computación, como en la biología, la estadística y la economía.

Estarás al día de los grandes éxitos de las ciencias de la computación. El estudio de los algoritmos se puede comparar a contemplar un resumen de muchos de los grandes éxitos de los últimos sesenta años en el campo de las ciencias de la computación. Ya no te sentirás excluido cuando, en una fiesta de informáticos, alguien cuente un chiste sobre el algoritmo de Dijkstra. Después de leer estos libros, entrarás de lleno en la conversación.

Arrasarás en tus entrevistas técnicas.   A lo largo de los años, muchos estudiantes me han obsequiado con historias sobre cómo el conocimiento de los conceptos de estos libros les han llevado a dar una respuesta excelente a cada pregunta que les han realizado en una entrevista de trabajo.

En qué son diferentes estos libros

Esta serie de libros tiene un único objetivo: *enseñar los conceptos algorítmicos de la forma más sencilla posible.* Puedes verlos como una transcripción de las palabras que un tutor experto en algoritmos te diría durante una lección cara a cara.

Existe un buen número de libros de texto tradicionales sobre algoritmos, que son excelentes, y cualquiera de ellos será un buen complemento a esta serie de libros, al plantear problemas y temas adicionales. Te animo a que los conozcas y elijas tus favoritos. También existen otros materiales que, a diferencia de estos libros, alimentan al programador que busca implementaciones listas para usar en algún lenguaje de programación específico. Muchas de esas implementaciones también se pueden encontrar disponibles en internet.

¿Quién eres?

El objetivo principal de estos libros, y de los cursos en línea en los que se basan, radica en que sean lo más accesibles posible. En mis cursos en línea he encontrado a personas de todas las edades, orígenes y trayectos vitales y, en todos los rincones de mundo, existe una impresionante cantidad de estudiantes (de secundaria, universidad, etc.), ingenieros de software (presentes o futuros), científicos y profesionales deseosos de aprender.

Este libro no es una introducción a la programación. Lo ideal sería que ya tuvieses unas nociones básicas en ese ámbito, como el uso de *arrays* y la recursividad, en algún lenguaje de programación (ya sea Java, Python, C, Scala, Haskell, etc.). Si crees que necesitas refrescar tus capacidades de programación, existen varios cursos gratuitos en internet que tienen una calidad extraordinaria y que te darán la base necesaria.

También utilizaremos el análisis matemático, según resulte necesario, para entender cómo y por qué funcionan los algoritmos. El libro gratuito *"Mathematics for Computer Science"*, de Eric Lehman, F. Thomson Leighton y Albert R. Meyer, supone un contenido excepcional y ameno para recordar la notación matemática (como $\sum$ o $\forall$), los conceptos de las demostraciones (inducción, contradicción, etc.), la probabilidad discreta y mucho más.

Recursos adicionales

Estos libros están basados en cursos en línea que, en la actualidad, se encuentra disponibles en las plataformas Coursera y edX. He dejado varios recursos disponibles para ayudarte a replicar, según tus necesidades, la experiencia del curso en línea.

Vídeos. Si prefieres ver y escuchar, puedes utilizar las listas de reproducción de YouTube disponibles en `www.algorithmsilluminated.org`. Estos vídeos cubren todos los temas de esta serie de libros, así como algunos temas avanzados adicionales. Espero que te transmitan un entusiasmo contagioso por los algoritmos que, francamente, es difícil de comunicar mediante la palabra impresa.

Cuestionarios. ¿Cómo podrías saber si estás asimilando realmente los conceptos de este libro? A lo largo del texto encontrarás cuestionarios con soluciones y explicaciones. Cuando llegues a uno de ellos, te animo a que te detengas en tu lectura y trates de responderlo antes de continuar.

Problemas al final del capítulo. Al final de cada capítulo podrás encontrar varias preguntas relativamente sencillas, para comprobar tu nivel de comprensión, seguidas por problemas y desafíos más complejos. Podrás encontrar pistas o soluciones para la mayoría de estos problemas (indicados, respectivamente, por "*(P)*" o "*(S)*") al final del libro. Los lectores pueden comentar conmigo, o con otros, cualquier cuestión relativa a estos problemas a través del foro de discusión del libro (ver más adelante).

Problemas de programación. Muchos de los capítulos finalizan proponiendo un proyecto de programación, cuyo objetivo es el de ayudarte a desarrollar una comprensión detallada de un algoritmo, mediante la creación de tu propia implementación. En `www.algorithmsilluminated.org` podrás encontrar conjuntos de datos, junto a los casos de prueba y las soluciones.

Foros de discusión. Una de las razones más importantes del éxito de los cursos en línea, es la oportunidad que estos ofrecen a los participantes de ayudarse entre ellos para entender el material y depurar las implementaciones. Los lectores de estos libros gozarán de esas mismas oportunidades gracias a los foros disponibles en `www.algorithmsilluminated.org`.

Agradecimientos

Estos libros no existirían sin la pasión y el impulso aportados por los miles de participantes de mis cursos de algoritmia a lo largo de los años. Estoy especialmente agradecido a aquellos que han proporcionado comentarios y aportaciones al borrador de este libro: Tonya Blust, Yuan Cao, Leslie Damon, Tyler Dae Devlin, Roman Gafiteanu, Blanca Huergo, Jim Humelsine, Tim Kearns, Vladimir Kokshenev, Bayram Kuliyev, Clayton Wong, Lexin Ye y Daniel Zingaro. Gracias también a los expertos que me han proporcionado asesoría técnica: Amir Abboud, Vincent Conitzer, Christian Kroer, Aviad Rubinstein e Ilya Segal.

Siempre agradezco nuevas sugerencias y correcciones por parte de los lectores. El mejor canal de comunicación es el foro ya mencionado.

TIM ROUGHGARDEN
Nueva York, NY, EEUU
Junio de 2020

Capítulo 19

¿Qué es la complejidad NP?

Los libros de introducción a la algoritmia, incluyendo las tres primeras partes de esta serie, sufren del sesgo de selección. Se centran en problemas informáticos que se pueden resolver mediante algoritmos rápidos y audaces (al fin y al cabo, ¿qué nos hace sentirnos con más poder que el conocer un atajo algorítmico ingenioso?). La buena noticia es que muchos de los problemas fundamentales y más relevantes entran en esta categoría: ordenación, búsqueda en grafos, caminos más cortos, códigos de Huffman, árboles de expansión mínimos, alineamiento de secuencias, etc. Pero resultaría totalmente fraudulento enseñarte únicamente esta selectísima colección de problemas e ignorar el ámbito de las pesadillas informáticas que atormentan a los programadores o diseñadores de algoritmos comprometidos de verdad con su trabajo. Por desgracia, existen muchos problemas computacionales, que tarde o temprano harán su aparición en tus propios proyectos, para los que no existen algoritmos rápidos conocidos. Te lo pongo incluso peor: no hay una expectativa realista de que estos vayan a existir en el futuro, ya que la creencia común es que se trata de problemas intrínsecamente difíciles e imposibles de resolver mediante algoritmos rápidos.

Ahora que somos conscientes de la cruda realidad, hay dos preguntas que surgen inmediatamente. En primer lugar, ¿cómo podemos identificar esos problemas tan difíciles, cuando se presentan en nuestro propio trabajo, de forma que podamos adecuar las expectativas y evitar perder tiempo buscando un algoritmo demasiado bueno como para ser verdad? En segundo lugar, cuando uno de esos problemas resulta importante en el desarrollo de nuestra aplicación, ¿cómo deberíamos acomodar nuestras ambiciones y con qué herramientas algorítmicas contamos para alcanzarlas? Este libro profundizará abundantemente en las respuestas a ambas cuestiones.

19.1 MST frente a TSP: un misterio algorítmico

Los problemas computacionales complejos se pueden llegar a parecer mucho a los sencillos, y es necesario estar bien preparado para distinguirlos. Para ponernos en situación, nos volveremos a encontrar con un viejo amigo (el problema del árbol de expansión mínimo) y conoceremos a su primo más exigente (el problema del viajante).

19.1.1 El problema del árbol de expansión mínimo

Un famoso problema que se puede resolver con un algoritmo espectacularmente rápido es el del *árbol de expansión mínimo (MST)* (que vimos en el capítulo 15 de la *tercera parte*)[1].

Problema: árbol de expansión mínimo (MST)

Entrada: un grafo conexo no dirigido $G = (V, E)$ y un coste de valor real c_e para cada arista $e \in E$.

Salida: un árbol de expansión $T \subseteq E$ de G con la mínima suma de costes de aristas $\sum_{e \in T} c_e$ que sea posible.

Recordemos que un grafo $G = (V, E)$ es *conexo* si, para todo par $v, w \in V$ de vértices, contiene un camino desde v hasta w. Un *árbol de expansión* de G es un subconjunto de aristas $T \subseteq E$ tal que el subgrafo (V, T) es tanto conexo como acíclico. Por ejemplo, en el grafo

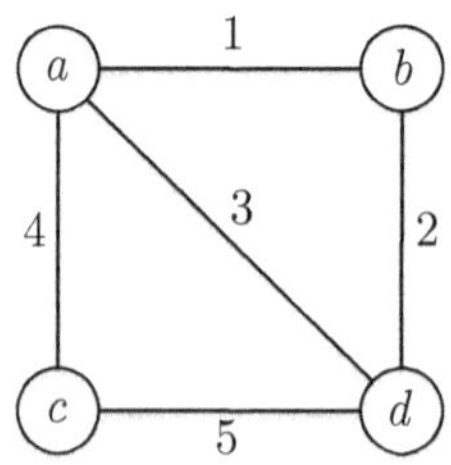

---

[1]Solo por refrescar la memoria, un *grafo* $G = (V, E)$ tiene dos ingredientes: un conjunto V de *vértices* y un conjunto E de *aristas*. En un grafo *no dirigido*, cada arista $e \in E$ corresponde a un par no ordenado $\{v, w\}$ de vértices (expresado como $e = (v, w)$ o $e = (w, v)$). En un grafo *dirigido*, cada arista (v, w) es un par ordenado, con la arista dirigida desde v hasta w. Los números de vértices y aristas $|V|$ y $|E|$ se suelen expresar, respectivamente, como n y m.

el árbol de expansión mínimo está formado por las aristas (a, b), (b, d) y (a, c), para un coste total de 7.

Un grafo puede tener un número exponencial de árboles de expansión, por lo que la búsqueda exhaustiva queda descartada salvo que este sea muy pequeño[2]. Pero el problema del MST *se puede* resolver mediante algoritmos inteligentes y rápidos, como los de Prim y Kruskal. Una vez desplegadas las estructuras de datos oportunas (montículos y unión–buscar, respectivamente), ambos algoritmos cuentan con implementaciones espectacularmente rápidas, con tiempos de ejecución de $O((m + n) \log n)$, donde m y n son, respectivamente, los números de aristas y vértices del grafo de entrada.

19.1.2 El problema del viajante

Otro problema famoso, no mencionado en las tres primeras partes, pero de especial relevancia en esta cuarta, es el *problema del viajante (TSP)*. Su definición es casi idéntica a la del problema del MST, salvo por las *rutas* (ciclos sencillos que recorren todos los vértices) que hacen las veces de árboles de expansión.

Problema: el problema del viajante (TSP)

Entrada: un grafo completo no dirigido $G = (V, E)$ y un coste c_e de valor real para cada arista $e \in E$.[3]

Salida: una ruta $T \subseteq E$ de G con la mínima suma de costes de aristas $\sum_{e \in T} c_e$ que sea posible.

Formalmente, una *ruta* es un ciclo que visita todos los vértices exactamente una vez (con dos aristas incidentes a cada vértice).

---

[2]Por ejemplo, la *fórmula de Cayley* es un famoso resultado sobre combinatoria que afirma que el grafo completo de n vértices (en el que están presentes todas las $\binom{n}{2}$ aristas posibles) cuenta con, exactamente, n^{n-2} árboles de expansión diferentes. Este número supera a la cantidad estimada de átomos presentes en el universo conocido cuando $n \geq 50$.

[3]En un grafo *completo*, están presentes todas las $\binom{n}{2}$ aristas posibles. La asunción de que el grafo es completo no implica una pérdida de generalidad, pues cualquier grafo de entrada arbitrario se puede convertir sin inconveniente en un grafo completo, añadiendo las aristas faltantes y asignándoles costes muy altos.

Si todo lo demás falla, el TSP se puede resolver mediante la enumeración exhaustiva de todas las rutas (que son finitas) y la elección de la mejor. Puedes probar a aplicar la búsqueda exhaustiva en un ejemplo pequeño.

En la práctica, el TSP solo se puede resolver mediante búsqueda exhaustiva en sus instancias más pequeñas. *¿Podemos hacerlo mejor?* ¿Existirá, de forma análoga al problema del MST, un algoritmo que localice por arte de magia la aguja del coste mínimo en el pajar del tamaño exponencial de las rutas del viajante? A pesar del parecido superficial de los enunciados de ambos problemas, el TSP resulta mucho más difícil de resolver que el problema del MST.

19.1.3 Ensayo–error para resolver el TSP

Ahora podría contarte una historia un tanto ñoña sobre un... por ejemplo... un viajante, pero flaco favor le estaría haciendo al TSP que es, en realidad, bastante fundamental. Siempre que encuentres un conjunto de tareas que se deban completar de forma secuencial, donde el coste (o el tiempo) de finalización de cada una de ellas dependa de la anterior, estarás hablando del TSP, aunque no lo parezca.

Por ejemplo, las tareas podrían representar coches que deben ser ensamblados en una fábrica, donde el tiempo necesario para construir cada uno es igual a un coste fijo (el del montaje) más un coste de preparación que depende de cómo de diferentes sean las configuraciones de la fábrica para este coche y el anterior. Ensamblar los coches de la forma más rápida posible se reduce a minimizar la suma de los costes de preparación, que resulta ser, justamente, el TSP.

En un caso muy distinto, imagina que has recopilado un conjunto de fragmentos superpuestos de un genoma y te gustaría establecer su orden más probable mediante ingeniería inversa. Dada una "medida de probabilidad" que asigne un coste a cada par de fragmentos (en función, por ejemplo, de la longitud de su subcadena común más larga), lo más probable es que este problema de ordenación termine siendo el TSP[4].

Seducidas por las aplicaciones prácticas y el atractivo estético del TSP, muchas de las grandes mentes dedicadas a la optimización han dedicado, desde, al menos, el principio de la década de 1950, unos inmensos esfuerzos y potencia de cálculo para resolver instancias de gran escala del TSP[5].

---

[4]En realidad, ambas aplicaciones se modelan mejor como problemas del *camino* del viajante, en los que el objetivo radica en calcular un camino libre de ciclos de coste mínimo que visite todos los vértices (sin volver al vértice inicial). Es muy sencillo convertir cualquier algoritmo que resuelva el TSP a otro que resuelva la versión para caminos del mismo, y viceversa (problema 19.7).

[5]Los lectores que tengan curiosidad por la historia o las aplicaciones adicionales del TSP, deberían consultar los cuatro primeros capítulos del libro *The Traveling Salesman Problem:*

A pesar de las décadas y la artillería intelectual empleadas:

En el momento de escribir este libro (año 2020), no existe un algoritmo rápido que resuelva el TSP.

¿A qué nos referimos por algoritmo "rápido"? En la *primera parte* acordamos que:

> Un *"algoritmo rápido"* es aquel cuyo tiempo de ejecución en el peor caso crece lentamente en relación al tamaño de la entrada.

¿Y a qué nos referimos con "crece lentamente"? Durante la mayor parte de esta serie de libros, nuestro Santo Grial han sido los algoritmos que se ejecutan en tiempo lineal o casi lineal. Olvídate de esos algoritmos espectacularmente rápidos. En el caso del TSP, no se conoce ningún algoritmo que se ejecute de forma constante en tiempo $O(n^{100})$ para instancias de n vértices o, para el caso, en tiempo $O(n^{10000})$.

Existen dos explicaciones contrapuestas para explicar esta situación tan deprimente: (i) existe un algoritmo rápido para TSP, pero nadie ha sido lo suficientemente listo como para encontrarlo; o (ii) no existe tal algoritmo. Desconocemos qué explicación será la correcta, pero la mayoría de los expertos coinciden en la segunda.

No existe un algoritmo rápido para el TSP.

Ya en 1967, Jack Edmonds escribió:

> Planteo como conjetura que no existe un buen algoritmo para el problema del viajante. Mis razones son las mismas que las de cualquier otra conjetura matemática: (1) es una posibilidad matemática legítima, y (2) yo no lo conozco[6].

A Computational Study, de David L. Applegate, Robert E. Bixby, Vašek Chvátal y William J. Cook (Princeton University Press, 2006).

[6]Del artículo *"Optimum Branchings"*, de Jack Edmonds (*Journal of Research of the National Bureau of Standards, Series B*, 1967). Por "buen algoritmo", Edmonds se refería a un algoritmo con un tiempo de ejecución con un límite superior establecido por una función polinómica sobre el tamaño de la entrada.

Por desgracia, la maldición de lo inabordable no se ciñe únicamente al TSP. Veremos muchos otros problemas de relevancia práctica que están igualmente afectados por ella.

19.1.4 Soluciones a los cuestionarios 19.1–19.2

Solución al cuestionario 19.1

Respuesta correcta: (b). Existe una correspondencia intuitiva entre las ordenaciones de vértices (de las que hay $n!$) y las rutas (que visitan los vértices de uno en uno, en algún orden), por lo que la respuesta (d) sería una opción natural. Sin embargo, esta correspondencia contabiliza cada ruta de $2n$ forma distintas: una por cada una de las n elecciones del vértice de inicio y otra para cada una de las dos direcciones del recorrido de la ruta. Por tanto, el número total de rutas es $n!/2n = \frac{1}{2}(n-1)!$. Por ejemplo, con $n = 4$, hay un total de tres rutas distintas:

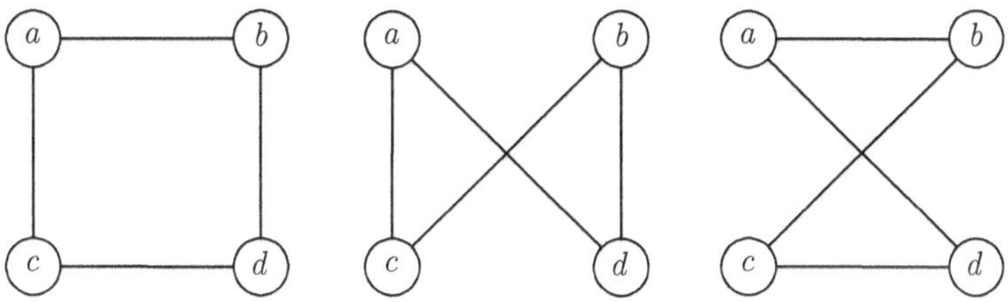

Solución al cuestionario 19.2

Respuesta correcta: (b). Podemos enumerar las rutas comenzando en el vértice a y probando las seis ordenaciones posibles de los otros tres vértices, asumiendo la circunstancia de que la ruta termina viajando desde el último vértice de vuelta a a (en realidad, esta enumeración cuenta cada ruta dos veces, una por cada dirección). Los resultados son:

Orden de los vértices	Coste de la ruta correspondiente
a, b, c, d o bien a, d, c, b	15
a, b, d, c o bien a, c, d, b	13
a, c, b, d o bien a, d, b, c	14

La ruta más corta es la segunda, con un coste total de 13.

19.2 Niveles de experiencia posibles

Algunos problemas informáticos son más sencillos que otros. El fin de la teoría de la dificultad NP se encuentra en clasificarlos, con un sentido preciso, entre "computacionalmente sencillos" (como el problema del MST) o "computacionalmente difíciles" (como el TSP). Este libro está dirigido tanto a lectores que tengan un nivel de cinturón blanco como a aquellos que buscan llegar a ser cinturón negro en el tema. Esta sección sirve de guía sobre cómo abordar el resto del libro, en función de tus objetivos y limitaciones.

¿Cuáles son tus niveles de experiencia actuales y buscados en la identificación y tratamiento de los problemas NP–complejos[7]?

Nivel 0   "¿Qué es un problema NP–complejo?".

El nivel 0 representa la ignorancia absoluta: jamás has oído hablar de la dificultad NP y desconoces que muchos problemas informáticos de relevancia práctica están considerados como irresolubles mediante un algoritmo rápido. Si he hecho bien mi trabajo, este libro debería ser accesible incluso para los lectores de este nivel.

Nivel 1   "¡Vaya! ¿El problema es NP–complejo? Supongo que tendré que reformularlo, reducir nuestras expectativas o invertir muchos más recursos en resolverlo".

El nivel 1 representa un conocimiento a nivel de fiesta de informáticos y, al menos, un conocimiento superficial de lo que significa la complejidad NP[8]. Por ejemplo, ¿estás gestionando un proyecto de software que incluye un componente algorítmico o de optimización? Si es así, deberías tener, al menos, un conocimiento de nivel 1, en caso de que uno de los miembros de tu equipo se presente con un problema NP–complejo y quiera valorar los pasos a seguir. Para llegar a este nivel, estudia las secciones 19.3, 19.4 y 19.6.

Nivel 2   "¡Vaya! ¿El problema es NP–complejo? Deja que aplique mi experiencia algorítmica a ver hasta dónde llego".

---

[7]¿Qué pasa con el término "NP"? Consulta la sección 19.6.

[8]Si hablamos, como siempre, de fiestas de informáticos lo suficientemente frikis.

Los ingenieros de software alcanzan su principal mejora cualitativa al llegar al nivel 2, lo que implica contar con una serie de excelentes herramientas para desarrollar algoritmos utilizables en la práctica para la solución o aproximación a problemas NP–complejos. Un programador serio debería apuntar a este nivel (como mínimo). Afortunadamente, todos los paradigmas algorítmicos que hemos desarrollado para los problemas que se pueden resolver en tiempo polinómico en las tres primeras partes, nos resultarán útiles para abrirnos camino con los problemas NP–complejos. El objetivo de los capítulos 20 y 21 es el de llevarte hasta este nivel 2. También encontrarás una introducción en la sección 19.4 y un caso de estudio detallado en el capítulo 24, donde podrás ver en acción las herramientas del nivel 2 en una aplicación de altos vuelos.

> **Nivel 3**   "Háblame de tu problema informático. [...escuchas con atención...] Lo siento en el alma, ese problema es NP–complejo".

En el nivel 3, reconocerás rápidamente los problemas NP–complejos cuando se te presenten en la práctica (momento en el que podrás aplicar las habilidades adquiridas en el nivel 2). Conocerás varios problemas NP–complejos y también sabrás demostrar que lo son. Los especialistas en algoritmos deben dominar totalmente estas habilidades. Yo, por ejemplo, suelo recurrir a este nivel 3 cuando aconsejo a otros colegas, estudiantes o ingenieros de la industria de los problemas algorítmicos. El capítulo 22 es un buen entrenamiento para alcanzar el nivel 3. También hay una introducción en la sección 19.5.

> **Nivel 4**   "Deja que te explique la conjetura $P \neq NP$ en la pizarra".

El nivel 4, el más avanzado, está destinado a teóricos y a cualquiera que busque una comprensión matemática rigurosa de la complejidad NP y de la cuestión P frente a NP. Si este calificativo no te intimida, el capítulo 23 está dirigido a ti (para el resto es opcional).

19.3 Problemas fáciles y difíciles

Una simplificación excesiva de la dicotomía "fácil frente a difícil" propuesta por la teoría de la complejidad NP es la siguiente:

fácil	$\leftrightarrow$	se puede resolver con un algoritmo de tiempo polinómico;
difícil	$\leftrightarrow$	necesita, para el peor caso, tiempo exponencial.

Este resumen de la complejidad NP obvia varias sutilezas importantes (ver la sección 19.3.9). Pero si de hoy en diez años solo recuerdas unas pocas palabras sobre el significado de la complejidad NP, lo mejor es que sean estas.

19.3.1 Algoritmos de tiempo polinómico

Para continuar con la definición de lo que es un problema "fácil", recordemos los tiempos de ejecución de algunos de los algoritmos más famosos que hemos visto hasta ahora (por ejemplo, en las tres primeras partes de esta serie):

Problema	Algoritmo	Tiempo de ejecución
Ordenación	MERGESORT	$O(n \log n)$
Componentes fuertemente conexos	KOSARAJU	$O(m + n)$
Caminos más cortos	DIJKSTRA	$O((m + n) \log n)$
MST	KRUSKAL	$O((m + n) \log n)$
Alineamiento de secuencias	NW	$O(mn)$
Caminos más cortos entre todos los pares	FLOYD–WARSHALL	$O(n^3)$

El significado exacto de n y m es específico de cada problema, pero en todos los casos está muy relacionado con el tamaño de la entrada[9]. La conclusión de esta tabla es que, mientras que los tiempos de ejecución de estos algoritmos pueden variar, *todos ellos están limitados por una función polinómica en relación al tamaño de la entrada*. En general:

> **Algoritmos de tiempo polinómico**
>
> Un *algoritmo de tiempo polinómico* es aquel en el que el tiempo de ejecución en el peor caso es $O(n^d)$, donde n indica el tamaño de la entrada y d es una constante (independiente de n).

Los seis algoritmos mostrados al principio de esta sección son todos de tiempo polinómico (con exponentes d razonablemente pequeños)[10]. ¿Se

---

[9]En la ordenación, n indica la longitud del *array* de entrada; en los cuatro problemas de grafos, n y m indican los números respectivos de vértices y aristas; y en el problema de alineamiento de secuencias, n y m indican las longitudes de las dos cadenas de entrada.

[10]Recuerda que un factor logarítmico puede estar (aproximadamente) limitado en su parte superior por un factor lineal. Por ejemplo, si $T(n) = O(n \log n)$, entonces también $T(n) = O(n^2)$.

ejecutan todos los algoritmos naturales en tiempo polinómico? No. En muchos problemas, por ejemplo, la búsqueda exhaustiva se ejecuta en tiempo exponencial en relación al tamaño de la entrada (como se indica en la nota al pie 2 del problema del MST). Hay algo especial en los algoritmos inteligentes de tiempo polinómico que hemos estudiado hasta ahora.

19.3.2 Tiempo polinómico frente a exponencial

No olvides que cualquier función exponencial terminará por crecer mucho más rápido que cualquier función polinómica. Existe una gran diferencia entre los tiempos de ejecución polinómicos y exponenciales típicos, incluso en las instancias más pequeñas. El gráfico que viene a continuación (que muestra la función polinómica $100n^2$ frente a la función exponencial 2^n) es buena muestra de ello.

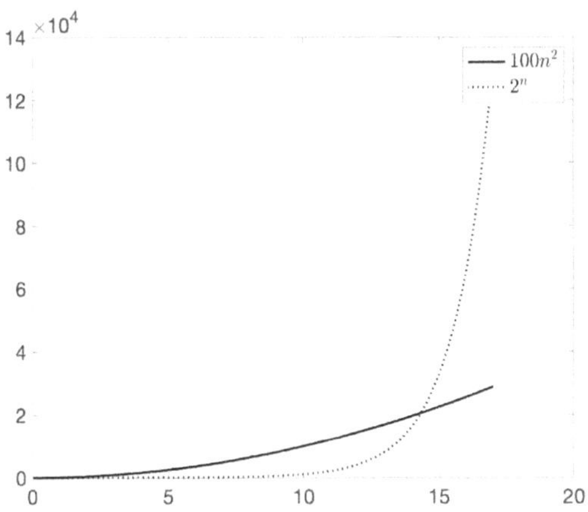

La ley de Moore afirma que la potencia de cálculo disponible por un precio determinado se duplica cada uno o dos años. ¿Significa esto que, a la larga, desparecerá la diferencia entre los algoritmos de tiempo polinómico y los de tiempo exponencial? La realidad es que ocurrirá todo lo contrario. Nuestras ambiciones de cálculo crecen junto a la potencia que tenemos disponible y, con el paso del tiempo, nos vamos atreviendo con tamaños de entrada cada vez más grandes, lo que supone un distanciamiento cada vez mayor entre los tiempos de ejecución polinómicos y exponenciales.

Imagina que dispones de una cantidad de tiempo determinada, como una hora o un día. ¿Cómo aumenta el tamaño de entrada que podemos resolver al ir aumentando la potencia de cálculo? En los algoritmos de tiempo polinómico, crece por un factor constante (como desde 1.000.000 hasta 1.414.213) cada vez que se duplica la potencia de cálculo[11]. En el caso de un algoritmo que se ejecute en un tiempo proporcional a 2^n, donde n es el tamaño de entrada, cada duplicación de la potencia de cálculo aumenta la entrada que se puede resolver en una sola unidad (como desde 1.000.000 hasta 1.000.001).

19.3.3 Problemas fáciles

La teoría de la complejidad NP define como problemas "fáciles" aquellos que se pueden resolver mediante un algoritmo de tiempo polinómico o, de forma equivalente, mediante un algoritmo para el que el tamaño de entrada abordable (en un periodo de tiempo determinado) se multiplica según aumenta la potencia de cálculo[12]:

> **Problemas resolubles en tiempo polinómico**
>
> Un problema computacional es *resoluble en tiempo polinómico* si existe un algoritmo de tiempo polinómico que lo resuelve correctamente independientemente de cuál sea la entrada.

Por ejemplo, los seis problemas mostrados al principio de esta sección se pueden resolver en tiempo polinómico.

Técnicamente, un algoritmo (inútil en la práctica) que se ejecute en tiempo $O(n^{100})$ sobre entradas de tamaño n cuenta como algoritmo de tiempo polinómico, y un problema que sea resuelto por tal algoritmo tiene la consideración de resoluble en tiempo polinómico. Dándole vueltas a esta afirmación, si un problema como el TSP *no se puede* resolver en tiempo polinómico, no existirá ningún algoritmo de tiempo $O(n^{100})$ o, incluso, $O(n^{10000})$ que sea capaz de abordarlo.

---

[11]En el caso de un algoritmo de tiempo lineal, podrás resolver problemas el doble de grandes; con un algoritmo de tiempo cuadrático, $\sqrt{2} \approx 1{,}414$ veces más grandes; con un algoritmo de tiempo cúbico, $\sqrt[3]{2} \approx 1{,}26$ más grandes, etc.

[12]Esta definición fue propuesta, de forma independiente, por Alan Cobham y Jack Edmonds (ver la nota al pie 6) a mediados de la década de 1960.

La equiparación de "fácil" a "se puede resolver en tiempo polinómico" es imperfecta. Se da el caso de que un problema se puede resolver teóricamente (por un algoritmo que se ejecute en tiempo polinómico) pero no en la práctica (por un algoritmo empíricamente rápido), o viceversa. Cualquiera con el valor de establecer una definición matemática precisa (como la posibilidad de una solución en tiempo polinómico) para expresar un concepto confuso del mundo real (como "fácil de resolver mediante un ordenador en el mundo físico") debe estar dispuesto a lidiar con la fricción entre la naturaleza binaria de la definición y la inexactitud de la realidad. La definición incluirá o excluirá, inevitablemente, algunos casos límite que se comportan de forma inesperada, aunque esto no es excusa para ignorar o descartar una buena definición. La posibilidad de resolución en tiempo polinómico ha resultado irracionalmente eficaz para clasificar problemas como "fáciles" o "difíciles" de una forma acorde a la experiencia empírica. Con medio siglo de demostraciones a la espalda, podemos estar confiados al afirmar que los problemas con una solución natural de tiempo polinómico se pueden resolver, normalmente, con algoritmos prácticos de uso generalista, y que los problemas considerados como no resolubles en tiempo polinómico suelen necesitar de bastante más trabajo y experiencia.

19.3.4 Relatividad de lo no abordable

Supongamos que tenemos la sospecha de que un problema como el TSP "no es fácil", lo que significa que no se puede resolver mediante ningún algoritmo de tiempo polinómico (con independencia del tamaño del polinomio). ¿Cómo podemos reunir pruebas de que estamos, efectivamente, ante este caso? El argumento más convincente sería, por descontado, una demostración matemática a prueba de bombas. Pero, a día de hoy, el TSP sigue en el limbo: nadie ha encontrado un algoritmo de tiempo polinómico que lo resuelva y nadie ha podido demostrar que tal algoritmo no exista.

¿Cómo podemos desarrollar una teoría que diferencie cuidadosamente los problemas "abordables" de los "no abordables", a pesar de nuestra comprensión deficiente de lo que pueden hacer los algoritmos? La brillante presunción que sustenta a la teoría de la complejidad NP es la de clasificar los problemas en base a su dificultad *relativa* (en vez de absoluta) y declarar que un problema es "difícil" si es "al menos tan difícil como" una cantidad abrumadora de otros problemas nos resueltos.

19.3.5 Problema difíciles

Los muchos intentos fallidos de resolver el TSP (sección 19.1.3) nos proporcionan pruebas circunstanciales de que el problema podría no ser resoluble mediante un algoritmo de tiempo polinómico.

> **Pruebas débiles de la dificultad**
>
> Un algoritmo de tiempo polinómico para el TSP resolvería un problema que se ha resistido a los esfuerzos de cientos (cuando no miles) de inteligencias brillantes, a lo largo de muchas décadas.

¿Podemos hacerlo mejor, en el sentido de ser más convincentes en cuanto a afirmar que no es abordable? Aquí es donde entran en juego la magia y la potencia de la complejidad NP. La gran idea consiste en demostrar que un problema como el TSP es, al menos, tan difícil como una enorme cantidad de problemas no resueltos, provenientes de diversos ámbitos científicos: en concreto, de todos los problemas para los que reconocerías una solución nada más verla. Tal argumento implicaría que un algoritmo de tiempo polinómico que, hipotéticamente, resolviese el TSP, resolvería automáticamente el resto de problemas en la misma situación.

> **Pruebas sólidas de la dificultad**
>
> Un algoritmo de tiempo polinómico para el TSP resolvería *miles* de problemas que se han resistido a los esfuerzos de *decenas (cuando no cientos) de miles* de inteligencias brillantes, a lo largo de muchas décadas.

En la práctica, la teoría de la complejidad NP demuestra que miles de problemas computacionales (incluyendo al TSP) son variaciones maquilladas del mismo problema y que todas comparten idéntico destino computacional. Si intentas desarrollar un algoritmo de tiempo polinómico para un problema NP–complejo, como el TSP, estarás tratando, involuntariamente, de desarrollar algoritmos para esos miles de problemas relacionados[13].

Decimos que un problema es *NP–complejo* si existen pruebas sólidas de que no es abordable según los términos ya establecidos:

> ### Complejidad NP (idea principal)
>
> Un problema es *NP–complejo* si es, al menos, tan difícil como cualquier otro problema con soluciones fácilmente reconocibles.

Expresaremos esta idea con una precisión del 100% en la sección 23.3.4. Hasta entonces, trabajaremos con una definición provisional de la dificultad NP, expresada en los términos de una famosa conjetura matemática, la "conjetura P $\neq$ NP".

19.3.6 La conjetura P $\neq$ NP

Es posible que ya hayas oído hablar de la conjetura P $\neq$ NP. Pero, ¿qué es, exactamente? La sección 23.3.6 ofrece la definición matemática exacta. De momento, nos quedaremos con una versión informal que debería resultarle familiar a cualquiera que haya tenido que corregir tareas de alumnos:

> ### La conjetura P $\neq$ NP (versión informal)
>
> Comprobar la presunta solución de un problema puede resultar esencialmente más sencillo que desarrollar tu propia solución.

---

[13]Haciendo de abogado del diablo, hay cientos (cuando no miles) de inteligencias brillantes que, igualmente, no han conseguido demostrar lo contrario, que el TSP *no se puede resolver* el tiempo polinómico. Por simetría, ¿no sugiere esto que quizá no exista tal demostración? La diferencia está en que somos, aparentemente, mejores en demostrar que un problema se puede resolver (con algoritmos ya conocidos para innumerables problemas) que en demostrar que no se puede. Por tanto, si el TSP se puede resolver en tiempo polinómico, sería raro que todavía no hubiésemos encontrado un algoritmo que lo hiciese; si no, no es tan raro que todavía no sepamos cómo demostrarlo.

Las "P" y "NP" de la conjetura hacen referencia, respectivamente, a problemas que se pueden resolver desde cero en tiempo polinómico y a aquellos cuyas soluciones se pueden verificar en tiempo polinómico. Veremos las definiciones formales en el capítulo 23.

Por ejemplo, verificar la solución propuesta por alguien a un rompecabezas Sudoku o KenKen resulta mucho más sencillo que resolverlo tú mismo. O, en el contexto del TSP, es fácil verificar que una ruta propuesta es correcta (con un coste total de, digamos, 1000 como máximo) sumando los costes de sus aristas; lo que no está tan claro es lo que tardarías tú en calcular tu propia ruta desde cero. Por tanto, la intuición sugiere que la conjetura P ≠ NP es cierta[14,15].

19.3.7 Definición provisional de la complejidad NP

Diremos, provisionalmente, que un problema es NP–complejo si, asumiendo que la conjetura P ≠ NP *sea cierta*, no se puede resolver mediante un algoritmo de tiempo polinómico.

> **Problema NP–complejo (definición provisional)**
>
> Un problema computacional es *NP–complejo* si un algoritmo polinómico que lo resuelva refuta la conjetura P ≠ NP.

Por tanto, cualquier algoritmo de tiempo polinómico para cualquier problema NP–complejo (como el TSP) implicaría automáticamente que la conjetura P ≠ NP es falsa y se convertiría en un premio de la lotería algorítmica demasiado bueno como para ser verdad: un algoritmo de tiempo polinómico para todo problema cuya solución se pueda identificar en tiempo polinómico. En el más que probable caso de que la conjetura P ≠ NP sea cierta, ningún problema NP–complejo es resoluble en tiempo polinómico, ni siquiera mediante un algoritmo que se ejecute en tiempos $O(n^{100})$ o $O(n^{10000})$ sobre entradas de tamaño n.

---

[14]En el problema 23.2 veremos que la conjetura P ≠ NP es equivalente a la conjetura de Edmonds (página 6), que afirma que el TSP no se puede resolver en tiempo polinómico.

[15]¿Por qué no resulta "obvio" que la conjetura P ≠ NP es cierta? Porque el espacio de los algoritmos de tiempo polinómico es de una riqueza insondable, con muchos habitantes ingeniosos (es posible que conozcas el extraordinario algoritmo de Strassen para la multiplicación de matrices subcúbicas, el que hablamos en el capítulo 3 de la *primera parte*). Tratar de demostrar que ninguno de los infinitos algoritmos candidatos resuelve el TSP es algo que asusta bastante.

19.3.8 Algoritmos aleatorizados y cuánticos

Nuestra definición de capacidad de resolución en tiempo polinómico de la página 12 solo tiene en consideración algoritmos deterministas. Como sabemos, la aleatorización puede ser una poderosa herramienta en el diseño de algoritmos (por ejemplo, en el algoritmo QUICKSORT). ¿Pueden los algoritmos aleatorizados escapar a las cadenas de la complejidad NP?

En términos más generales, ¿qué pasa con los tan alabados algoritmos cuánticos (resulta que los algoritmos aleatorizados se pueden interpretar como casos especiales de los algoritmos cuánticos)? Es cierto que los ordenadores cuánticos de gran escala y uso generalista (si es que se llegan a inventar) supondrán una revolución para un puñado de problemas, incluyendo uno de tanta importancia como el de la factorización de enteros grandes. Sin embargo, el problema de la factorización no es considerado NP–complejo y los expertos conjeturan que ni siquiera los ordenadores cuánticos serán capaces de resolver los problemas NP–complejos en tiempo polinómico. Los desafíos que acompañan a la complejidad NP seguirán con nosotros durante bastante tiempo[16].

19.3.9 Sutilezas

La discusión excesivamente simplificada del comienzo de la presente sección (página 9) sugería que un problema "difícil" requeriría de tiempo exponencial para resolver el peor caso. Nuestra definición provisional de la sección 19.3.7 afirma algo diferente: un problema NP–complejo es aquel que, asumiendo la conjetura P ≠ NP, no se puede resolver utilizando un algoritmo de tiempo polinómico.

La primera discrepancia entre las dos definiciones se encuentra en que la complejidad NP descarta la posibilidad de solución en tiempo polinómico solo si la conjetura P ≠ NP es cierta (lo que sigue siendo una cuestión abierta). Si la conjetura es falsa, casi todos los problemas NP–complejos tratados en este libro serán, de hecho, resolubles en tiempo polinómico.

---

[16]Una mayoría de expertos considera que todo algoritmo aleatorizado de tiempo polinómico se puede *desaleatorizar* y convertirse en un algoritmo determinista equivalente de tiempo polinómico (posiblemente con un polinomio más grande en el límite del tiempo de ejecución). Si esto es cierto, la conjetura P ≠ NP también se aplicaría automáticamente a los algoritmos aleatorizados. Por contra, la mayoría de los expertos creen que los algoritmos cuánticos *son fundamentalmente* más potentes que los algoritmos clásicos (pero no lo suficiente como para resolver problemas NP–complejos en tiempo polinómico). ¿No resulta asombroso (y estimulante) lo mucho que todavía desconocemos?

La segunda discrepancia es que, incluso en el más que probable caso de que la conjetura P ≠ NP sea cierta, la complejidad NP implica únicamente que será necesario tiempo superpolinómico (frente a exponencial) para resolver el problema en su peor caso[17]. Sin embargo, hay un cierto consenso entre los expertos sobre la mayoría de los problemas NP–complejos naturales, incluyendo todos los analizados en este libro, de que sus peores casos necesitarán tiempo exponencial. Esta creencia queda formalizada por la "hipótesis del tiempo exponencial", una variante más estricta de la conjetura P ≠ NP (ver la sección 23.5)[18].

Por último, mientras que el 99% de los problemas que te encontrarás serán "fáciles" (resolubles en tiempo polinómico) o "difíciles" (NP–complejos), existen algunos ejemplos raros que parecen situarse entre ambas categorías. Dicho esto, nuestra "dicotomía" entre problemas fáciles y difíciles cubre la mayoría, aunque no todos, los problemas computacionales relevantes[19].

19.4 Estrategias algorítmicas para problemas NP–complejos

Supongamos que has identificado un problema de computación del que depende el éxito de todo un proyecto. Puede que lleves varias semanas dándote de cabezazos contra las paredes (has probado todos los paradigmas de diseño de algoritmos que conoces, todas las estructuras de datos del libro, todas las operaciones básicas de coste cero) y no consigues que funcione. Finalmente, te das cuenta de que el fallo no está en tus carencias o ingenuidad, sino que te has topado con un problema NP–complejo. Ya tienes la explicación de por qué todos tus esfuerzos han quedado en nada, pero eso no hace que desaparezca la importancia que el problema tiene en tu proyecto. ¿Qué deberías hacer?

---

[17]Algunos ejemplos de límites de tiempo superpolinómicos pero subexponenciales en relación al tamaño de entrada n son $n^{\log_2 n}$ y $2^{\sqrt{n}}$.

[18]Ninguno de los problemas de computación estudiados en esta serie de libros necesitan un tiempo superior al exponencial para su solución, pero existen otros que sí. Un ejemplo famoso es el "problema de la parada", que no se puede resolver en una cantidad de tiempo finita (mucho menos exponencial). Ver también la sección 23.1.2.

[19]Dos problemas importantes que están considerados como no resolubles en tiempo polinómico ni tampoco son NP–complejos son la factorización (búsqueda de un factor no trivial de un entero o determinación de que tal factor no existe) y el problema del isomorfismo de grafos (determinación de que dos grafos son idénticos salvo por el nombre de sus vértices). Existen algoritmos de tiempo subexponencial (aunque no polinómico) para resolver ambos problemas.

19.4.1 Generalista, correcto, rápido (elige dos)

La mala noticia es que los problemas NP–complejos son omnipresentes. De hecho, podrías estar lidiando con uno en tu último proyecto. La buena es que la complejidad NP no es el fin del mundo. En la práctica, los problemas NP–complejos se pueden resolver (casi) siempre, al menos de forma aproximada, mediante una inversión suficiente de recursos y sofisticación algorítmica.

La complejidad NP deja la pelota en el tejado del diseñador de algoritmos y establece hasta dónde deben llegar las expectativas. No cabe esperar un algoritmos generalista y siempre rápido para resolver un problema NP–complejo, al estilo de los que hemos visto para la ordenación, los caminos más cortos o el alineamiento de secuencias. Salvo que tengas tanta suerte como para encontrarte únicamente ante entradas inusualmente pequeñas o bien estructuradas, te verás en la necesidad de trabajar muy duro para resolver el problema y deberás, posiblemente, hacer algunos sacrificios.

¿Qué clase de sacrificios? La complejidad NP descarta aquellos algoritmos que cuenten con las siguientes tres propiedades deseables (asumiendo la conjetura P ≠ NP):

> **Tres propiedades (no puedes tenerlas todas)**
>
> 1. *Generalista.* El algoritmo es válido para todas las entradas posibles del problema.
>
> 2. *Correcto.* El algoritmo resuelve correctamente el problema para cada entrada.
>
> 3. *Rápido.* El algoritmo se ejecuta en tiempo polinómico para cada entrada.

Según esto, puedes elegir entre tres tipos de sacrificio: sacrificar la generalidad, sacrificar la corrección o sacrificar la velocidad. Las tres estrategias resultan comunes y son útiles en la práctica.

El resto de esta sección desarrollará las tres estrategias. Los capítulos 20 y 21 profundizan en las dos últimas. Como siempre, nos centraremos en aquellos principios de diseño de algoritmos potentes y flexibles, que se puedan aplicar a un amplio espectro de problemas. Deberías tomar estos principios como punto de partida y avanzar con ellos, guiado por la experiencia que puedas tener en el campo del problema específico que buscas resolver.

19.4.2 Sacrificio de la generalidad

Una estrategia que permite hacer progresos con un problema NP–complejo es la de renunciar a algoritmos generalistas y, en su lugar, centrarse en aquellos casos especiales del problema que resulten relevantes para la aplicación concreta. En el mejor caso, podrás identificar límites específicos de la entrada y diseñar un algoritmo que sea siempre correcto y rápido para ese subconjunto de entradas. Quienes hayan superado el manual de campaña de programación dinámica de la *tercera parte*, ya han visto dos ejemplos de esta estrategia.

Conjunto independiente ponderado. En este problema, la entrada consiste en un grafo no dirigido $G = (V, E)$ y un peso w_v no negativo para cada vértice $v \in V$. El objetivo es calcular un conjunto independiente $S \subseteq V$ con la mayor suma $\sum_{v \in S} w_v$ de pesos de vértices que sea posible, donde un *conjunto independiente* es un subconjunto $S \subseteq V$ de vértices no adyacentes mutuamente (con $(v, w) \notin E$ para todo $v, w \in S$). Por ejemplo, si las aristas representan conflictos (entre personas, cursos, etc.), los conjuntos independientes corresponden a subconjuntos libres de conflictos. Este problema es NP–complejo en general, como veremos en la sección 22.5. El caso especial del problema en el que G es un grafo de camino (con vértices $v_1, v_2, \ldots, v_n$ y aristas $(v_1, v_2), (v_2, v_3), \ldots, (v_{n-1}, v_n)$) se puede resolver en tiempo lineal, utilizando programación dinámica. Este algoritmo se puede ampliar para que acepte todos los grafos acíclicos (ver el problema 16.6 de la *tercera parte*).

Mochila. En este problema, la entrada viene definida por $2n + 1$ enteros positivos: n valores de elementos $v_1, v_2, \ldots, v_n$, n tamaños de elementos $s_1, s_2, \ldots, s_n$ y la capacidad C de la mochila. El objetivo consiste en calcular un subconjunto de elementos $S \subseteq \{1, 2, \ldots, n\}$ con la suma de valores $\sum_{i \in S} v_i$ máxima posible, sujeto a que el tamaño total $\sum_{i \in S} s_i$ sea C como máximo. En otras palabras, el objetivo consiste en utilizar un recurso escaso de la forma más valiosa posible[20]. Este problema es NP–complejo, como

---

[20]Por ejemplo, ¿en qué bienes y servicios deberías gastarte el salario para obtener el mejor rendimiento? O, dado un presupuesto operativo y un conjunto de candidatos a un trabajo con diferentes niveles de productividad y demandas salariales, ¿a quién deberías contratar?

---

veremos en la sección 22.8 y en el problema 22.7. Existe un algoritmo de programación dinámica de tiempo $O(nC)$ que resuelve el problema, tiempo que es polinómico en el caso especial de que C esté limitado por una función polinómica de n.

¿Un algoritmo de tiempo polinómico para la mochila?

¿Por qué el algoritmo de tiempo $O(nC)$ para el problema de la mochila no refuta la conjetura P $\neq$ NP? Porque no se trata de un algoritmo de tiempo polinómico. El tamaño de la entrada (el número de pulsaciones de teclas necesarias para escribir la entrada en un ordenador) crece junto a la cantidad de *dígitos* de un número, no en relación a la *magnitud* de ese número. No son necesarias un millón de pulsaciones de teclas para escribir el número "1000000" (únicamente 7, o 20 si trabajas en base 2). Por ejemplo, en una instancia con n elementos, capacidad de la mochila de 2^n y todos los valores y tamaños de los elementos con un máximo de 2^n, el tamaño de la entrada será de $O(n^2)$ ($O(n)$ números con $O(n)$ dígitos cada uno), mientras que el tiempo de ejecución del algoritmo de programación dinámica es exponencialmente mayor (proporcional a $n \cdot 2^n$).

La estrategia algorítmica de diseñar algoritmos rápidos y correctos (para casos especiales) utiliza al completo la caja de herramientas algorítmicas que hemos desarrollado en las tres primeras partes. Por este motivo, no hay ningún capítulo en este libro dedicado a dicha estrategia. Sin embargo, encontraremos, a lo largo del camino, más ejemplos de casos especiales de problemas NP–complejos que se pueden resolver en tiempo polinómico, incluyendo los problemas del viajante, la satisfacibilidad y el coloreado de grafos (ver los problemas 19.8 y 21.12).

19.4.3 Sacrificio de la corrección

La segunda estrategia algorítmica, que resulta particularmente utilizada en aplicaciones en las que el tiempo es crítico, es la de insistir en la generalidad y la velocidad a costa de la corrección. Los algoritmos que no son siempre correctos son conocidos, en ocasiones, como *algoritmos heurísticos*[21].

Idealmente, un algoritmo heurístico es "mayormente correcto". Esto podría significar una o dos de las siguientes afirmaciones:

1. El algoritmo es correcto con la "mayoría" de las entradas[22].

2. El algoritmo es "casi correcto" con todas las entradas.

La segunda propiedad es la más sencilla de interpretar en los problemas de optimización, en los que el objetivo es calcular una solución viable (como una ruta del viajante) con el mejor valor de la función objetivo (como el coste mínimo total). "Casi correcto" significa, por tanto, que el algoritmo devuelve una solución viable con un valor de la función objetivo cercano al mejor posible, como una ruta del viajante con un coste total no mucho mayor que el de una ruta óptima.

Las herramientas de que disponemos para diseñar algoritmos rápidos y exactos son aplicables directamente al diseño de algoritmos heurísticos. Por ejemplo, las secciones 20.1–20.2.8 describen heurísticas voraces para problemas que van desde la planificación hasta la maximización de la influencia en redes sociales. Estos algoritmos heurísticos vienen acompañados de demostraciones de "corrección aproximada" que garantizan que, para cada entrada, el valor de la función objetivo se encuentra dentro de un factor constante modesto en relación al mejor valor de la función objetivo que sea posible[23].

Las secciones 20.4–20.5 añadirán el paradigma de diseño de algoritmos de *búsqueda local* a tu caja de herramientas. La búsqueda local y su generalización resultan increíblemente efectivas en la práctica, al ser capaces de

---

[21]En las tres primeras partes hay, exactamente, un ejemplo de un algoritmo casi siempre correcto: los filtros de Bloom, una estructura de datos, con poco consumo de espacio, que permite inserciones y búsquedas extremadamente rápidas, a cambio de falsos positivos ocasionales.

[22]Por ejemplo, una implementación típica de un filtro de Bloom tiene una tasa de falsos positivos del 2%, con un 98% de las búsquedas realizadas correctamente.

[23]Algunos autores denominan a tales algoritmos como "algoritmos de aproximación", reservando el término de "algoritmos heurísticos" para aquellos que carecen de tales demostraciones de corrección aproximada.

abordar muchos problemas NP–complejos, incluyendo el TSP, aunque los algoritmos de búsqueda local raramente cuentan con garantías de corrección aproximada fiables.

19.4.4 Sacrificio del tiempo de ejecución del peor caso

La última estrategia resulta apropiada para aplicaciones en las que no te puedes permitir sacrificar la corrección, lo que descarta a los algoritmos heurísticos. Todo algoritmo correcto que resuelva un problema NP complejo, debe ejecutarse en tiempo superpolinómico sobre algunas entradas (asumiendo la conjetura $P \neq NP$). El objetivo, por tanto, está en diseñar un algoritmo lo más rápido posible (que, como mínimo, mejore considerablemente a la búsqueda exhaustiva ingenua). Esto podría significar una o dos de las siguientes afirmaciones:

Tiempo de ejecución polinómico relajado

1. El algoritmo suele ejecutarse rápido (en, por ejemplo, tiempo polinómico) sobre las entradas relevantes para nuestra aplicación.

2. El algoritmo es más rápido que la búsqueda exhaustiva en todas las entradas.

En el segundo caso, todavía deberemos esperar que el algoritmo se ejecute en tiempo exponencial con algunas entradas. Al fin y al cabo, el problema es NP–complejo. Por ejemplo, la sección 21.1 emplea la programación dinámica para vencer a la búsqueda exhaustiva en el TSP, reduciendo el tiempo de ejecución de $O(n!)$ a $O(n^2 \cdot 2^n)$, donde n es el número de vértices. La sección 21.1.7 combina la aleatorización con la programación dinámica para vencer a la búsqueda exhaustiva en el problema de hallar caminos largos en grafos (con un tiempo de ejecución de $O((2e)^k \cdot m)$ en vez de $O(n^k)$, donde n y m indican los números de vértices y aristas del grafo de entrada, k la longitud objetivo del camino y $e = 2{,}718...$).

Lograr progresos en instancias relativamente grandes de problemas NP–complejos requiere del uso de herramientas adicionales que, aunque no ofrecen garantías de lograr tiempos mejores que los de la búsqueda exhaustiva, en ocasiones resultan inesperadamente eficaces en muchas aplicaciones. La secciones 21.3–21.5 nos invitan a seguir la estela de aquellos expertos que, a lo largo de varias décadas, han desarrollado solucionadores destacados para problemas de programación entera mixta ("MIP") y satisfacibilidad ("SAT"). Es posible implementar muchos problemas de optimización NP–complejos (como el del viajante) como problemas de programación entera mixta. También existen métodos para expresar, con facilidad, problemas de comprobación de viabilidad NP–complejos (como la verificación de una asignación libre de conflictos de cursos a aulas) como problemas de satisfacibilidad. Siempre que te encuentres con un problema NP–complejo que se pueda expresar fácilmente como un problema MIP o SAT, trata de aplicarles los solucionadores más modernos y eficaces que conozcas. No hay ninguna garantía de que un solucionador MIP o SAT sea válido, en una cantidad razonable de tiempo, para una instancia en particular (al fin y al cabo, el problema es NP–complejo), pero estamos hablando de tecnología vanguardista que aborda, de forma práctica, problemas NP–complejos.

19.4.5 Conclusiones más importantes

Si tu objetivo es el nivel 1 de conocimiento de la complejidad NP (sección 19.2), los aspectos más importantes son:

> **Tres certezas sobre los problemas NP–complejos**
>
> 1. *Omnipresencia:* Encontraremos problemas NP–complejos relevantes en cualquier lugar.
>
> 2. *Inabordables:* Según una conjetura matemática tomada generalmente como cierta, no se puede resolver ningún problema NP–complejo mediante un algoritmo que sea siempre correcto y que siempre se ejecute en tiempo polinómico.
>
> 3. *No son el fin del mundo:* Los problemas NP–complejos se pueden resolver (casi) siempre en la práctica, al menos de forma aproximada, mediante una inversión suficiente en recursos y sofisticación algorítmica.

19.5 Demostración de la complejidad NP: una receta sencilla

¿Cómo reconocer la aparición de un problema NP–complejo cuando se te presenta durante tu trabajo, de forma que puedas adaptar tus ambiciones de forma correspondiente y ceses en la búsqueda de un algoritmo que sea generalista, correcto y rápido? Nadie saldrá beneficiado de que desperdicies semanas, o meses, de tu vida tratando de refutar la conjetura P ≠ NP.

En primer lugar, es importante conocer una serie de problemas NP–complejos sencillos y habituales (como los 19 que presentamos en el capítulo 22); en el caso más corriente, tu aplicación se podrá reducir a uno de estos problemas. En segundo lugar, debes agudizar tus habilidades para identificar reducciones entre problemas de computación. Reducir un problema a otro puede extender el abordaje computacional del segundo al primero. Si le damos la vuelta al argumento, tal reducción también puede hacer que lo *inabordable* vaya en sentido opuesto, del primero al segundo. Por tanto, para demostrar que un problema en el que estés interesado es NP–complejo, lo único que debes hacer es reducir un problema NP–complejo ya conocido a este nuevo caso.

El resto de esta sección abunda sobre estos puntos y ofrece un ejemplo sencillo. Si quieres profundizar más, consulta el capítulo 22.

19.5.1 Reducciones

Cualquier problema B que sea, al menos, tan difícil como un problema NP–complejo A es, en sí mismo, NP–complejo. La expresión "al menos tan difícil" se puede formalizar utilizando *reducciones*.

> **Reducciones**
>
> Un problema A *se reduce* a otro problema B si un algoritmo que resuelva B se puede traducir, fácilmente, a otro que resuelva A (figura 19.1).

En el contexto de los problemas NP–complejos, "traducir fácilmente" significa que el problema A se puede resolver utilizando, como mucho, un número polinómico (en relación al tamaño de la entrada) de invocaciones de una subrutina que resuelva el problema B, junto con una cantidad polinómica de trabajo adicional (al margen de las llamadas a la subrutina).

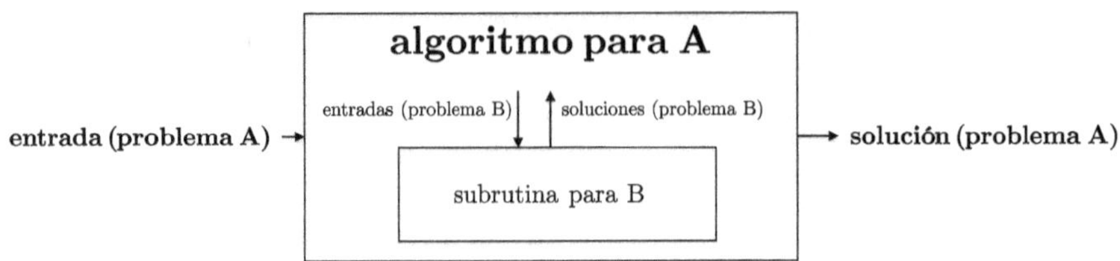

Figura 19.1: Si el problema *A* se reduce al problema *B*, entonces *A* se puede resolver utilizando un número polinómico (en relación al tamaño de la entrada) de llamadas a una subrutina para *B*, más una cantidad polinómica de trabajo adicional.

19.5.2 Uso de reducciones para el diseño de algoritmos rápidos

Los diseñadores de algoritmos experimentados se pasan la vida buscando reducciones: ¿por qué resolver un problema desde cero cuando no es necesario? Entre los ejemplos de las tres primeras partes relacionados con los problemas de esta colección, enumerados en la sección 19.3.1, están:

> **Ejemplos habituales de reducciones**
>
> 1. Hallar la mediana de un *array* de enteros se reduce al problema de ordenación del *array* (después de ordenarlo, devolver el elemento central).
>
> 2. El problema de los caminos más cortos entre todos los pares se reduce al del camino más corto de origen único (llamando al algoritmo del camino más corto de origen único para cada vértice inicial posible del grafo de entrada).
>
> 3. El problema de la subsecuencia común más larga se reduce al problema del alineamiento de secuencias (llamar al algoritmo de alineamiento de secuencias con las dos cadenas de entrada, incluir una penalización de 1 por cada espacio vacío insertado y una penalización muy grande por cada no coincidencia de dos símbolos diferentes)[24].

---

[24]Recordemos que una instancia del problema de alineamiento de secuencias se expresa mediante dos cadenas de un alfabeto Σ dado (como $\{A, C, G, T\}$), una penalización α_{xy} por cada par de símbolos $x, y \in \Sigma$ y una penalización no negativa $\alpha_{espacio\ vacío}$ por cada espacio

Estas reducciones se sitúan en el Lado Luminoso de la Fuerza y cumplen con la honorable misión de producir nuevos algoritmos rápidos a partir de otros ya existentes, ensanchando las fronteras de lo que es abordable computacionalmente. La primera reducción, por ejemplo, convierte el algoritmo MERGESORT en un algoritmo de búsqueda de la mediana, de tiempo $O(n \log n)$, o, de forma más general, cualquier algoritmo de ordenación de tiempo $T(n)$ en otro de búsqueda de la mediana de tiempo $O(T(n))$, donde n es la longitud del *array*. La segunda reducción traduce cualquier algoritmo de tiempo $T(m, n)$ para el problema del camino más corto de origen único en un algoritmo de tiempo $O(n \cdot T(m, n))$ para el problema del camino más corto entre todos los pares, donde m y n indican, respectivamente, los números de aristas y vértices. En el tercer caso, tenemos un algoritmo de tiempo $T(m, n)$ para el problema del alineamiento de secuencias, convertido en un algoritmo de tiempo $O(T(m, n))$ para el problema de la subsecuencia común más larga, donde m y n indican las longitudes de las dos cadenas de entrada.

Cuestionario 19.3

Supongamos que es posible resolver un problema A mediante la invocación, un máximo de $T_1(n)$ veces, de una subrutina para un problema B, realizando un trabajo adicional máximo de $T_2(n)$ (al margen de las llamadas a la subrutina), donde n indica el tamaño de la entrada. Si contamos con una subrutina que resuelva el problema B en un tiempo máximo de $T_3(n)$ sobre entradas de tamaño n, ¿cuánto tiempo necesitamos para resolver el problema A? Elige aquella opción que sea más completa. Asume que un programa debe utilizar, al menos, s operaciones básicas para construir una entrada de tamaño s para la subrutina.

a) $T_1(n) + T_2(n) + T_3(n)$

b) $T_1(n) \cdot T_2(n) + T_3(n)$

c) $T_1(n) \cdot T_3(n) + T_2(n)$

d) $T_1(n) \cdot T_3(T_2(n)) + T_2(n)$

Solución y aclaraciones en la sección 19.5.5

---

vacío. El objetivo consiste en calcular un alineamiento de las cadenas de entrada que tenga la menor penalización posible.

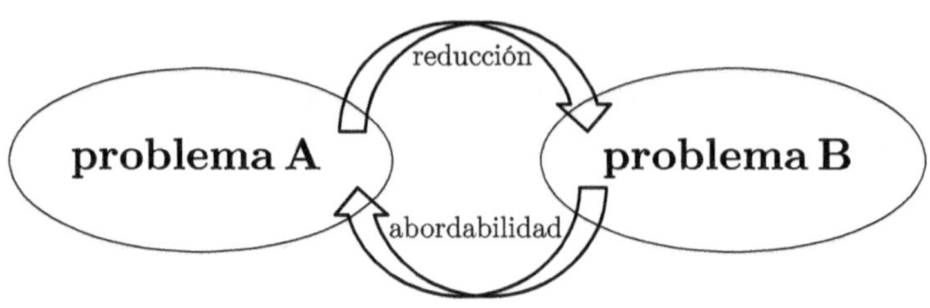

Figura 19.2: Extensión de lo abordable de B a A: si el problema A se reduce al problema B y B es abordable, entonces A también lo es.

El cuestionario 19.3 muestra que siempre que un problema A se reduzca a otro problema B, cualquier algoritmo de tiempo polinómico para B se puede traducir a otro para A:[25]

Las reducciones extienden lo abordable

Si el problema A se reduce al problema B y B se puede resolver mediante un algoritmo de tiempo polinómico, entonces A también se puede resolver mediante otro algoritmo de tiempo polinómico (figura 19.2).

19.5.3 Uso de reducciones para extender la complejidad NP

La teoría de la complejidad NP está sometida al Lado Oscuro de la Fuerza, utilizando la vileza de las reducciones para extender la maldición de lo no abordable computacionalmente (en el sentido opuesto a la figura 19.2). Vamos a darle la vuelta a la afirmación que acabamos de hacer en el recuadro anterior. Supongamos que un problema A se reduce a otro problema B. Supongamos también que A es NP–complejo, lo que supondría que un algoritmo de tiempo polinómico que resolviese A refutaría la conjetura P $\neq$ NP. Así, un algoritmo de tiempo polinómico para B nos llevaría automáticamente a otro para A (porque A se reduce a B). Esto, en consecuencia, refutaría la conjetura P $\neq$ NP. En otras palabras, B también es NP–complejo.

---

[25]Si las funciones $T_1(n)$, $T_2(n)$ y $T_3(n)$ del cuestionario 19.3 están limitadas por una función polinómica en relación a n, también lo están sus sumas, productos y composiciones. Si, por ejemplo, $T_1(n) \leq a_1 n^{d_1}$ y $T_2(n) \leq a_2 n^{d_2}$, donde a_1, a_2, d_1 y d_2 son constantes positivas (independientes de n), entonces $T_1(n) \cdot T_2(n) \leq (a_1 a_2) n^{(d_1 + d_2)}$ y $T_1(T_2(n)) \leq (a_1 a_2^{d_1}) n^{(d_1 d_2)}$.

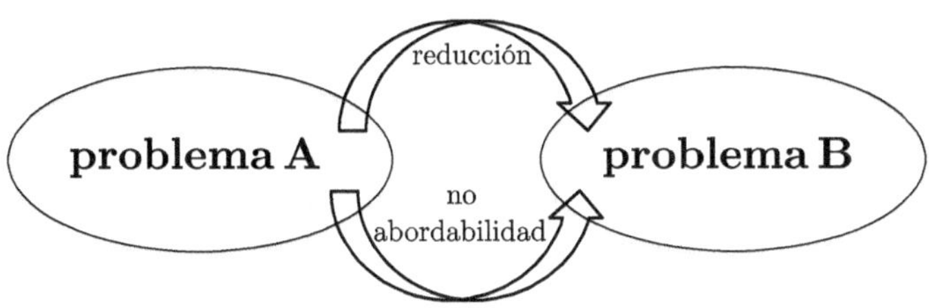

Figura 19.3: Extensión de lo no abordable en sentido opuesto, desde *A* hasta *B*: si el problema *A* se reduce al problema *B* y *A* no es abordable computacionalmente, entonces *B* tampoco lo es.

> **Las reducciones extienden lo no abordable**
>
> Si un problema *A* se reduce a un problema *B* y *A* es NP–complejo, entonces *B* también es NP–complejo (figura 19.3).

Así, hemos llegado a una sencilla receta de dos pasos para demostrar que un problema es NP–complejo:

> **Cómo demostrar que un problema es NP–complejo**
>
> Para demostrar que un problema *B* es NP–complejo:
>
> 1. Elegimos un problema *A* que sea NP–complejo.
> 2. Demostramos que *A* se reduce a *B*.

La ejecución del primer paso implica el conocimiento de ciertos problemas ya determinados como NP–complejos, a lo que llegaremos en el capítulo 22. El segundo paso se basa en las habilidades que ya has desarrollado para la búsqueda de reducciones entre problemas, habilidades que pondremos en práctica a lo largo del capítulo 22. Vamos a quedarnos con la esencia de cómo funciona esta receta, reencontrándonos con un problema ya familiar: el problema del camino más corto de origen único, permitiendo longitudes de arista negativas.

19.5.4 Complejidad NP de caminos más cortos libres de ciclos

En el *problema del camino más corto de origen único*, la entrada consta de un grafo dirigido $G - (V, E)$, una longitud de valor real ℓ_e por cada arista

$e \in E$ y un vértice de inicio $s \in V$. La *longitud* de un camino es la suma de las longitudes de sus aristas. El objetivo está en calcular, para cada destino $v \in V$ posible, la longitud mínima $\text{dist}(s, v)$ de un camino dirigido en G, desde s hasta v (si dicho camino no existe, $\text{dist}(s, v)$ se define como $+\infty$). Es importante señalar que hemos permitido longitudes de arista negativas[26,27]. Por ejemplo, las distancias de camino más corto desde s del grafo

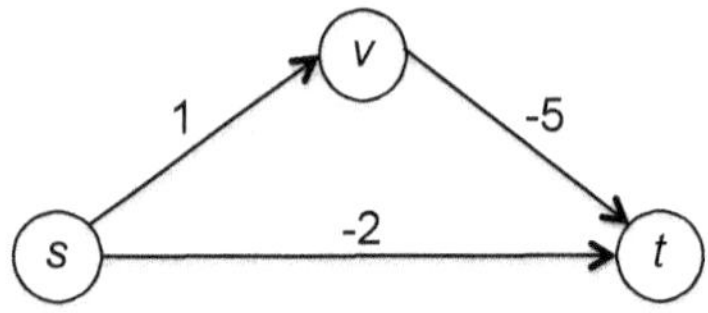

son $\text{dist}(s, s) = 0$, $\text{dist}(s, v) = 1$ y $\text{dist}(s, t) = -4$.

Ciclos negativos

¿Cómo podemos definir las distancias de camino más corto en un grafo como el siguiente?

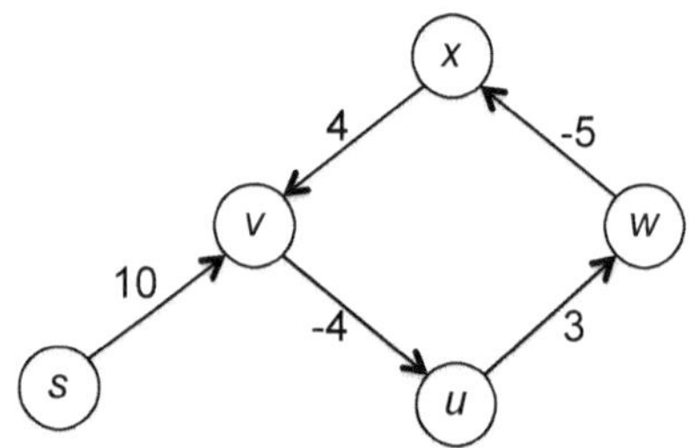

Este grafo presenta un *ciclo negativo*, lo que significa la presencia de un ciclo dirigido para el que la suma las longitudes de sus aristas es negativa. Hay un camino *s-v* de un salto con longitud 10. Si le añadimos un recorrido del ciclo al final, tendremos un camino *s-v* de cinco saltos con longitud 8. Un nuevo recorrido reduce la longitud a 6, etc. Si permitimos la presencia de caminos con ciclos, este grafo no tiene un camino *s-v* más corto.

---

[26]Recuerda que los caminos de un grafo podrían representar secuencias abstractas de decisiones, además de algo tangible. Si, por ejemplo, quieres calcular una sucesión rentable de transacciones financieras que impliquen tanto compras como ventas, estarás buscando el camino más corto de un grafo con longitudes de arista tanto positivas como negativas.

[27]En aquellos grafos donde solo hay longitudes de arista no negativas, el problema del camino más corto de origen único se puede resolver de forma espectacularmente rápida mediante el algoritmo de Dijkstra (ver el capítulo 9 de la *segunda parte*).

El problema de los caminos más cortos libres de ciclos

Una alternativa evidente es la de impedir la presencia de caminos con ciclos, insistiendo en que cada vértice sea visitado, como máximo, una sola vez.

Problema: caminos más cortos libres de ciclos (CFSP)

Entrada: un grafo dirigido $G = (V, E)$, un vértice de inicio $s \in V$ y una longitud de valor real ℓ_e para cada arista $e \in E$.

Salida: para todo $v \in V$, la longitud mínima de un camino s-v libre de ciclos en G (o $+\infty$, si tal camino no existe).

Por desgracia, esta versión del problema es NP–compleja[28].

Teorema 19.1 (Dificultad NP de caminos más cortos libres de ciclos)
El problema del camino más corto libre de ciclos es NP–complejo.

Sobre lemas, teoremas y derivados

Cuando se escribe en términos matemáticos, las afirmaciones técnicas más importantes se denominan *teoremas*. Un *lema* es una afirmación técnica que ayuda a la demostración de un teorema (de la misma forma que una subrutina ayuda con la implementación de un problema más extenso). Un *corolario* es una afirmación que sigue inmediatamente a un resultado ya demostrado, como un caso especial de un teorema. Utilizaremos el término *proposición* para referirnos a afirmaciones técnicas independientes, que no resultan especialmente importantes por sí mismas.

---

[28]Esto explica por qué el algoritmo de Bellman–Ford (capítulo 18 de la *tercera parte*), junto a cualquier otro algoritmo de tiempo polinómico para caminos más cortos, únicamente resuelve un caso especial del problema (grafos de entrada sin ciclos negativos, en los que los caminos más cortos están, automáticamente, libres de ciclos). El teorema 19.1 indica que, asumida la conjetura P ≠ NP, ninguno de esos algoritmos puede calcular de forma generalista distancias correctas de caminos más cortos libres de ciclos.

El problema del camino hamiltoniano dirigido

Podemos demostrar el teorema 19.1 siguiendo la receta de dos pasos de la sección 19.5.3. Para el primer paso utilizaremos un famoso problema NP–complejo, conocido como problema del *camino hamiltoniano dirigido*.

Entrada: un grafo dirigido $G = (V, E)$, un vértice de inicio $s \in V$ y un vértice de destino $t \in V$.

Salida: "sí" en caso de que G contenga un camino s-t que visite todos los vértices $v \in V$ exactamente una vez (denominado *camino hamiltoniano s-t*) y "no" en caso contrario.

Por ejemplo, de los dos grafos dirigidos

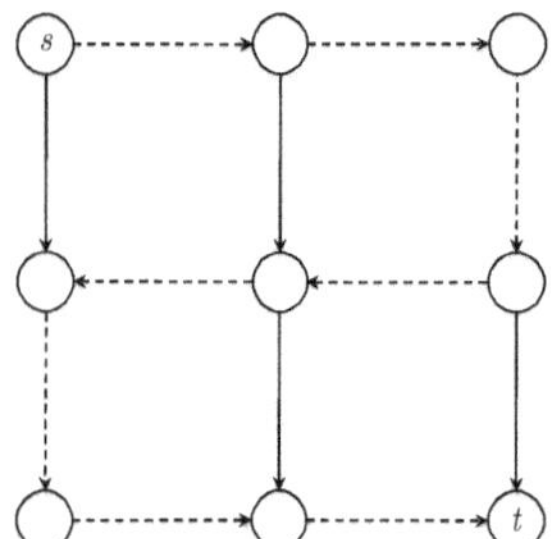 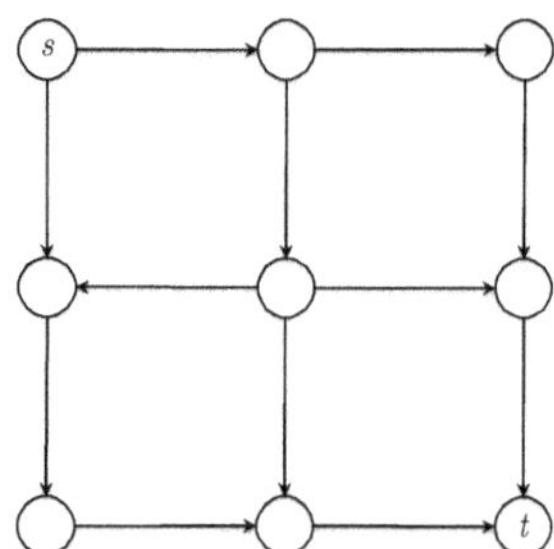

el primero tiene un camino hamiltoniano s-t (las aristas rayadas), mientras que el segundo no.

Demostración del teorema 19.1

La sección 22.2 demuestra que el problema del camino hamiltoniano dirigido es NP–complejo (gracias a la receta de dos pasos de la sección 19.5.3). De momento, daremos por buena su complejidad NP y pasaremos al segundo paso de la receta, en la que reducimos un problema NP–complejo conocido (en este caso, el del camino hamiltoniano dirigido) al problema que nos interesa (caminos más cortos libres de ciclos).

Lema 19.2 (Reducción del DHP al CFSP) *El problema del camino hamiltoniano dirigido se reduce al problema del camino más corto libre de ciclos.*

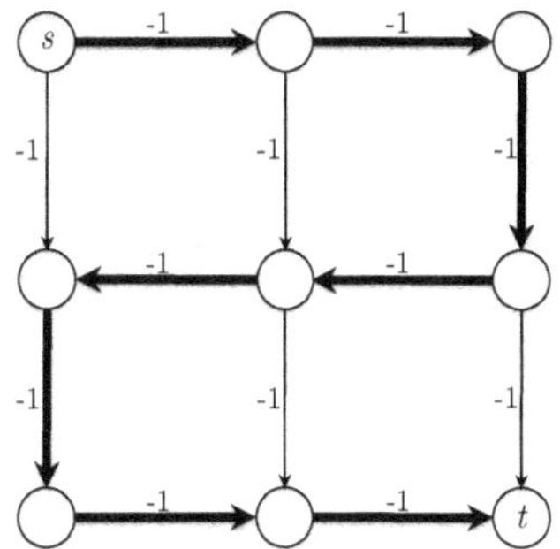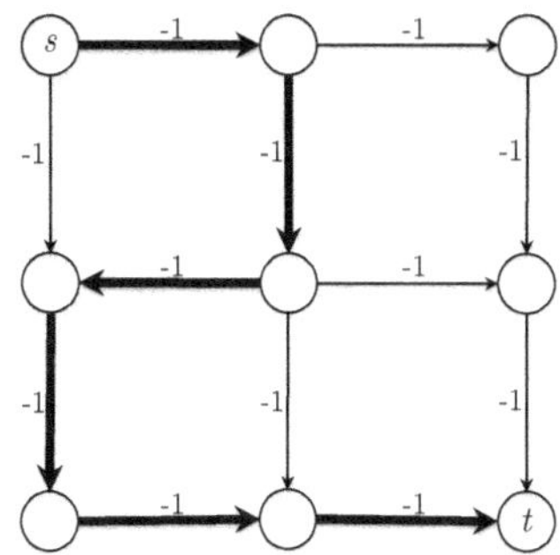

Figura 19.4: Ejemplo de la reducción de la demostración del lema 19.2. El camino hamiltoniano s-t del primer grafo se traduce a un camino s-t libre de ciclos con longitud −8. El segundo grafo no tiene ningún camino hamiltoniano s-t, y la longitud mínima de un camino s-t libre de ciclos es −6.

Demostración: ¿Cómo podemos utilizar una subrutina del problema del camino más corto libre de ciclos para resolver el problema del camino hamiltoniano dirigido (recordemos la figura 19.1)? Vamos a suponer que tenemos una instancia del segundo problema, definida por un grafo dirigido $G = (V, E)$, un vértice de inicio $s \in V$ y un vértice de destino $t \in V$. La subrutina del camino más corto libre de ciclos que estamos asumiendo espera recibir un grafo (que ya tenemos: el grafo de entrada G) y un vértice de inicio s (ídem). No está preparada para un vértice de destino, pero podemos tener la boca cerrada en relación a t. Sin embargo, la subrutina también espera recibir longitudes de arista de valores reales, por lo que tendremos que proporcionarle alguna. Podemos engañar a la subrutina y hacerle creer que los caminos largos (como un camino hamiltoniano s-t) son, en realidad, cortos, dándole a cada arista una longitud negativa. En resumen, la reducción consiste en (figura 19.4):

1. Asignar a cada arista $e \in E$ una longitud $\ell_e = -1$.

2. Calcular los caminos más cortos libres de ciclos utilizando la subrutina que hemos asumido, reutilizando el mismo grafo de entrada G y el mismo vértice de inicio s.

3. Si la longitud del camino más corto libre de ciclos desde s hasta t es $-(|V| - 1)$, devolvemos "sí". En caso contrario, devolvemos "no".

Para demostrar que esta reducción es correcta, debemos comprobar que devuelve "sí" siempre que el grafo de entrada G contenga un camino hamiltoniano s-t, y "no" en caso contrario. En la instancia de caminos más cortos libres de ciclos que hemos construido, la longitud mínima de un camino s-t libre de ciclos es igual a -1 veces el número máximo de saltos de un camino s-t libre de ciclos del grafo de entrada G original. Un camino s-t libre de ciclos utiliza $|V| - 1$ saltos si es un camino hamiltoniano s-t (para visitar todos los $|V|$ vértices), y menos en caso contrario. Por tanto, si G contiene un camino hamiltoniano s-t, la distancia de camino más corto libre de ciclos desde s hasta t, en la instancia construida, es de $-(|V| - 1)$. En caso contrario será mayor (es decir, menos negativa). Sea como sea, la reducción devuelve la respuesta correcta. $\mathcal{QED}$[29]

Según la receta de dos pasos, el lema 19.2 y la dificultad NP del problema del camino hamiltoniano dirigido demuestran el teorema 19.1. El capítulo 22 incluye muchos más ejemplos de la receta en acción.

19.5.5 Solución al cuestionario 19.3

Respuesta correcta: (d). A primera vista, podría parecer que la respuesta correcta es (c): cada una de las $T_1(n)$ llamadas que se pueden realizar, como mucho, a la subrutina, realiza un máximo de $T_3(n)$ operaciones; además, el algoritmo realiza un máximo de $T_2(n)$ operaciones, para un tiempo de ejecución total máximo de $T_1(n) \cdot T_3(n) + T_2(n)$.

Este razonamiento es correcto en la mayoría de reducciones entre problemas, incluyendo los tres ejemplos de la sección 19.5.2. Sin embargo, técnicamente una reducción podría, dada una entrada de tamaño n, invocar a una subrutina para B sobre entradas *más grandes* que n. Imaginemos, por ejemplo, una reducción que reciba un grafo como entrada y que, por cualquier motivo, le añada algunos vértices o aristas antes de llamar a la subrutina para B. ¿Qué es lo peor que podría pasar? Como la reducción realiza un máximo de $T_2(n)$ operaciones aparte de las llamadas a la subrutina, solo tendrá tiempo para escribir entradas al problema B de un tamaño máximo de $T_2(n)$. Por tanto, cada una de las $T_1(n)$ invocaciones de B necesitará, como mucho, $T_3(T_2(n))$ operaciones, para un tiempo de ejecución total de $T_1(n) \cdot T_3(T_2(n)) + T_2(n)$.

---

[29]"Q.e.d." es la abreviatura de *quod erat demonstrandum* y significa "lo que se quería demostrar". En terminología matemática, se utiliza al final de una demostración para indicar que esta ha quedado completa.

19.6 Errores de novato e imprecisiones aceptables

La dificultad NP es una materia bastante técnica pero, al mismo tiempo, de mucha relevancia para los aspirantes a diseñadores de algoritmos y programadores serios. Más allá de los libros de texto y los artículos de investigación, los científicos de la computación suelen tomarse libertades con las definiciones matemáticas precisas, en interés de una comunicación más fluida. Algunos tipos de imprecisiones dejarán claro que no tienes ni idea, mientras que otros son aceptables culturalmente. Pero, ¿cuál es cuál? Lo vas a saber ahora mismo.

> **Error de novato 1**
>
> Pensar que "NP" significa "no polinómico".

No es necesario que recuerdes el significado real de "NP", siempre que evites este error de novato[30].

> **Error de novato 2**
>
> Decir de un problema que es "un problema NP" o "está en NP" en vez de "NP–complejo".

Los lectores que lleguen hasta la sección 23.1.2 aprenderán que ser "un problema NP" o "estar en NP" es, en realidad, algo *bueno* y no malo[31]. Por tanto, no olvides añadir el "–complejo" después del "NP".

> **Error de novato 3**
>
> Pensar que la dificultad NP no tiene importancia, pues la mayoría de los problemas NP–complejos se pueden resolver en la práctica.

---

[30]Entonces, ¿qué significa? La sección 23.1.2 aportará el contexto histórico, pero si te mueres de impaciencia... "tiempo polinómico no determinista".

[31]En concreto, significa que si alguien te sirviese una solución en bandeja de plata (como un rompecabezas Sudoku terminado), podrías verificar su validez en tiempo polinómico.

Es cierto que la complejidad NP no es el fin del mundo y que hay problemas NP–complejos que han sido doblegados, en muchas aplicaciones prácticas, mediante una inversión suficiente en recursos humanos y computacionales. En el capítulo 24 se tratará en profundidad un caso de estudio en relación a esto. Pero hay muchas otras aplicaciones en las que ha sido necesario modificar o, incluso, abandonar problemas computacionales debido a los retos impuestos por la complejidad NP (como es natural, la gente está mucho más dispuesta a hablar de sus logros que de sus fracasos en relación a los problemas NP–complejos). Si fuese verdad que no existen problemas complejos en la práctica, ¿por qué iban a ser tan populares los algoritmos heurísticos? Para el caso, ¿cómo podría llegar a existir el comercio electrónico moderno[32]?

> **Error de novato 4**
>
> Pensar que los avances en la tecnología informática nos salvarán de la complejidad NP.

La ley de Moore y los tamaños de entrada cada vez más grandes solo agravan el problema, aumentando la distancia que separa a los tiempos de ejecución polinómicos de los que no lo son (sección 19.3.2). Los ordenadores cuánticos permiten la existencia de algoritmos que mejoran sustancialmente la búsqueda exhaustiva, pero no parecen apropiados para resolver ningún problema NP–complejo en tiempo polinómico (sección 19.3.8).

> **Error de novato 5**
>
> Aplicar una reducción en el sentido contrario.

Una reducción de un problema A a otro problema B extiende la complejidad NP de A a B, y no en sentido contrario (compara las figuras 19.2 y 19.3). Como estamos tan acostumbrados a diseñar reducciones que extienden lo abordable en vez de lo no abordable, este es el error más difícil de evitar. Siempre que creas que has demostrado que un problema es NP–complejo,

---

[32]El comercio electrónico depende de sistemas criptográficos como el RSA, cuya seguridad está basada en el hecho de que la factorización de enteros grandes no es abordable. Un algoritmo de tiempo polinómico para cualquier problema NP–complejo podría, mediante reducciones, llevar inmediatamente a un algoritmo de factorización en tiempo polinómico.

revísalo y verifica tantas veces como sea necesario que la reducción avanza en el sentido correcto (la misma en la que estás tratando de extender lo no abordable).

Imprecisiones aceptables

A continuación, incluimos tres afirmaciones que son aceptables culturalmente, a pesar de no estar demostradas o ser técnicamente incorrectas. Ninguna de ellas hará que nadie desconfíe de tu comprensión de la complejidad NP.

> **Imprecisión aceptable 1**
>
> Asumir que la conjetura P $\neq$ NP es cierta.

La situación de la conjetura P $\neq$ NP sigue siendo una cuestión abierta, aunque la mayoría de los expertos creen en ella. Mientras esperamos a que nuestra capacidad matemática se ponga a la par de nuestra intuición, son muchos los que tratan la conjetura como una verdad absoluta.

> **Imprecisión aceptable 2**
>
> Utilizar los términos "NP–complejo" y "NP–completo" indistintamente.

La "completitud NP" es un tipo específico de complejidad NP. Los detalles son muy técnicos y los dejamos para la sección 23.1.2. Las implicaciones algorítmicas son las mismas en cualquier caso: ya sea NP–completo o NP–complejo, el problema no se puede resolver en tiempo polinómico (asumiendo la conjetura P $\neq$ NP).

> **Imprecisión aceptable 3**
>
> Combinar la complejidad NP con la necesidad de tiempo exponencial en el peor caso.

Esta es la interpretación excesivamente simplificada de la complejidad NP que vimos al principio de la sección 19.3. Esta combinación es imprecisa técnicamente (ver la sección 19.3.9), pero fiel a cómo interpretan la complejidad NP la mayoría de los expertos. A nadie le extrañará que tú hagas lo mismo.

> ### Conclusiones
>
> ☆ Un algoritmo de tiempo polinómico es aquel cuyo tiempo de ejecución, en el peor caso, es de $O(n^d)$, donde n indica el tamaño de la entrada y d es una constante.
>
> ☆ Un problema computacional es resoluble en tiempo polinómico si existe un algoritmo de tiempo polinómico que lo resuelva correctamente para cualquier entrada.
>
> ☆ La teoría de la complejidad NP iguala "fácil" a resoluble en tiempo polinómico. En una simplificación excesiva, un problema "difícil" es aquel que necesita tiempo exponencial para resolver el peor caso.
>
> ☆ En términos informales, la conjetura P ≠ NP afirma que verificar la solución de un problema puede ser más sencillo que desarrollar una desde cero.
>
> ☆ Provisionalmente, un problema de computación será NP–complejo si un algoritmo de tiempo polinómico que lo resolviese refutase la conjetura P ≠ NP.
>
> ☆ Un algoritmo de tiempo polinómico para cualquier problema NP–complejo resolvería inmediatamente miles de problemas que se han resistido a los esfuerzos de innumerables mentes brillantes a lo largo de décadas.
>
> ☆ Los problemas NP–complejos son omnipresentes.
>
> ☆ Para avanzar sobre un problema NP–complejo, el diseñador de algoritmos debe sacrificar la generalidad, la corrección o la velocidad.

☆ Los algoritmos heurísticos rápidos tienen tiempos de ejecución asumibles, pero no son siempre correctos. Los paradigmas de búsqueda voraz y local son particularmente útiles en el diseño de tales algoritmos.

☆ La programación dinámica puede superar a la búsqueda exhaustiva en varios problemas NP–complejos.

☆ Los solucionadores de programación entera mixta y de satisfacibilidad son tecnologías de vanguardia para lidiar, en la práctica, con problemas NP–complejos.

☆ Un problema A se reduce a un problema B si A se puede resolver utilizando un número polinómico de llamadas a una subrutina que resuelva B, más una cantidad polinómica de trabajo adicional.

☆ Las reducciones propagan lo abordable: si un problema A se reduce a un problema B y B es resoluble mediante un algoritmo de tiempo polinómico, entonces A también se puede resolver mediante un algoritmo de tiempo polinómico.

☆ La reducciones, en el sentido opuesto, propagan lo no abordable: si un problema A se reduce a un problema B y A es NP–complejo, entonces B también es NP–complejo.

☆ Para demostrar que un problema B es NP–complejo: (i) selecciona un problema A que sea NP–complejo y (ii) demuestra que A se reduce a B.

Comprueba que lo has entendido

Problema 19.1 *(S)* Supongamos que un problema computacional B en el que estás interesado es NP–complejo. ¿Cuál de las siguientes afirmaciones es cierta (elige todas las que lo sean)?

a) La complejidad NP es "el fin del mundo". No deberías molestarte en intentar resolver las instancias de B que sean relevantes para tu aplicación.

b) Si tu jefe te critica por no encontrar un algoritmo de tiempo polinómico que resuelva B, puedes responder, con razón, que miles de mentes brillantes han intentado resolver B y no lo han conseguido.

c) No deberías tratar de diseñar un algoritmo que garantice una solución correcta para B en tiempo polinómico para todas las instancias posibles del mismo (salvo que estés intentando refutar explícitamente la conjetura P $\neq$ NP).

d) Como el paradigma de la programación dinámica solo es útil para diseñar algoritmos exactos, no tiene ningún sentido intentar aplicarlo al problema B.

Problema 19.2 *(S)* ¿Cuál de las siguientes afirmaciones es cierta (elige todas las que lo sean)?

a) El problema del MST es abordable computacionalmente, porque el número de árboles de expansión de un grafo es polinómico en relación al número n de vértices y al número m de aristas.

b) El problema del MST es abordable computacionalmente, porque existen un máximo de m posibilidades para el coste total del árbol de expansión de un grafo.

c) La búsqueda exhaustiva no resuelve el TSP en tiempo polinómico, porque un grafo tiene un número exponencial de rutas del viajante.

d) El TSP es inabordable computacionalmente, porque un grafo tiene un número exponencial de rutas del viajante.

Problema 19.3 *(S)* ¿Cuál de las siguientes afirmaciones es cierta (elige todas las que lo sean)?

a) Si la conjetura P $\neq$ NP es cierta, los problemas NP–complejos jamás podrán ser resueltos en la práctica.

b) Si la conjetura P $\neq$ NP es cierta, ningún problema NP–complejo se puede resolver mediante un algoritmo que sea siempre correcto y se ejecute siempre en tiempo polinómico.

c) Si la conjetura P $\neq$ NP es falsa, los problemas NP–complejos siempre podrán ser resueltos en la práctica.

d) Si la conjetura P ≠ NP es falsa, algunos problemas NP–complejos se
pueden resolver en tiempo polinómico.

Problema 19.4 *(S)* ¿Cuál de las siguientes afirmaciones está implícita en
la conjetura P ≠ NP (elige todas las que lo estén)?

a) Todo algoritmo que resuelva un problema NP–complejo se ejecuta,
en el peor caso, en tiempo superpolinómico.

b) Todo algoritmo que resuelva un problema NP–complejo se ejecuta,
en el peor caso, en tiempo exponencial.

c) Todo algoritmo que resuelva un problema NP–complejo se ejecuta
siempre en tiempo superpolinómico.

d) Todo algoritmo que resuelva un problema NP–complejo se ejecuta
siempre en tiempo exponencial.

Problema 19.5 *(S)* Supongamos que un problema A se reduce a otro problema B. ¿Cuál de las siguientes afirmaciones es cierta (elige todas las que
lo sean)?

a) Si A se puede resolver en tiempo polinómico, entonces B también se
puede resolver en tiempo polinómico.

b) Si B es NP–complejo, entonces A también es NP–complejo.

c) B también se reduce a A.

d) B no puede reducirse a A.

e) Si el problema B se reduce a otro problema C, entonces A también se
reduce a C.

Problema 19.6 *(S)* Asume que la conjetura P ≠ NP es cierta. ¿Cuál de las
siguientes afirmaciones sobre el problema de la mochila (sección 19.4.2)
es cierta (elige todas las que lo sean)?

a) El caso especial en el que todos los tamaños de los elementos son
enteros positivos menores o iguales a n^5, donde n es el número de
elementos, se puede resolver en tiempo polinómico.

b) El caso especial en el que todos los valores de los elementos son enteros positivos menores o iguales a n^5, donde n es el número de elementos, se puede resolver en tiempo polinómico.

---

c) El caso especial en el que todos los valores de los elementos, todos los tamaños de los elementos y la capacidad de la mochila son enteros positivos, se puede resolver en tiempo polinómico.

d) No existe ningún algoritmo de tiempo polinómico para el problema de la mochila en ningún caso.

Problemas más difíciles

Problema 19.7 *(P)* La entrada del *problema del camino del viajante (TSPP)* es la misma que la del TSP, y el objetivo consiste en calcular el camino libre de ciclos de coste mínimo que visite todos los vértices (es decir, una ruta sin la última arista). Demuestra que el TSPP se reduce al TSP y viceversa.

Problema 19.8 *(P)* Este problema describe un caso especial del TSP abordable computacionalmente. Considera un grafo conexo y acíclico $T = (V, F)$ en el que cada arista $e \in F$ tiene una longitud no negativa $a_e \geq 0$. Define la correspondiente *instancia de árbol* $G = (V, E)$ del TSP, estableciendo el coste c_{vw} de cada arista $(v, w) \in E$ igual a la longitud $\sum_{e \in P_{vw}} a_e$ del (único) camino v-w, denominado P_{vw}, en T. Por ejemplo:

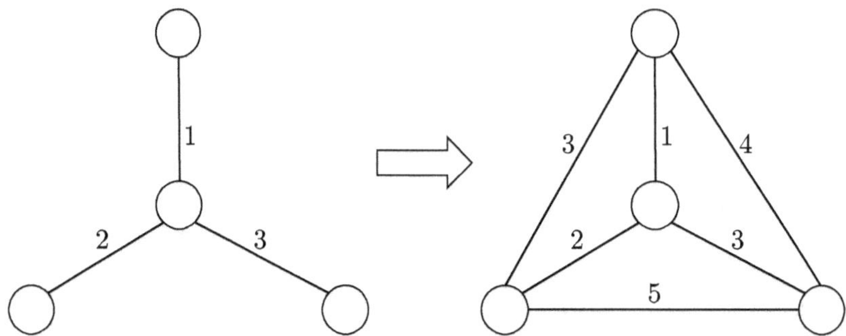

grafo acíclico conexo   instancia de árbol del TSP correspondiente

Diseña un algoritmo de tiempo lineal que, dado un grafo conexo acíclico con longitudes de aristas no negativas, devuelva una ruta del viajante de coste mínimo para la instancia del árbol correspondiente. Demuestra que el algoritmo es correcto.

Problemas de programación

Problema 19.9 Implementa, utilizando tu lenguaje de programación favorito, el algoritmo de búsqueda exhaustiva para el TSP (como hemos visto en el cuestionario 19.2). Prueba tu implementación con instancias en las que los costes de las aristas se elijan aleatoriamente, de forma independiente y uniforme, desde el conjunto $\{1, 2, \ldots, 100\}$. ¿Qué tamaño de entrada (es decir, cuántos vértices) podrá procesar tu programa, de forma fiable, en menos de un minuto? ¿Y en menos de una hora? Puedes encontrar casos de prueba y conjuntos de datos en `www.algorithmsilluminated.org`.

Capítulo 20

Sacrificio de la corrección: algoritmos inexactos eficientes

Con los problemas NP–complejos no podemos aspirar a todo, por lo que hay que sacrificar la generalidad, la corrección o la velocidad. Cuando la generalidad y la velocidad resultan imprescindibles, es el momento de pensar en algoritmos heurísticos que no sean siempre correctos. En ese caso, el objetivo se centra en minimizar el daño y diseñar un algoritmo generalista y rápido que sea (quizá probablemente o, al menos, empíricamente) "aproximadamente correcto". Este capítulo ilustra, mediante ejemplos, cómo utilizar técnicas, tanto modernas (como la búsqueda local) como veteranas (como los algoritmos voraces), para lograrlo. Los estudios de casos estarán relacionados con la planificación (sección 20.1), la selección de equipos (sección 20.2), el análisis de redes sociales (sección 20.2.8) y el TSP (sección 20.4).

20.1 Minimización de la envergadura

Nuestro primer estudio de caso es relativo a la *planificación* y el fin consiste en asignar tareas a recursos compartidos para optimizar algún objetivo. Un recurso podría, por ejemplo, representar al procesador de un ordenador (donde las tareas se corresponden con las clases), un aula (donde las tareas son las lecciones) o una jornada de trabajo (donde las tareas equivalen a reuniones).

20.1.1 Definición del problema

En los problemas de planificación, las tareas a completar se suelen denominar *trabajos* y los recursos son conocidos como *máquinas*. Una *planificación* determina, para cada trabajo, qué máquina lo procesará. Existen muchas planificaciones posibles. ¿Cuál preferimos nosotros?

Supongamos que cada trabajo j tiene una *longitud* ℓ_j conocida, que es la cantidad de tiempo necesario para procesarlo (por ejemplo, la duración de una clase o una reunión). Consideraremos uno de los objetivos más comunes en las aplicaciones, la planificación de los trabajos de forma que todos se completen lo antes posible. La siguiente *función objetivo* formaliza esta idea, asignando una puntuación numérica a cada planificación y cuantificando lo que buscamos:

1. La *carga* de una máquina en una planificación es la suma de las longitudes de los trabajos que esta tiene asignados.

2. La *envergadura* de una planificación es la carga máxima de las máquinas.

Las cargas de las máquinas y la envergadura son lo mismo, independientemente de cómo se ordenen los trabajos en cada máquina, de forma que las planificaciones únicamente especifican las asignaciones de los trabajos a las máquinas y no su orden.

¿Cuáles son las envergaduras de las siguientes planificaciones (los trabajos están etiquetados con sus longitudes)?

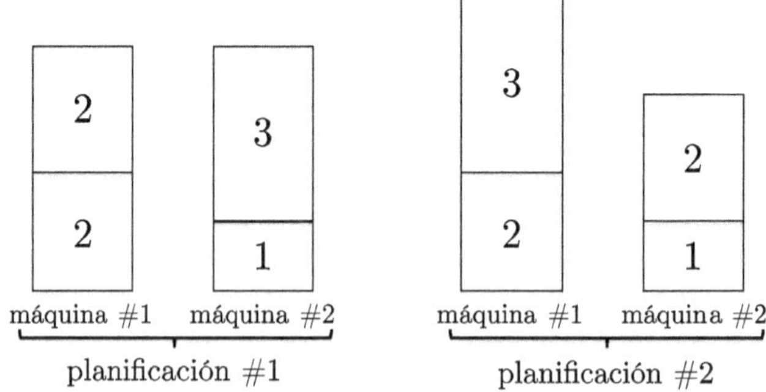

a) 4 y 3

b) 4 y 4

c) 4 y 5

d) 8 y 8

Solución y aclaraciones en la sección 20.1.9

Una planificación "óptima" es aquella que presenta la menor envergadura posible. Por ejemplo, en el cuestionario 20.1, la primera planificación es la única que minimiza la envergadura.

> **Problema: minimización de la envergadura**
>
> **Entrada:** un conjunto de n trabajos con longitudes positivas $\ell_1, \ell_2, \ldots, \ell_n$ y m máquinas idénticas.
>
> **Salida:** una asignación de trabajos a máquinas que minimice la envergadura.

Si, por ejemplo, los trabajos representan fragmentos de una tarea computacional que se deben procesar en paralelo (como los que se utilizan en los programas MapReduce o Hadoop), la envergadura de la planificación determinará la duración total del cálculo completo.

Minimizar la envergadura es un problema NP–complejo (ver el problema 22.10). ¿Existirá un algoritmo que sea generalista, rápido y "casi correcto"?

20.1.2 Algoritmos voraces

Los algoritmos voraces son, para muchos problemas computacionales (tanto fáciles como difíciles), un buen punto de partida para comenzar a valorar ideas. Para recordarlo (del capítulo 13 de la *tercera parte*), el paradigma de diseño de algoritmos voraces es:

> **El paradigma voraz**
>
> Construir una solución iterativa, que tome decisiones miopes, con la esperanza de que, al final, salga todo bien.

Los dos aspectos más atractivos de los algoritmos voraces es que son sencillos de diseñar y suelen ser muy rápidos. El inconveniente es que la mayoría de los algoritmos voraces devuelven soluciones incorrectas en algunos casos. Pero en el caso de los problemas NP–complejos, este fallo es compartido por todos los algoritmos rápidos: *ningún* algoritmo de tiempo polinómico será correcto para todas las entradas (si asumimos, como ya es habitual, que la conjetura P ≠ NP es cierta). Por tanto, el paradigma voraz resulta especialmente apropiado para el diseño de algoritmos heurísticos rápidos para problemas NP–complejos, y se convierte en el protagonista de este capítulo.

20.1.3 Algoritmo de Graham

¿Qué aspecto tendrá un algoritmo voraz para el problema de la minimización de la envergadura? Es posible que la técnica más sencilla consista en un algoritmo que realice una sola pasada, asignando de forma irrevocable trabajos a máquinas, de uno en uno. ¿A qué máquina se le debería asignar qué trabajo? Como buscamos una planificación lo más equilibrada posible, la estrategia voraz más evidente consiste en asignar un trabajo a aquella máquina que lo pueda soportar mejor, es decir, la que tenga en ese momento la *menor* carga. Este algoritmo voraz es conocido como *algoritmo de Graham*[1].

GRAHAM

Entrada: un conjunto de máquinas $\{1, 2, \dots, m\}$ y un conjunto de trabajos $\{1, 2, \dots, n\}$ con longitudes $\ell_1, \ell_2, \dots, \ell_n$ positivas.
Salida: una asignación de los trabajos a las máquinas.

```
  // Inicialización
1 para i := 1 hasta m hacer
2     J_i := ∅                    // trabajos asignados a la máquina i
3     L_i := 0                    // carga actual de la máquina i
  // Bucle principal
4 para j := 1 hasta n hacer
5     k := argmín^m_{i=1} L_i     // máquina con menos carga²
6     J_k := J_k ∪ {j}            // asignar el trabajo actual
7     L_k := L_k + ℓ_j            // actualizar cargas
8 devolver J_1, J_2, ..., J_m
```

---

[1]Propuesto por Ronald L. Graham en el artículo *"Bounds on Multiprocessing Time Anomalies"* (*SIAM Journal on Applied Mathematics*, 1969).

Este libro explica los algoritmos utilizando una combinación de pseudocódigo de alto nivel y lenguaje natural (como hemos visto en esta sección). Doy por hecho que cuentas con los conocimientos necesarios para traducir estas descripciones de alto nivel a código funcional, utilizando tu lenguaje de programación favorito. Otros libros y recursos disponibles en internet proporcionan implementaciones específicas de diversos algoritmos en lenguajes de programación concretos.

La ventaja más notable de destacar las descripciones de alto nivel frente a implementaciones específicas, reside en su flexibilidad: mientras asumo una cierta familiaridad con algún lenguaje de programación, me resulta irrelevante cuál pueda ser este. Además, este método ayuda a la comprensión de los algoritmos a un nivel más profundo y conceptual, evitando los detalles de bajo nivel. Los programadores con experiencia y los científicos de la computación suelen diseñar y describir los algoritmos de forma similar.

Aun así, nada puede reemplazar a la compresión detallada de un algoritmo que surge de la creación de una implementación funcional. Te animo a que programes tantos algoritmos de este libro como te sea posible (lo que, además, es una excusa perfecta para aprender un lenguaje de programación nuevo). Encontrarás ayuda para ello en los problemas de programación del final de cada capítulo y en sus casos de prueba.

20.1.4 Tiempo de ejecución

¿Es bueno el algoritmo de Graham? Como suele ocurrir con los algoritmos voraces, su tiempo de ejecución es fácil de analizar. Si el cálculo argmín de la línea 5 se implementa mediante búsqueda exhaustiva entre las m

---

[2]Para una sucesión de números reales $a_1, a_2, \ldots, a_n$, $\text{argmín}_{i=1}^{n} a_i$ indica el índice del número menor (en caso de empates, interpretamos que $\text{argmín}_{i=1}^{n} a_i$ los resuelve de forma arbitraria). La función $\text{argmáx}_{i=1}^{n} a_i$ se define de forma similar.

posibilidades, cada una de las n iteraciones del bucle principal se ejecuta en tiempo $O(m)$ (implementando, por ejemplo, las J_i como listas enlazadas). Como solo se realiza un trabajo $O(m)$ fuera del bucle principal, esta implementación directa nos lleva a un tiempo de ejecución de $O(mn)$.

Los lectores ya experimentados en estructuras de datos deberían identificar las oportunidades de mejora. El trabajo realizado por el algoritmo se reduce a cálculos repetitivos de mínimos, por lo que debería de surgir la idea al momento: este algoritmo pide a gritos una estructura de datos de montículo[3]. Como un montículo reduce el tiempo de ejecución de un cálculo de mínimos desde lineal hasta logarítmico, su aplicación en este caso nos llevará a una implementación espectacularmente rápida, en tiempo $O(n \log m)$, del algoritmo GRAHAM. El problema 20.6 te pedirá que completes los detalles.

20.1.5 Corrección aproximada

¿Qué hay de la envergadura de la planificación generada por el algoritmo de Graham?

Supongamos que tenemos cinco máquinas y que la lista de trabajos consta de veinte, con una longitud de 1 cada uno, seguidos de un solo trabajo con una longitud de 5. ¿Cuál es la envergadura de la planificación que nos devolverá el algoritmo GRAHAM, y cuál es la mínima envergadura posible de una planificación para estos trabajos?

a) 5 y 4

b) 6 y 5

c) 9 y 5

d) 10 y 5

Solución y aclaraciones en la sección 20.1.9

---

[3]Puedes consultar, por ejemplo, el capítulo 10 de la *segunda parte*.

El cuestionario 20.2 demuestra que el algoritmo GRAHAM no siempre devuelve una planificación óptima. No es que sea una sorpresa, dado que el problema es NP–complejo y el algoritmo se ejecuta en tiempo polinómico (si el algoritmo *fuese* siempre correcto, habríamos refutado la conjetura P ≠ NP). Es más, el ejemplo del cuestionario 20.2 debería hacerte pensar. ¿Existirán otras entradas, más complejas, que hagan que el algoritmo de Graham tenga un peor rendimiento? Por suerte, los ejemplos del cuestionario 20.2 son lo peor que nos vamos a encontrar:

Teorema 20.1 (GRAHAM: corrección aproximada) *La envergadura de la planificación devuelta por el algoritmo GRAHAM siempre es, como máximo, $2 - \frac{1}{m}$ veces la mínima envergadura posible, donde m indica el número de máquina*[4,5]*.*

El algoritmo de Graham es, en consecuencia, un algoritmo "aproximadamente correcto" para el problema de minimización de la envergadura. Pensemos en el teorema 20.1 como en una póliza de seguros. Incluso en el escenario apocalíptico de una entrada ficticia como la del cuestionario 20.2, la envergadura de la planificación ofrecida por el algoritmo no superará al doble de la que obtendrías mediante búsqueda exhaustiva. En el caso de entradas más realistas, cabe esperar que el algoritmo GRAHAM se comporte mucho mejor y logre envergaduras mucho más cercanas a las mínimas posibles. Ver también el problema 20.1.

La siguiente sección ofrece la demostración completa del teorema 20.1. El lector apresurado, o con fobia a las matemáticas, quizá prefiera un intuición más breve, aunque precisa:

Intuición para el teorema 20.1

1. La carga *más pequeña* de una máquina iguala, como máximo, a las cargas (iguales) de las máquinas en una planificación perfectamente equilibrada, lo que resulta en, como máximo, la mínima envergadura posible (ya que la mejor situación a la que podemos aspirar es a la de una planificación perfectamente equilibrada).

---

[4]Para generalizar el mal ejemplo del cuestionario 20.2 a un número de máquinas m arbitrario, utilizamos $m(m - 1)$ trabajos de longitud 1 seguidos de un único trabajo de longitud m.

[5]El multiplicador $2 - \frac{1}{m}$ es conocido, en ocasiones, como la *razón de aproximación* del algoritmo, que pasa a denominarse *algoritmo de aproximación* $(2 - \frac{1}{m})$.

2. Según el criterio voraz del algoritmo Graham, la diferencia entre las cargas mayor y menor será, como mucho, la de la longitud de un solo trabajo que, a su vez, está limitada por la mínima envergadura posible (ya que todo trabajo debe acabar en algún sitio).

3. Por tanto, la carga más grande de una máquina que nos ofrecerá el algoritmo será de, como máximo, dos veces la envergadura mínima posible.

20.1.6 Demostración del teorema 20.1

Para la demostración formal, diseñamos una instancia que incluya trabajos de longitudes $\ell_1, \ell_2, \ldots, \ell_n$ y m máquinas. La comparación directa de la mínima envergadura posible M^* y la envergadura M de la planificación devuelta por el algoritmo Graham sería un desastre. En su lugar, el análisis pivotará sobre dos límites inferiores de M^* fáciles de calcular (la máxima longitud de un trabajo y la carga media de las máquinas), que se pueden vincular sin esfuerzo a M y que terminan por demostrar que $M \leq (2-\frac{1}{m})M^*$.

El primer límite inferior de M^* es sencillo: todo trabajo debe acabar en algún sitio, por lo que es imposible lograr una envergadura menor que la longitud de un trabajo.

Lema 20.2 (Primer límite inferior a la envergadura óptima) *Si M^* indica la envergadura mínima de cualquier planificación y j es un trabajo,*

$$M^* \geq \ell_j. \tag{20.1}$$

En términos más generalistas, en toda planificación, se asigna todo trabajo j a, exactamente, una máquina i, aportando ℓ_j a su carga L_i. Por tanto, en toda planificación, la suma de las cargas de las máquinas es igual a la suma de las longitudes de los trabajos: $\sum_{i=1}^{m} L_i = \sum_{j=1}^{n} \ell_j$. En una planificación perfecta, cada máquina tendrá una carga *ideal*, que no es más que la fracción exacta $\frac{1}{m}$ del total (es decir, $\frac{1}{m}\sum_{j=1}^{n} \ell_j$). En cualquier otra planificación, algunas máquinas tendrán cargas mayores a la ideal, mientras que en otras serán menores. Por ejemplo, en el cuestionario 20.1, la primera planificación indica que ambas máquinas tienen cargas ideales, mientras que en la segunda ninguna de ellas las tiene (con una por encima y otra por debajo).

El segundo límite inferior de M^* surge del hecho de que toda planificación tendrá una máquina con una carga igual o superior a la ideal:

Lema 20.3 (Segundo límite inferior a la envergadura óptima) *Si M^* indica la envergadura mínima de cualquier planificación, entonces*

$$M^* \geq \underbrace{\frac{1}{m} \sum_{j=1}^{n} \ell_j}_{\text{carga ideal}} . \tag{20.2}$$

El último paso consiste en limitar desde arriba la envergadura M de la planificación del algoritmo Graham, en los términos de los dos límites inferiores presentados en los lemas 20.2 y 20.3. Digamos que i representa, en esta planificación, a una máquina con la mayor carga (es decir, donde la carga L_i es igual a M), y j al último trabajo que se le asigna (figura 20.1.a). Rebobinamos el algoritmo hasta el momento inmediatamente anterior a la asignación de j y decimos que $\hat{L}_i$ representa a la carga de i en ese momento. La nueva y definitiva carga L_i de la máquina (y, en consecuencia, la envergadura M) es $\ell_j + \hat{L}_i$.

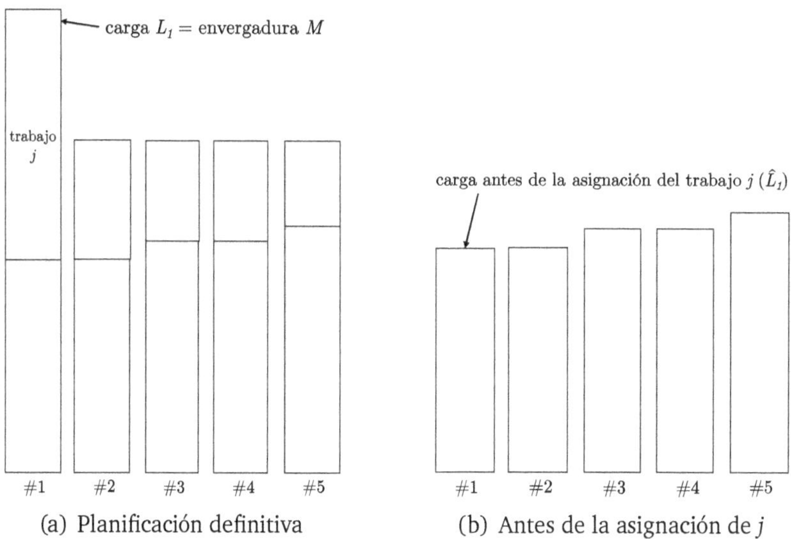

(a) Planificación definitiva

(b) Antes de la asignación de j

Figura 20.1: La máquina con más carga era la menos cargada en el momento inmediatamente anterior a la asignación de su último trabajo.

¿Qué tamaño podría haber llegado a alcanzar $\hat{L}_i$? Según el criterio voraz del algoritmo Graham, i era la máquina con menos carga en ese momento (figura 20.1.b). Si los trabajos $\{1, 2, \ldots, j-1\}$ anteriores a j hubiesen estado perfectamente equilibrados entre todas las máquinas, todas las cargas en ese momento habrían sido $\frac{1}{m}\sum_{h=1}^{j-1}\ell_h$. En caso contrario, la carga más ligera $\hat{L}_i$ habría sido incluso menor. En cualquier caso, la envergadura final $M = \ell_j + \hat{L}_i$ será, como máximo,

$$\ell_j + \frac{1}{m}\sum_{h=1}^{j-1}\ell_h \leq \ell_j + \frac{1}{m}\sum_{h\neq j}\ell_h,$$

donde podemos colocar en el lado derecho, por comodidad, los términos (positivos) faltantes $\ell_{j+1}/m, \ell_{j+2}/m, \ldots, \ell_n/m$. Transfiriendo ℓ_j/m del primer término al segundo, podemos escribir

$$M \leq \underbrace{\left(1 - \frac{1}{m}\right)\cdot \ell_j}_{\leq \left(1-\frac{1}{m}\right)M^* \text{ según (20.1)}} + \underbrace{\frac{1}{m}\sum_{h=1}^{n}\ell_h}_{\leq M^* \text{ según (20.2)}} \leq \left(2 - \frac{1}{m}\right)\cdot M^*, \qquad (20.3)$$

con la segunda desigualdad basada en los lemas 20.2 (para limitar el primer término) y 20.3 (para limitar el segundo). Esto completa la demostración del teorema 20.1. $\mathcal{QED}$

20.1.7 Primero el tiempo de procesamiento más largo (LPT)

Una póliza de seguros como la garantía de la corrección aproximada del teorema 20.1 nos tranquiliza, pero sigue siendo nuestro deber preguntar: ¿podemos hacerlo mejor? ¿Podemos diseñar un algoritmo heurístico rápido que sea diferente y "menos incorrecto", de forma que la prima de la póliza de seguros sea más baja? Podemos, utilizando una operación básica de coste cero que nos resultará familiar.

> **Operaciones básicas de coste cero**
>
> Podemos entender que un algoritmo con tiempo de ejecución lineal, o casi lineal, es una operación básica que se puede utilizar, esencialmente, a "coste cero": la cantidad de tiempo necesaria supera escasamente el empleado en leer la entrada. Cuando encuentras una operación básica que resulta relevante para tu problema y que es tan espec-

tacularmente rápida, ¿por qué no utilizarla? Por ejemplo, siempre puedes calcular un árbol de expansión mínimo sobre la información de un grafo no dirigido en un paso de procesamiento previo, aunque no tengas la seguridad de si te servirá de algo más adelante. Uno de los objetos de estas series de libros es la de equipar tu caja de herramientas algorítmicas con tantas operaciones básicas de coste cero como sea posible, teniéndolas siempre preparadas para su uso.

¿Qué le pasa al algoritmo GRAHAM en el ejemplo ficticio del cuestionario 20.2? Equilibra perfectamente los trabajos de longitud 1, pero no deja un espacio adecuado para el de longitud 5. Si el algoritmo hubiese comenzado valorando el trabajo de longitud 5, el resto habrían quedado perfectamente ubicados. En términos más generales, tanto la segunda parte de la intuición del teorema 20.1 (página 51) como el último paso de su demostración (desigualdad (20.3)) defienden que el trabajo asignado a la máquina más cargada (trabajo j en (20.3)) sea lo menor posible. Esto nos lleva al algoritmo denominado *primero el tiempo de procesamiento más largo (LPT)* (propuesto también por Graham), que guarda los trabajos más pequeños para el final.

LPT

Entrada/Salida: iguales que en el algoritmo GRAHAM (página 48).

---

ordenar los trabajos de mayor a menor
ejecutar el algoritmo GRAHAM sobre los trabajos ordenados

El primer paso se puede implementar en tiempo $O(n \log n)$ (para n trabajos) utilizando, por ejemplo, el algoritmo MERGESORT. Si el algoritmo GRAHAM se implementa mediante montículos (problema 20.6), ambos pasos se ejecutarán en tiempo casi lineal[6].

---

[6]El algoritmo GRAHAM es un buen ejemplo de un "algoritmo en línea": se puede utilizar incluso si los trabajos se materializan de uno en uno y deben ser planificados inmediatamente. El algoritmo LPT no es un algoritmo en línea, pues necesita un conocimiento previo de todos los trabajos para poder ordenarlos por su longitud.

Supongamos que tenemos cinco máquinas, tres trabajos de longitud 5, dos de longitud 6, dos de longitud 7, dos de longitud 8 y dos de longitud 9. ¿Cuál es la envergadura de la planificación devuelta por el algoritmo LPT, y cuál es la envergadura mínima posible de una planificación para estos trabajos?

a) 16 y 15

b) 17 y 15

c) 18 y 15

d) 19 y 15

Solución y aclaraciones en la sección 20.1.9

Una vez más, como el problema de la minimización de la envergadura es NP–complejo y el algoritmo LPT se ejecuta en tiempo polinómico, ya nos imaginábamos que los ejemplos demostrarían que el segundo no siempre es óptimo. Pero, ¿supone esto una mejor póliza de seguros que la del algoritmo GRAHAM?

Teorema 20.4 (LPT: corrección aproximada) *La envergadura de la planificación devuelta por el algoritmo LPT es siempre de, como máximo, $\frac{3}{2} - \frac{1}{2m}$ veces la envergadura mínima posible, donde m indica el número de máquinas.*

La intuición nos dice que ordenar los trabajos limita el posible daño causado por un solo trabajo (la diferencia entre la mayor y la menor carga) desde M^* (la envergadura mínima posible) a $M^*/2$.

El lector perspicaz quizá haya percibido la diferencia abismal entre el mal ejemplo del cuestionario 20.3 (con un aumento de la envergadura de $19/15 \approx 1{,}267$) y la garantía del teorema 20.4 (que, para $m = 5$, promete un aumento máximo de $14/10 = 1{,}4$). Mediante algunos argumentos adicionales (resumidos en el problema 20.7), la garantía del teorema 20.4 se puede refinar desde $\frac{3}{2} - \frac{1}{2m}$ hasta $\frac{4}{3} - \frac{1}{3m}$. En consecuencia, los ejemplos sugeridos por el cuestionario 20.3 para el algoritmo LPT son los peores posibles. Y, al igual que con el algoritmo GRAHAM, cabe esperar que el algoritmo LPT se comporte mejor con entradas más realistas[7].

---

[7]Existen algoritmos más sofisticados con mejores garantías de corrección aproximadas,

---

20.1.8 Demostración del teorema 20.4

La demostración del teorema 20.4 se parece mucho a la del teorema 20.1, estableciendo la mejora mediante una variante del lema 20.2, que resulta útil cuando los trabajos están ordenados del más largo al más corto.

Lema 20.5 (Variante del primer límite inferior) *Si M^* indica la envergadura mínima de cualquier planificación y j es un trabajo que no está entre los m más largos (con desempates arbitrarios),*

$$M^* \geq 2\ell_j. \tag{20.4}$$

Demostración: Según el principio del palomar, toda planificación debe asignar dos de los $m + 1$ trabajos más largos a la misma máquina[8]. Por tanto, la mínima envergadura posible será de, al menos, el doble de la longitud del $(m + 1)$-ésimo trabajo más largo, lo que es, al menos, $2\ell_j$. $\mathcal{QED}$

Seguimos:

Demostración del teorema 20.4: Al igual que en la parte final de la demostración del teorema 20.1, digamos que i representa a una máquina con la mayor carga en la planificación del algoritmo LPT y j es el último trabajo que se le asigna (figura 20.1.a). Supongamos que i tiene, al menos, otro trabajo asignado (anterior a j), pues, en caso contrario, no habría nada que demostrar[9].

El algoritmo asigna cada uno de los m primeros trabajos a una máquina diferente (vacía en ese momento). Por tanto, el trabajo j no puede ser uno de los m primeros. Según el criterio voraz de LPT, el trabajo j no puede ser uno de los m trabajos más largos. El lema 20.5 nos dice entonces que $\ell_j \leq M^*/2$, donde M^* es la envergadura mínima posible. El incluir este límite mejorado (en relación al lema 20.2) en la igualdad (20.3) nos muestra que

---

que se ejecutan, técnicamente, en tiempo polinómico, pero son tan lentos que resultan poco prácticos. Cuando se te presente el problema de la minimización de la envergadura, el algoritmo LPT es un excelente punto de partida.

[8]El *principio del palomar* es el hecho evidente de que, independientemente de cómo coloques $n + 1$ palomas en n agujeros, siempre habrá un agujero con, al menos, dos palomas.

[9]Si j es el único trabajo asignado a i, la planificación devuelta por el algoritmo tendrá una envergadura de ℓ_j y no existirá una planificación mejor (según el lema 20.2).

la envergadura M lograda por el algoritmo LPT satisface

$$M \leq \underbrace{\left(1 - \frac{1}{m}\right) \cdot \ell_j}_{\leq \left(1 - \frac{1}{m}\right) \cdot (M^*/2) \text{ según } (20.4)} + \underbrace{\frac{1}{m} \sum_{h=1}^{n} \ell_h}_{\leq M^* \text{ según } (20.2)} \leq \left(\frac{3}{2} - \frac{1}{2m}\right) \cdot M^*.$$

$\mathcal{QED}$

20.1.9 Soluciones a los cuestionarios 20.1–20.3

Solución al cuestionario 20.1

Respuesta correcta: (c). Las cargas de las máquinas son $2 + 2 = 4$ y $1 + 3 = 4$ en la primera planificación, y $2 + 3 = 5$ y $1 + 2 = 3$ en la segunda. Como la envergadura corresponde a la carga más grande, estas planificaciones tienen envergaduras respectivas de 4 y 5.

Solución al cuestionario 20.2

Respuesta correcta: (c). El algoritmo GRAHAM planifica los veinte primeros trabajos de forma equilibrada entre las máquinas (con cuatro trabajos de longitud 1 en cada una). Independientemente de cómo planifique el último trabajo de longitud 5, está condenado a tener una envergadura de 9:

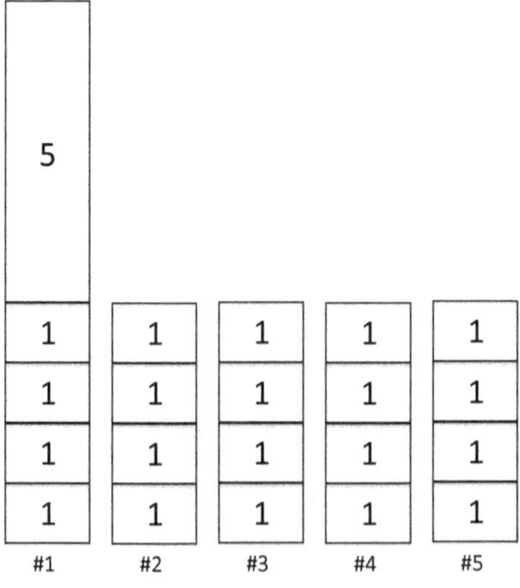

Al mismo tiempo, si se reserva una máquina para el trabajo grande y se reparten de forma igualitaria los veinte trabajos pequeños entre las cuatro máquinas restantes, se genera una planificación perfectamente equilibrada, con envergadura 5:

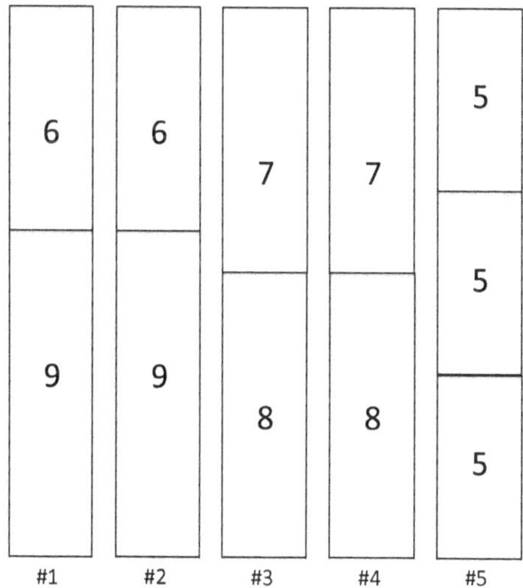

Solución al cuestionario 20.3

Respuesta correcta: (d). La planificación óptima está perfectamente equilibrada, con los tres trabajos de longitud 5 asignados a una misma máquina y donde el resto de máquinas reciben trabajos de longitudes 9 y 6, u 8 y 7:

La envergadura de esta planificación es 15. Sin embargo, todas las máquinas tienen ya una carga de 14 cuando llega el momento de que el algoritmo LPT asigne su último trabajo de longitud 5, lo que le obliga a una envergadura final de 19:

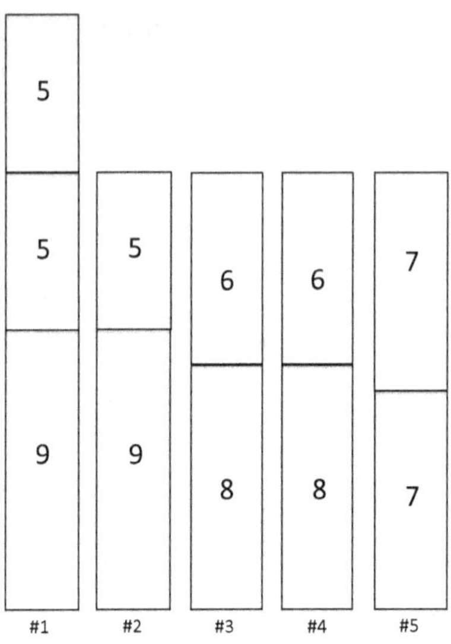

20.2 Cobertura máxima

Imagina que te han encargado formar un equipo (quizá tu empresa quiera finalizar un proyecto o estés jugando a la *liga fantástica* de algún deporte). Solo puedes permitirte contratar a un número limitado de personas. Cada miembro potencial del equipo cuenta con una combinación de capacidades (los lenguajes de programación que conocen o las posiciones que pueden ocupar en la cancha). Quieres un equipo diverso con tantas capacidades distintas como sea posible. ¿A quién escoger?

20.2.1 Definición del problema

En el problema de la *cobertura máxima*, la entrada está formada por m subconjuntos $A_1, A_2, ..., A_m$, de un conjunto base U, y un presupuesto k. Por ejemplo, en una aplicación de contratación de equipos, el conjunto base U corresponde a todas las capacidades que podría tener un miembro del equipo, y cada subconjunto A_i corresponde a un miembro potencial de dicho equipo, donde los elementos del subconjunto indican las capacidades concretas de ese miembro en particular. El objetivo es seleccionar k subconjuntos para maximizar su *cobertura* (el número de elementos distintos del conjunto base que contienen). En un problema de contratación de equipos, la cobertura se corresponde con el número de capacidades distintas que tendrá el equipo elegido.

Entrada: una colección $A_1, A_2, \ldots, A_m$ de subconjuntos de un conjunto base U y un entero positivo k.

Salida: una selección $K \subseteq \{1, 2, \ldots, m\}$ de k índices que maximice la cobertura $f_{cob}(K)$ de los subconjuntos correspondientes, donde:

$$f_{cob}(K) = \left| \cup_{i \in K} A_i \right|. \tag{20.5}$$

Por ejemplo:

Considera un conjunto base U con 16 elementos y seis subconjuntos del mismo:

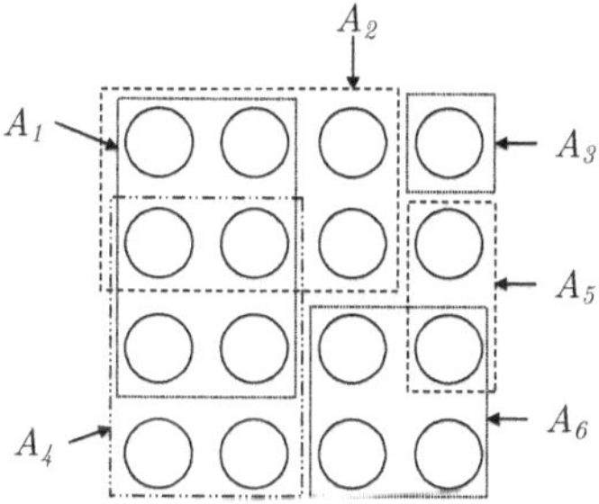

¿Cuál es la cobertura más grande que lograrán cuatro de los subconjuntos?

a) 13

b) 14

c) 15

d) 16

Solución y aclaraciones en la sección 20.2.8

Los problemas de cobertura máxima son complicados debido a las superposiciones entre los subconjuntos. Por ejemplo, algunas de las capacidades pueden ser comunes (cubiertas por muchos subconjuntos) y otras escasas (cubiertas por unos pocos). El subconjunto ideal será grande y con pocos elementos redundantes: un miembro del equipo dotado de muchas capacidades únicas.

20.2.2 Más aplicaciones

Los problemas de cobertura máxima aparecen constantemente y no solo en aplicaciones de contratación de equipos. Supongamos, por ejemplo, que quieres seleccionar ubicaciones para k nuevos parques de bomberos en una ciudad, de forma que se maximice el número de habitantes que viven a menos de un kilómetro de uno de esos parques. Se trata de un problema de cobertura máxima en el que los elementos del conjunto base se corresponden con los habitantes, cada subconjunto representa la posible ubicación de un parque de bomberos y los elementos de ese subconjunto son los residentes que viven dentro de ese radio de un kilómetro.

Podemos encontrar ejemplos más complejos. Imagina que quieres convencer a un número de personas para que asistan a un evento, como un concierto. Debes prepararte para el evento y solo tienes tiempo de animar a k amigos para que te acompañen. Pero esos amigos que reclutes traerán, a su vez, a *sus* amigos, a los amigos de sus amigos, etc. Podemos visualizar este problema en forma de un grafo dirigido, en el que los vértices corresponden a las personas y una arista dirigida desde v hasta w representa que w seguirá a v al evento, en caso de que v asista. Por ejemplo, en el grafo

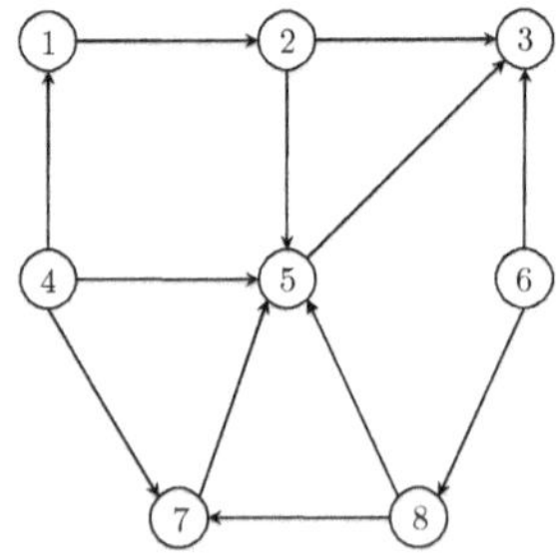

convencer al amigo 1 provocaría la asistencia de cuatro personas (1, 2, 3 y 5). Tu amigo 6 solo aparecerá si le llamas directamente, en cuyo caso le seguirían otros cuatro (3, 5, 7 y 8).

Maximizar la asistencia a un evento es un problema de cobertura máxima. El conjunto base corresponde a las personas (o, de forma equivalente, a los vértices del grafo). Hay un subconjunto por cada persona, indicando quién la seguiría al evento (de forma equivalente, los vértices alcanzables por un camino dirigido con origen en ese vértice dado). La asistencia total provocada por el *reclutamiento* de k personas será, exactamente, la cobertura lograda por los k subconjuntos correspondientes.

20.2.3 Un algoritmo voraz

El problema de la cobertura máxima es NP–complejo (ver el problema 22.8). Si no queremos renunciar a la velocidad, es el momento de plantearnos el uso de algoritmos heurísticos. Los algoritmos voraces, que hacen una elección miope de los subconjuntos, de uno en uno, vuelven a ser el punto de partida más evidente.

Es un problema fácil de resolver cuando solo puedes elegir un subconjunto ($k = 1$), pues basta con que te quedes con el más grande. Supongamos que $k = 2$ y ya te has comprometido a elegir el subconjunto más grande, A. ¿Cuál será el segundo subconjunto? Ahora el foco se sitúa en los elementos de un subconjunto *que no estén ya cubiertos por A*, por lo que el criterio voraz más adecuado es el de maximizar el número de nuevos elementos cubiertos. La extensión de esta idea a un presupuesto k arbitrario nos lleva al famoso algoritmo voraz para el problema de la cobertura máxima, en el que la función de cobertura f_{cob} se define como en (20.5)[10]:

COBERTURAVORAZ

Entrada: subconjuntos $A_1, A_2, \ldots, A_m$ de un conjunto base U y un entero positivo k.
Salida: un conjunto $K \subseteq \{1, 2, \ldots, m\}$ de k índices.

```
1  K := ∅                    // índices de los conjuntos elegidos
2  para j := 1 hasta k hacer    // elegir conjuntos de uno en uno
       // aumentar la cobertura vorazmente
       // (desempates arbitrarios)
3      i* := argmáx^m_{i=1} [f_cob(K ∪ {i}) − f_cob(K)]
4      K := K ∪ {i*}
5  devolver K
```

---

[10]Analizado inicialmente por Gérard P. Cornuéjols, Marshall L. Fisher y George L. Nemhauser en el artículo *"Location of Bank Accounts to Optimize Float: An Analytic Study of Exact and Approximate Algorithms"* (*Management Science*, 1977).

20.2.4 Malos ejemplos para el algoritmo CoberturaVoraz

El algoritmo CoberturaVoraz es fácil de implementar en tiempo polinómico[11]. Como el problema de la cobertura máxima es NP–complejo, deberíamos esperar ejemplos en los que el algoritmo devuelva una solución subóptima (de otro modo, se refutaría la conjetura P ≠ NP). Este es uno de ellos:

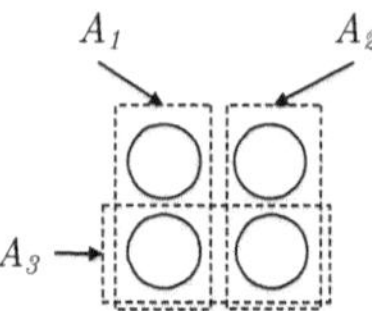

Supongamos que $k = 2$. La solución óptima consiste en seleccionar los subconjuntos A_1 y A_2 para cubrir los cuatro elementos. El algoritmo voraz (con desempates arbitrarios) podría perfectamente elegir el subconjunto A_3 en su primera iteración, en cuyo caso se vería obligado a elegir A_1 o A_2 en la segunda, cubriendo solo tres de los cuatro elementos.

¿Existen ejemplos peores para el algoritmo CoberturaVoraz? Al menos para presupuestos k más grandes, la respuesta es sí.

Por tanto, con $k = 2$, el algoritmo CoberturaVoraz podría llegar a capturar únicamente el 75% de los elementos que potencialmente se podrían cubrir. Y con $k = 3$, esta cifra se llegaría a reducir a un pobre $\frac{57}{81} = \frac{19}{27} \approx$ 70,4%. ¿Cómo de mal se pueden poner las cosas? El problema 20.8.a te pide que amplíes este patrón a todos los enteros positivos k, mostrando[12]:

Proposición 20.6 (Malos ejemplos para CoberturaVoraz) *Por cada entero positivo k, existe una instancia del problema de la cobertura máxima en la que:*

(a) *Existen k subconjuntos que cubren el conjunto base por completo.*

(b) *Con desempates arbitrarios, el algoritmo CoberturaVoraz podría cubrir únicamente una fracción $1 - (1 - \frac{1}{k})^k$ de todos los elementos[13].*

---

[11]Por ejemplo, calcular el argmáx de la línea 3 mediante búsqueda exhaustiva entre los m subconjuntos, calculando la cobertura adicional $f_{cob}(K \cup \{i\}) - f_{cob}(K)$ proporcionada por un subconjunto A_i utilizando una única pasada por los elementos de dicho A_i. Una implementación directa llevaría a un tiempo de ejecución de $O(kms)$, donde s indica el tamaño máximo de un subconjunto (que será, como mucho, de $|U|$).

[12]La confianza en el desempate arbitrario es conveniente pero no esencial para estos ejemplos. Ver el problema 20.8.b.

[13]Es importante fijarse en que $1 - (1 - \frac{1}{k})^k$ es igual a $1 - (\frac{1}{2})^2 = \frac{3}{4}$ cuando $k = 2$ y a $1 - (\frac{2}{3})^3 = \frac{19}{27}$ cuando $k = 3$.

Considera el siguiente conjunto base de 81 elementos y cinco sub-conjuntos del mismo:

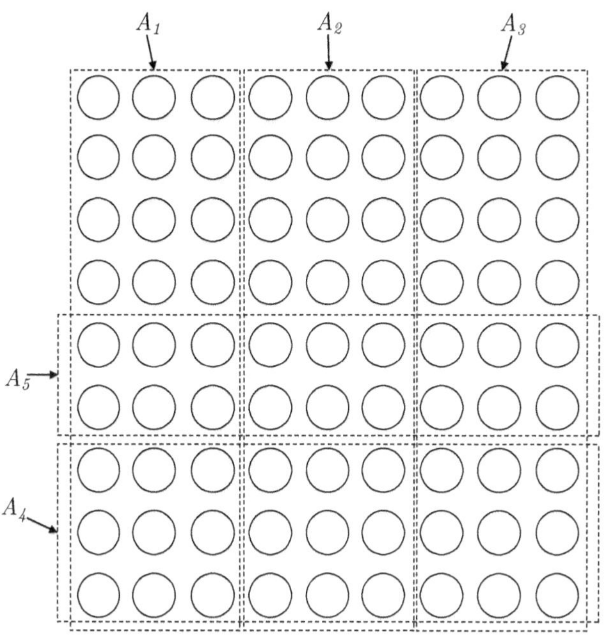

Para $k = 3$, ¿cuáles son: (i) la cobertura máxima posible, (ii) la cobertura mínima posible de la salida del algoritmo CoberturaVoraz (con desempates arbitrarios)?

a) 72 y 60

b) 81 y 57

c) 81 y 60

d) 81 y 64

Solución y aclaraciones en la sección 20.2.8

La mejor forma de entender una expresión disparatada con una variable es dibujándola. Siguiendo este consejo para la función $1 - (1 - \frac{1}{x})^x$, podemos ver que es decreciente, pero parece acercarse a una asíntota más o menos en 63,2%:

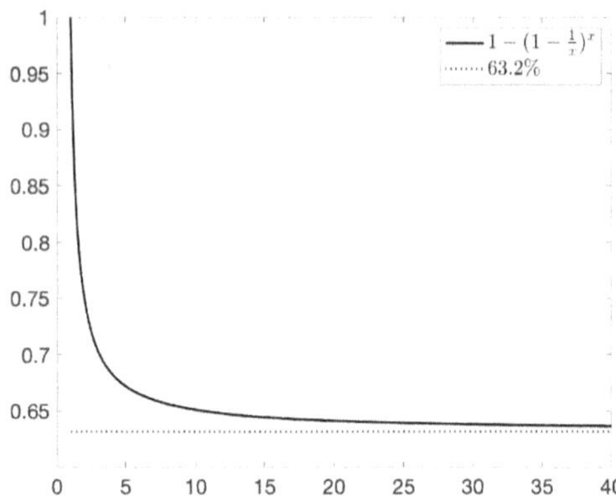

Lo que ocurre es que $1 - x$ es una buena aproximación a e^{-x}, cuando x es cercano a 0 (como deberías comprobar mediante un gráfico o una expansión de Taylor de e^{-x}). Por tanto, la expresión $1 - (1 - \frac{1}{k})^k$ tiende a $1 - (e^{-1/k})^k = 1 - \frac{1}{e} \approx 0{,}632$ a medida que k tiende a infinito[14].

20.2.5 Corrección aproximada

¿Qué hace un número tan raro como $1 - \frac{1}{e}$ cerca de un algoritmo sencillo como CoberturaVoraz? ¿Es quizá una distorsión provocada por los ejemplos que hemos preparado intencionadamente para el cuestionario 20.5 y la proposición 20.6? Todo lo contrario: la siguiente garantía de corrección aproximada demuestra que, precisamente esos, son los peores ejemplos para el algoritmo CoberturaVoraz, lo que indica que este está íntimamente ligado a los números $1 - (1 - \frac{1}{k})^k$ y $1 - \frac{1}{e}$.[15,16]

Teorema 20.7 (CoberturaVoraz: corrección aproximada) *La cobertura de la salida devuelta por el algoritmo CoberturaVoraz siempre es, al*

---

[14]En este caso, $e = 2{,}718...$ es el número de Euler.

[15]Y se puede volver todavía más raro: si asumimos la conjetura P $\neq$ NP, *ningún* algoritmo de tiempo polinómico (voraz o de otro tipo) puede garantizar una solución con una cobertura mayor que una fracción $1 - \frac{1}{e}$ del máximo posible, a medida que k va creciendo (estamos ante un resultado complicado, que debemos a Uriel Feige en su artículo "A Threshold of $\ln n$ for Approximating Set Cover" en *Journal of the ACM*, 1998). Este hecho proporciona una fuerte justificación teórica para la adopción del algoritmo CoberturaVoraz como punto de partida al tratar, en la práctica, con el problema de la cobertura máxima. También implica que el número $1 - \frac{1}{e}$ es intrínseco al problema de la cobertura máxima, más que una distorsión de un algoritmo en particular.

[16]No volveremos a encontrar el número $1 - \frac{1}{e}$ en este libro, pero suele reaparecer misteriosamente en el análisis de algoritmos.

---

menos, una fracción $1 - (1 - \frac{1}{k})^k$ de la cobertura máxima posible, donde k es el número de subconjuntos elegidos.

Por tanto, existe la garantía de que el algoritmo CoberturaVoraz cubrirá al menos el 75% de los elementos de una solución óptima cuando $k = 2$, al menos el 70,4% cuando $k = 3$ y al menos el 63,2% para cualquier otro valor de k, independientemente de su tamaño. Al igual que ocurre con los teoremas 20.1 y 20.4, el teorema 20.7 es una póliza de seguros que limita los daños en el peor caso. Utilizado con entradas más realistas, el algoritmo probablemente se comportará mejor y logrará porcentajes significativamente más altos.

20.2.6 Un lema clave

Para desarrollar la intuición del teorema 20.7, volvamos sobre el ejemplos del cuestionario 20.5. ¿Por qué el algoritmo CoberturaVoraz no devolvió la solución óptima? En la primera iteración tuvo la opción de elegir cualquiera de los tres subconjuntos que forman parte de la solución óptima (A_1, A_2 o A_3). Por desgracia, el algoritmo quedó confundido con la existencia de un cuarto subconjunto, igual de grande (A_4, con una cobertura de 27 elementos). En la segunda iteración el algoritmo tuvo una nueva oportunidad de elegir cualquiera de los subconjuntos A_1, A_2 o A_3, pero se volvió a confundir con el subconjunto A_5, que cubría la misma cantidad de elementos nuevos (18).

En general, toda confusión del algoritmo CoberturaVoraz se puede atribuir a la existencia de un subconjunto que cubra, al menos, la misma cantidad de elementos que cada uno de los k subconjuntos de la solución óptima. ¿Pero esto no significa que el algoritmo CoberturaVoraz va haciendo buenos progresos con cada iteración? Esta idea queda formalizada en el siguiente lema, que limita por abajo el número de nuevos elementos cubiertos en cada iteración, como función de las deficiencias de cobertura actuales:

Lema 20.8 (CoberturaVoraz hace progresos) *Digamos que C_j indica, para cada $j \in \{1, 2, \ldots, k\}$, la cobertura lograda por los primeros j subconjuntos elegidos por el algoritmo CoberturaVoraz. Para cada uno de esos j, el j-ésimo subconjunto elegido cubre, al menos, $\frac{1}{k}(C^* - C_{j-1})$ nuevos elementos, donde C^* indica la máxima cobertura posible de k subconjuntos:*

$$C_j - C_{j-1} \geq \frac{1}{k}\left(C^* - C_{j-1}\right). \tag{20.6}$$

Demostración: Digamos que K_{j-1} representa a los índices de los primeros $j-1$ subconjuntos elegidos por el algoritmo CoberturaVoraz y que $C_{j-1} = f_{cob}(K_{j-1})$ es su cobertura. Consideremos cualquier conjunto rival $\widehat{K}$ de k índices, con su correspondiente cobertura $\widehat{C} = f_{cob}(\widehat{K})$.

La desigualdad más importante de la demostración es:

$$\underbrace{\sum_{i \in \widehat{K}} \left[f_{cob}(K_{j-1} \cup \{i\}) - C_{j-1} \right]}_{\text{incremento de cobertura desde } A_i} \geq \underbrace{\widehat{C} - C_{j-1}}_{\text{diferencia de cobertura actual}} . \qquad (20.7)$$

¿Por qué es esto cierto? Digamos que W representa a los elementos del conjunto base cubiertos por los subconjuntos correspondientes a $\widehat{K}$, pero no a los correspondientes a K_{j-1} (figura 20.2). Por un lado, el tamaño de W es, al menos, de $\widehat{C} - C_{j-1}$, que está a la derecha en (20.7). Por otro, no es más que la parte izquierda de (20.7): cada elemento de W hace, al menos, una aportación a la suma (una por cada subconjunto con índice en $\widehat{K}$ que lo contenga). Por lo tanto, la expresión izquierda de (20.7) es, al menos, igual a la derecha, con el tamaño de W emparedado entre ambas.

A continuación, si los k números sumados en la parte izquierda de (20.7) fuesen iguales, cada uno sería $\frac{1}{k} \sum_{i \in \widehat{K}} \left[f_{cob}(K_{j-1} \cup \{i\}) - C_{j-1} \right]$. En caso contrario, el mayor de ellos sería incluso más grande:

$$\underbrace{\max_{i \in \widehat{K}} \left[f_{cob}(K_{j-1} \cup \{i\}) - C_{j-1} \right]}_{\text{valor más grande}} \geq \underbrace{\frac{1}{k} \sum_{i \in \widehat{K}} \left[f_{cob}(K_{j-1} \cup \{i\}) - C_{j-1} \right]}_{\text{valor promedio}} . \qquad (20.8)$$

Ahora instanciamos $\widehat{K}$ como los índices K^* de una solución óptima, con cobertura $f_{cob}(K^*) = C^*$. Si encadenamos las desigualdades (20.7) y (20.8), veremos que el algoritmo CoberturaVoraz tiene, al menos, una buena opción (el mejor de los índices en la solución óptima K^*):

$$\underbrace{\max_{i \in K^*} \left[f_{cob}(K_{j-1} \cup \{i\}) - C_{j-1} \right]}_{\text{el mejor de los índices óptimos}} \geq \underbrace{\frac{1}{k} \left(C^* - C_{j-1} \right)}_{\text{progreso garantizado}} .$$

El algoritmo CoberturaVoraz, debido a su criterio voraz, selecciona un índice que es, al menos, así de bueno, mejorando con ello la cobertura de su solución en, al menos, $\frac{1}{k} \left(C^* - C_{j-1} \right)$. $\mathcal{QED}$

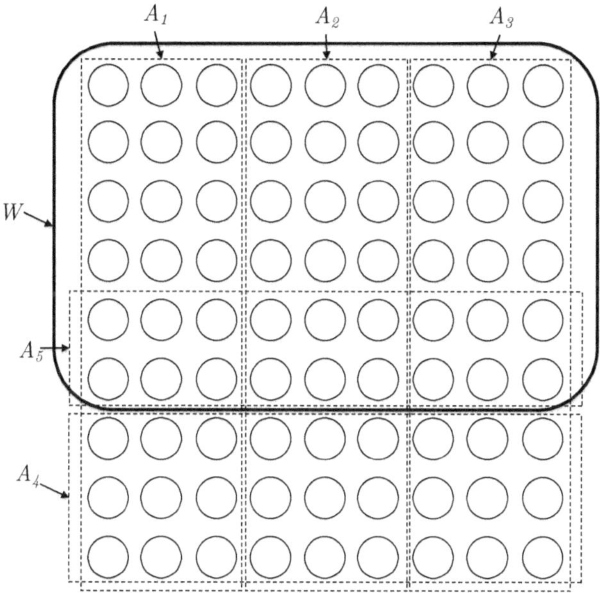

Figura 20.2: Ilustración de la demostración del lema 20.8 en el ejemplo del cuestionario 20.5, con $j = 2$, $K_{j-1} = \{4\}$, $C_{j-1} = 27$, $\widehat{K} = \{1, 2, 3\}$ y $\widehat{C} = 81$. El conjunto W está formado por los $81 - 27 = 54$ elementos cubiertos por algún subconjunto con índice en $\widehat{K}$ y ningún subconjunto con índice en K_{j-1}.

20.2.7 Demostración del teorema 20.7

Ahora podemos demostrar el teorema 20.7, con iteraciones de la recurrencia (20.6) del lema 20.8, que limita por abajo el progreso que hace el algoritmo CoberturaVoraz en cada iteración. Siguiendo con la misma notación, el objetivo está en comparar la cobertura C_k, lograda por la solución del algoritmo, con la máxima cobertura posible C^*.

El término anticipado $1 - \frac{1}{k}$ entra en juego en cuanto aplicamos el lema 20.8 (primero con $j = k$):

$$C_k \geq C_{k-1} + \frac{1}{k}\left(C^* - C_{k-1}\right) = \frac{C^*}{k} + \left(1 - \frac{1}{k}\right)C_{k-1}.$$

Al aplicarlo otra vez (ahora con $j = k - 1$):

$$C_{k-1} \geq \frac{C^*}{k} + \left(1 - \frac{1}{k}\right)C_{k-2}.$$

Combinando las dos desigualdades:

$$C_k \geq \frac{C^*}{k}\left(1 + \left(1 - \frac{1}{k}\right)\right) + \left(1 - \frac{1}{k}\right)^2 C_{k-2}.$$

Al aplicar el lema 20.8 una tercera vez, con $j = k - 2$ y, entonces, sustituyendo a C_{k-2}:

$$C_k \geq \frac{C^*}{k}\left(1 + \left(1 - \frac{1}{k}\right) + \left(1 - \frac{1}{k}\right)^2\right) + \left(1 - \frac{1}{k}\right)^3 C_{k-3}.$$

El patrón se repite y, después de k aplicaciones del lema (y aprovechando que $C_0 = 0$), terminamos con

$$C_k \geq \frac{C^*}{k}\underbrace{\left(1 + \left(1 - \frac{1}{k}\right) + \left(1 - \frac{1}{k}\right)^2 + \cdots + \left(1 - \frac{1}{k}\right)^{k-1}\right)}_{\text{serie geométrica}}.$$

Dentro de los paréntesis nos encontramos con una vieja conocida, una serie geométrica. En general, para $r \neq 1$, existe una fórmula cerrada muy útil para las series geométricas[17]:

$$1 + r + r^2 + \cdots + r^\ell = \frac{1 - r^{\ell+1}}{1 - r}. \tag{20.9}$$

---

[17]Para verificar esta identidad, multiplica ambos lados por $1 - r$: $(1 - r)(1 + r + r^2 + \cdots + r^\ell) = 1 - r + r - r^2 + r^2 - r^3 + r^3 - \cdots - r^{\ell+1} = 1 - r^{\ell+1}$.

Si llamamos a esta fórmula con $r = 1-\frac{1}{k}$ y $\ell = k-1$, nuestro límite inferior a C_k se transforma en

$$C_k \geq \frac{C^*}{k}\left(\frac{1-(1-\frac{1}{k})^k}{1-(1-\frac{1}{k})}\right) = C^*\left(1-\left(1-\frac{1}{k}\right)^k\right),$$

lo que cumple con la promesa hecha por el teorema 20.7. $\mathcal{QED}$

20.2.8 Soluciones a los cuestionarios 20.4–20.5

Solución al cuestionario 20.4

Respuesta correcta: (c). Existen dos formas de cubrir 15 de los 16 elementos, eligiendo A_2, A_4, A_6 y A_3 o A_5. El subconjunto grande A_1 no forma parte de ninguna solución óptima, porque resulta muy redundante en relación al resto de subconjuntos.

Solución al cuestionario 20.5

Respuesta correcta: (b). La solución óptima selecciona los subconjuntos A_1, A_2 y A_3, y cubre los 81 elementos. Una ejecución posible del algoritmo CoberturaVoraz elige A_4 en su primera iteración, al deshacer un empate cuádruple con A_1, A_2, A_3; A_5 en su segunda iteración, deshaciendo otro empate cuádruple con A_1, A_2, A_3; y, por último, A_1. Esta solución tiene una cobertura de $27 + 18 + 12 = 57$.

*20.3 Maximización de la influencia

La motivación original del algoritmo CoberturaVoraz de la sección 20.2 se encuentra en aplicaciones de la vieja escuela, como la elección de ubicaciones para la construcción de nuevas fábricas. En el siglo XXI, se han encontrado nuevas aplicaciones en el campo de la computación a la generalización de este algoritmo. Esta sección describe un ejemplo representativo para el análisis de redes sociales[18].

[18]Las secciones destacadas (indicadas con un asterisco) son las más avanzadas y, si el lector tiene prisa, puede ignorarlas en una primera lectura.

20.3.1 Cascadas en redes sociales

A nuestros efectos, una *red social* es un grafo dirigido $G = (V, E)$ en el que los vértices corresponden a las personas y una arista dirigida (v, w) significa que v "influencia" a w. Por ejemplo, es posible que w sea seguidor de v en una red social de internet como Twitter o Instagram.

Un *modelo de cascada* establece el flujo de información (como un artículo de prensa o un meme) a través de una red social. Vamos con uno sencillo, parametrizado por un grafo dirigido $G = (V, E)$, una probabilidad de activación $p \in [0, 1]$ y un subconjunto $S \subseteq V$ de vértices *semilla*[19].

Un modelo de cascada sencillo

Inicialmente, cada vértice semilla está "activo" y el resto de vértices están "inactivos". Todas las aristas están inicialmente "sin voltear".

Mientras exista algún vértice activo v y una arista saliente sin voltear (v, w):

- Volteamos una moneda *cargada* que muestre "cara" con una probabilidad p.

- Si la moneda muestra "cara", actualizamos el estado de la arista (v, w) a "activo". Si w está inactivo, actualizamos su estado a "activo".

- Si la moneda muestra "cruz", actualizamos el estado de la arista (v, w) a "inactivo".

Una vez que se ha activado un vértice (debido, por ejemplo, a la lectura de un artículo o a la reproducción de una película), nunca más vuelve a estar inactivo. Un vértice se puede activar por múltiples motivos (uno por cada una de sus influencias activas). Es posible, quizá, que las dos primeras recomendaciones de amigos para ver una película no surtan efecto, pero la tercera hará que te intereses.

---

[19]Para ampliar información sobre la probabilidad discreta, consulta el apéndice B de la *primera parte* o los recursos disponibles en www.algorithmsilluminated.org

20.3.2 Ejemplo

En el grafo

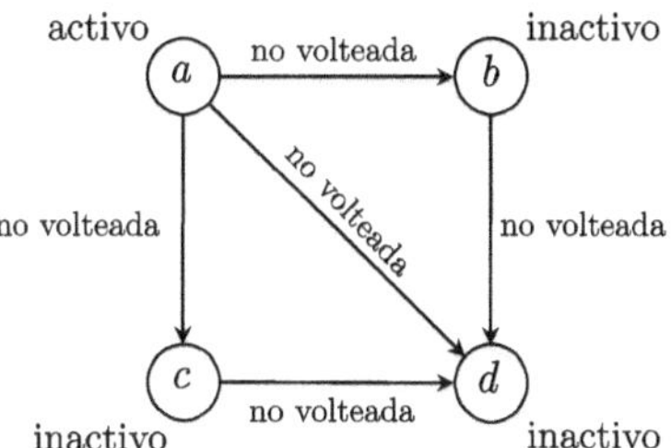

el vértice a es una semilla y está activo inicialmente; el resto comienzan inactivos. Cada una de las aristas salientes (a, b), (a, c) y (a, d) tienen una probabilidad p de activar el otro extremo de las mismas. Supongamos que la moneda asociada a la arista (a, b) muestra "cara" y las otras dos resultan en "cruz". La nueva situación es:

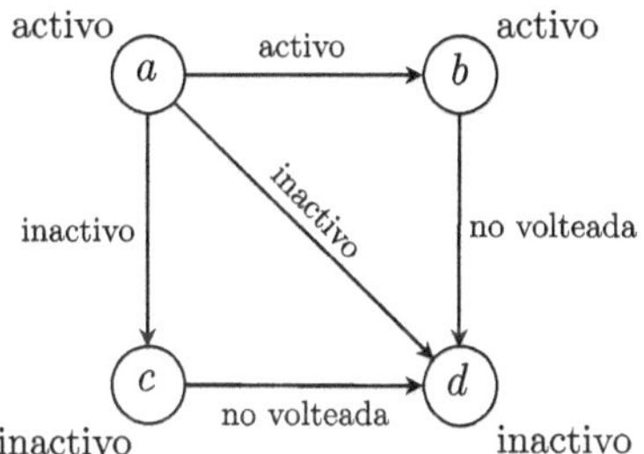

Llegados a este punto, no hay ninguna esperanza de activar el vértice c. Queda una probabilidad p de que se active el vértice d mediante la arista no volteada (b, d). Si esto llegase a ocurrir, el estado final sería:

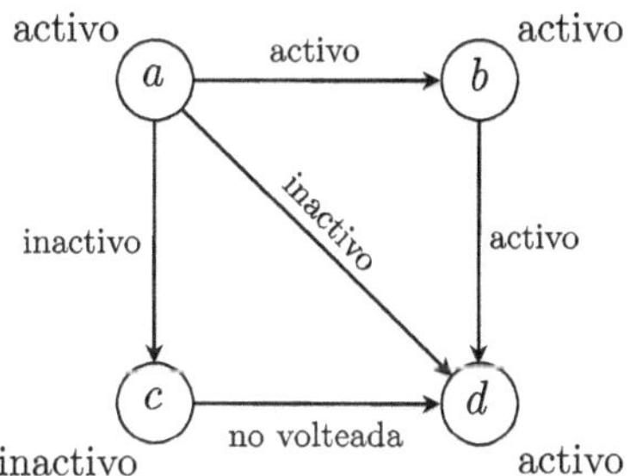

Para concluir, y por comodidad, podemos añadir opcionalmente un paso de procesamiento posterior que lance las monedas de las aristas no volteadas restantes y actualice sus estados en consecuencia (dejando los estados del resto de vértices sin cambios). En nuestro ejemplo concreto, el resultado final podría ser:

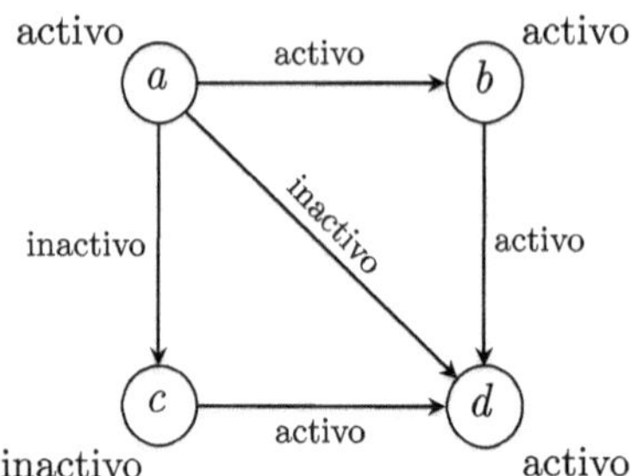

En general, incluyamos o no el paso de procesamiento posterior, los vértices activos al final del proceso serán, precisamente, aquellos alcanzables desde un vértice semilla a través de un camino dirigido que recorra aristas activas.

20.3.3 El problema de la maximización de la influencia

En el problema de la *maximización de la influencia*, el objetivo consiste en elegir un número limitado de vértices semilla en una red social, para maximizar la difusión de la información, es decir, el número de vértices que terminarán por activarse según nuestro modelo de cascada[20]. Este número es una variable aleatoria, que depende de los resultados de lanzamientos de monedas en el modelo de cascada, y nos centraremos en su esperanza[21]. En términos formales, diremos que $X(S)$ representa el conjunto (aleatorio) de vértices que se activarán cuando se elija a los vértices S como semillas, y definimos la *influencia* de S como

$$f_{inf}(S) = \mathbf{E}\big[\,|X(S)|\,\big],\tag{20.10}$$

donde la esperanza reside en los lanzamientos aleatorios de monedas en el modelo de cascada. La influencia de un conjunto depende tanto del grafo como de la probabilidad de activación, y más aristas o una probabilidad más alta resultan en una mayor influencia.

---

[20]Si quieres saber más sobre el problema de la maximización de la influencia y sus muchas variantes, te recomiendo el artículo *"Maximizing the Spread of Influence Through a Social Network"*, de David Kempe, Jon Kleinberg y Éva Tardos (*Theory of Computing*, 2015).

[21]La *esperanza* $\mathbf{E}[Y]$ de una variable aleatoria Y es su valor promedio, ponderado por las probabilidades adecuadas. Por ejemplo, si Y puede tener los valores $\{0, 1, 2, \ldots, n\}$, entonces $\mathbf{E}[Y] = \sum_{i=0}^{n} i \cdot \mathbf{Pr}[Y = i]$.

Entrada: un grafo dirigido $G = (V, E)$, una probabilidad p y un entero positivo k.

Salida: una elección $S \subseteq V$ de k vértices con una influencia máxima posible de $f_{inf}(S)$ en el modelo de cascada, con una probabilidad de activación p.

Si, por ejemplo, vas a repartir k copias promocionales de un producto y quieres seleccionar a los destinatarios para maximizar su futura penetración, estás ante un problema de maximización de la influencia.

El problema 20.9 te pide que muestres que el problema de la cobertura máxima se puede interpretar como un caso especial del problema de la maximización de la influencia. Como el caso especial es NP–complejo (problema 22.8), también lo es el caso general. ¿Existirá un algoritmo heurístico rápido y más o menos correcto para la maximización de la influencia?

20.3.4 Un algoritmo voraz

El problema de la maximización de la influencia se parece al de la cobertura máxima, con vértices que juegan el papel de los subconjuntos y con la influencia (20.10) representando a la cobertura (20.5). Es fácil traducir el algoritmo COBERTURAVORAZ del segundo problema al primero, introduciendo la nueva definición (20.10) de la función objetivo.

Entrada: grafo dirigido $G = (V, E)$, probabilidad $p \in [0, 1]$ y un entero positivo k.
Salida: un conjunto $S \subseteq V$ de k vértices.

```
1  S := ∅                                    // vértices elegidos
2  para j := 1 hasta k hacer    // elegir vértices de uno en uno
       // aumentar la influencia vorazmente
       // (desempates arbitrarios)
3      v* := argmáx_{v∈V} [f_inf(S ∪ {v}) − f_inf(S)]
4      S := S ∪ {v*}
5  devolver S
```

20.3.5 Corrección aproximada

Afortunadamente, nuestro algoritmo heurístico voraz sigue siendo igual de aproximadamente correcto para el problema de la maximización de la influencia. Como el problema de la cobertura máxima es un caso especial del de la maximización de la influencia (problema 20.9), estamos ante la mejor situación posible: una garantía de corrección aproximada igualmente válida, pero para un problema más generalista.

Teorema 20.9 (INFLUENCIAVORAZ: corrección aproximada) *La influencia de la solución devuelta por el algoritmo INFLUENCIAVORAZ siempre es, al menos, una fracción $1 - (1 - \frac{1}{k})^k$ de la influencia máxima posible, donde k es el número de vértices elegidos.*

La idea clave en la demostración del teorema 20.9 está en reconocer a la función de influencia (20.10) como a una media ponderada de las funciones de cobertura (20.5). Cada una de estas funciones de cobertura corresponde a la aplicación de asistencia a eventos (sección 20.2.2) con un subgrafo de la red social (que incluye las aristas activadas). Podemos, en consecuencia, verificar que la demostración del teorema 20.7 de las secciones 20.2.6 y 20.2.7, para las funciones de cobertura, se puede ampliar a las medias ponderadas de esas funciones de cobertura.

20.3.6 La influencia es una suma ponderada de las funciones de cobertura

En términos más formales, establecemos un grafo dirigido $G = (V, E)$, una probabilidad de activación $p \in [0, 1]$ y un entero positivo k. Por comodidad, incluiremos el paso de procesamiento posterior del modelo de cascada (ver la sección 20.3.2), para que toda arista termine estando activa o inactiva. Los vértices $X(S)$ activados por las semillas S son, precisamente, aquellos alcanzables desde un vértice de S por un camino dirigido formado por aristas activadas.

Como experimento mental, imaginemos que tuviésemos telepatía y supiésemos por adelantado qué aristas $H \subseteq E$ serían las activadas (lo que equivale a lanzar todas las monedas por adelantado en vez de a demanda). En ese caso, el problema de la maximización de la influencia se reduciría a otro de cobertura máxima. El conjunto base estaría formado por los vértices V y habría un subconjunto por vértice, donde el subconjunto $A_{v,H}$ contendría los vértices alcanzables desde v mediante un camino dirigido en el subgrafo de aristas activas (V, H). Si, por ejemplo, los estados del grafo y las aristas son:

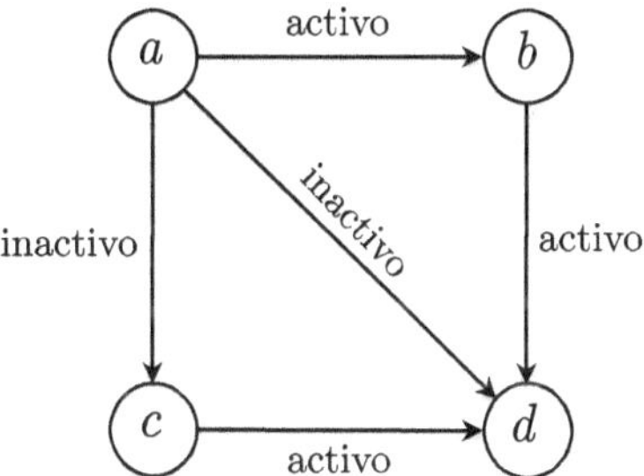

entonces $A_{a,H} = \{a, b, d\}$, $A_{b,H} = \{b, d\}$, $A_{c,H} = \{c, d\}$ y $A_{d,H} = \{d\}$. La influencia de un conjunto de semillas S (dadas las aristas activas H) sería entonces la cobertura de los subconjuntos correspondientes:

$$f_H(S) := \left| \cup_{v \in S} A_{v,H} \right| . \tag{20.11}$$

Obviamente, no tenemos un conocimiento anticipado del subconjunto de aristas activadas, y cada subconjunto $H \subseteq E$ se presenta con una probabilidad positiva de p_H.[22] Pero como la influencia se define como una esperanza, podemos expresarla como una media ponderada de las funciones de cobertura, donde los pesos equivalen a las probabilidades[23]:

---

[22]No es que la necesitemos, pero la fórmula es $p_H = p^{|H|}(1-p)^{|E|-|H|}$.

[23]Si te obsesiona el rigor: estamos utilizando la ley de la esperanza total para escribir en (20.10) la esperanza como una media de probabilidad ponderada de esperanzas condicionales, donde la condición se encuentra en las aristas activadas H.

Lema 20.10 (Influencia = promedio de funciones de cobertura) *Para cada subconjunto de aristas $H \subseteq E$, digamos que f_H indica la función de cobertura definida en (20.11) y p_H la probabilidad de que el subconjunto de aristas activadas en el modelo de cascada sea, precisamente, H. Para todo subconjunto de vértices $S \subseteq V$,*

$$f_{inf}(S) = \mathbf{E}_H[f_H(S)] = \sum_{H \subseteq E} p_H \cdot f_H(S). \qquad (20.12)$$

20.3.7 Demostración del teorema 20.9

Podremos cantar victoria después de demostrar una analogía del lema 20.8 que muestre que el algoritmo INFLUENCIAVORAZ hace verdaderos progresos en cada iteración. El teorema 20.9 seguirá entonces exactamente el mismo álgebra que ya utilizamos para demostrar el teorema 20.7, en la sección 20.2.7.

Lema 20.11 (INFLUENCIAVORAZ progresa) *Para cada $j \in \{1, 2, \ldots, k\}$, digamos que I_j representa la influencia lograda por los primeros j vértices elegidos por el algoritmo INFLUENCIAVORAZ. Para cada uno de esos j, el vértice j-ésimo elegido aumenta la influencia en, al menos, $\frac{1}{k}(I^* - I_{j-1})$, donde I^* indica la influencia máxima posible de k vértices:*

$$I_j - I_{j-1} \geq \frac{1}{k}\left(I^* - I_{j-1}\right).$$

Demostración: Digamos que S_{j-1} representa a los primeros $j - 1$ vértices elegidos por el algoritmo INFLUENCIAVORAZ, y que $I_{j-1} = f_{inf}(S_{j-1})$ es su influencia. S^* es un conjunto que k vértices con la máxima influencia posible I^*.

A continuación, pensemos en un subconjunto arbitrario de aristas $H \subseteq E$ y en la correspondiente función de cobertura f_H definida en (20.11). Gracias al duro trabajo ya realizado con las funciones de cobertura, podemos traducir la desigualdad clave (20.7) del análisis del algoritmo COBERTURAVORAZ a la desigualdad

$$\sum_{v \in S^*} \underbrace{[f_H(S_{j-1} \cup \{v\}) - f_H(S_{j-1})]}_{\text{aumento de cobertura desde } v \text{ (bajo } f_H)} \geq \underbrace{f_H(S^*) - f_H(S_{j-1})}_{\text{diferencia de cobertura (bajo } f_H)} \; ;$$

$$(20.13)$$

en esta ocasión, S_{j-1} y S^* hacen las veces de K_{j-1} y $\widehat{K}$, mientras que $f_H(S_{j-1})$ y $f_H(S^*)$ corresponden a C_{j-1} y $\widehat{C}$.

Gracias al lema 20.10, sabemos que la influencia (f_{inf}) es una media ponderada de las funciones de cobertura (las f_H). Tenemos una desigualdad con la forma (20.13) para cada subconjunto de aristas $H \subseteq E$. Por abreviar, indicamos sus lados izquierdo y derecho con L_H y R_H, respectivamente. La idea es examinar la media ponderada análoga de estas 2^m desigualdades (donde m representa a $|E|$).

Como multiplicar ambos lados de una desigualdad por el mismo número no negativo (como una probabilidad p_H) hace que esta se conserve,

$$p_H \cdot L_H \geq p_H \cdot R_H$$

para todo $H \subseteq E$. Como las 2^m desigualdades van en la misma dirección, se suman en una desigualdad combinada:

$$\sum_{H \subseteq E} p_H \cdot L_H \geq \sum_{H \subseteq E} p_H \cdot R_H. \tag{20.14}$$

Al desempaquetar el lado derecho de (20.14) y utilizar la fórmula extendida para f_{inf} de (20.12), obtenemos

$$\sum_{H \subseteq E} p_H \left(f_H(S^*) - f_H(S_{j-1}) \right) = \sum_{H \subseteq E} p_H \cdot f_H(S^*) - \sum_{H \subseteq E} p_H \cdot f_H(S_{j-1})$$

$$= \underbrace{f_{inf}(S^*) - f_{inf}(S_{j-1})}_{\text{lado derecho de (20.14)}}.$$

El lado izquierdo de (20.14), después de estas maniobras, se convierte en

$$\underbrace{\sum_{v \in S^*} \left[f_{inf}(S_{j-1} \cup \{v\}) - f_{inf}(S_{j-1}) \right]}_{\text{lado izquierdo de (20.14)}}.$$

Por tanto, la desigualdad (20.14) se traduce en una analogía de la desigualdad clave (20.7) de la demostración del lema 20.8:

$$\sum_{v \in S^*} [f_{inf}(S_{j-1} \cup \{v\}) - \underbrace{f_{inf}(S_{j-1})}_{=I_{j-1}}] \geq \underbrace{f_{inf}(S^*)}_{=I^*} - \underbrace{f_{inf}(S_{j-1})}_{=I_{j-1}}. \tag{20.15}$$

El mayor de los k términos de la suma del lado izquierdo es, al menos, el valor promedio (igual que en (20.8)), por lo que el algoritmo INFLUENCIAVORAZ tiene siempre, como mínimo, una buena opción (el mejor de los vértices de la solución óptima S^*):

$$\max_{v \in S^*} \left[f_{inf}(S_{j-1} \cup \{v\}) - I_{j-1} \right] \geq \frac{1}{k} \left(I^* - I_{j-1} \right).$$

El algoritmo INFLUENCIAVORAZ, gracias a su criterio voraz, selecciona un vértice que es, al menos, así de bueno, incrementando con ello la influencia de su solución en un mínimo de $\frac{1}{k}\left(I^* - I_{j-1}\right)$. $\mathcal{QED}$

20.3.8 Solución al cuestionario 20.6

Respuestas correctas: (c), (d). Hay k iteraciones del bucle principal, cada una de las cuales implica el cálculo de un argmáx sobre los n vértices. El tiempo de ejecución de una implementación directa es, por tanto, $O(kn)$ veces el número de operaciones necesario para calcular la influencia $f_{inf}(S)$ de un subconjunto S. ¿Y esto cuántas operaciones son? A diferencia de lo que ocurría con la función objetivo de la cobertura f_{cob}, la respuesta no resulta evidente, debido a la maldita esperanza de (20.10) (en este sentido, la respuesta (d) es correcta). El cálculo ingenuo de esta esperanza (obtener $|X(S)|$ mediante búsqueda en anchura o en profundidad, en tiempo $O(m)$ para cada uno de los 2^m resultados posibles de los lanzamientos de monedas, calculando el resultado promedio) nos lleva al límite del tiempo de ejecución de (c).

Entonces, ¿el algoritmo INFLUENCIAVORAZ es inútil en la práctica? De ninguna manera. La influencia $f_{inf}(S)$ de un subconjunto S puede ser difícil de calcular con una precisión arbitraria, pero es fácil de estimar con ciertas garantías utilizando muestreo aleatorio. En otras palabras, dado un subconjunto S, lanzamos todas las monedas del modelo de cascada y comprobamos cuántos vértices terminan activándose con el conjunto semilla S. Después de repetir este experimento muchas veces, el número promedio de vértices activos será casi siempre una buena estimación de $f_{inf}(S)$.

20.4 El algoritmo heurístico 2–OPT para el TSP

La complejidad NP es siempre un lastre pero, al menos, existen algoritmos rápidos con buenas garantías de corrección aproximada para los problemas de las secciones 20.1–20.2.8 (minimización de la envergadura, cobertura máxima y maximización de la influencia). Lamentablemente, para muchos otros problemas NP–complejos, incluyendo el TSP, un algoritmo así refutaría la conjetura P $\neq$ NP (ver el problema 22.12). Si insistes en obtener un algoritmo eficiente para un problema de ese tipo, la mejor opción es un algoritmo heurístico que, aunque no tenga póliza de seguros, funcionará bien en muchas de las ocasiones en que se te presente en tus aplicaciones. La *búsqueda local*, junto a sus muchas variantes, es uno de los paradigmas más potentes y flexibles para desarrollar algoritmos de este tipo.

20.4.1 Al asalto del TSP

Todavía no voy a explicarte lo que es, en términos generales, la búsqueda local. En vez de eso, diseñaremos desde cero un algoritmo heurístico para el problema del viajante (TSP), que nos obligará a aplicar varias ideas nuevas. Después, en la sección 20.5, tendremos una imagen completa e identificaremos los ingredientes de nuestra solución, que servirán de ejemplo de los principios generales de la búsqueda local. Armados con una plantilla para el diseño de algoritmos de búsqueda local y una aplicación de ejemplo, estarás en la situación perfecta para aplicar la técnica a tu propio trabajo.

En el TSP (sección 19.1.2), la entrada consta de un grafo completo $G = (V, E)$, con costes de aristas de valores reales, y el objetivo consiste en calcular una ruta (un ciclo que visite todos los vértices una sola vez) con la mínima suma posible de costes de aristas. El TSP es NP–complejo (ver la sección 22.7), por lo que si la velocidad resulta crítica, la única opción es recurrir a algoritmos heurísticos (asumiendo, como es habitual, que la conjetura P $\neq$ NP es cierta).

Para familiarizarnos con el TSP, comenzaremos con el primer algoritmo voraz que se nos podría ocurrir, siguiendo la estela del algoritmo de Prim para el árbol de expansión mínimo.

Cuestionario 20.7

El algoritmo heurístico del *vecino más cercano* es un algoritmo voraz para el TSP que, dado un grafo completo con costes de aristas de valores reales, opera de la siguiente manera:

1. Comenzar una ruta en un vértice arbitrario a.

2. Repetir, hasta que se hayan visitado todos los vértices:

    a) Si el vértice actual es v, continuar hasta el vértice no visitado más cercano (un vértice w que minimice c_{vw}).

3. Volver al vértice de origen.

En el siguiente ejemplo, ¿cuál es el coste de la ruta construida por el algoritmo del vecino más cercano y cuál es el coste mínimo de una ruta?

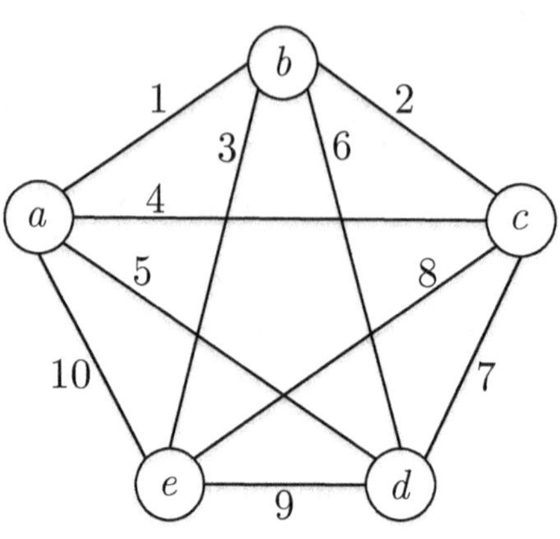

a) 29 y 23

b) 29 y 24

c) 29 y 25

d) 30 y 24

Solución y aclaraciones en la sección 20.4.6

El cuestionario 20.7 muestra que el algoritmo heurístico del vecino más cercano no construye siempre una ruta de coste mínimo. Tampoco es que sea una sorpresa, teniendo en cuenta que el TSP es NP–complejo y que el algoritmo se ejecuta en tiempo polinómico. Lo que sí es más preocupante, es que la ruta calculada vorazmente sigue siendo la misma aunque hagamos que el coste del salto final (a, e) sea enorme. A diferencia de los algoritmos heurísticos de las secciones 20.1–20.2.8, el algoritmo del vecino más cercano puede generar soluciones peores que la óptima hasta por un factor arbitrariamente grande. Otros algoritmos voraces más sofisticados pueden superar este mal ejemplo en particular, pero terminarán por sufrir un destino igualmente oscuro en instancias más complicadas del TSP.

20.4.2 Mejora de la ruta con una 2–permutación

¿Quién dice que tengamos que rendirnos tan pronto como hayamos construido una ruta inicial? Si existe un mecanismo para retocar vorazmente una ruta y mejorarla, ¿por qué no utilizarlo? ¿Cuál es la modificación mínima que podría transformar una ruta en otra mejor?

En una instancia del TSP con n vértices, ¿cuál es el número máximo de aristas que pueden compartir dos rutas distintas?

a) $\log_2 n$

b) $n/2$

c) $n - 2$

d) $n - 1$

Solución y aclaraciones en la sección 20.4.6

El cuestionario 20.8 sugiere explorar el panorama de las rutas intercambiado un par de aristas por otro:

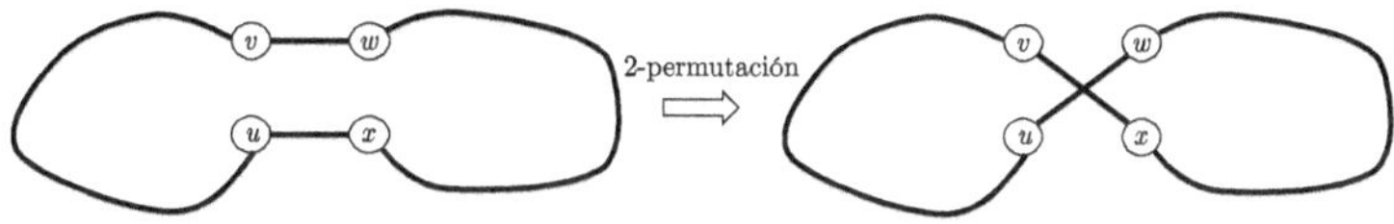

Este tipo de intercambio se denomina *2–permutación*.

2–permutación

1. Dada una ruta T, eliminar dos aristas (v, w), (u, x) de T que no compartan ningún extremo.

2. Añadir las aristas (v, x) y (u, w), o bien (u, v) y (w, x); aquellas que generen una nueva ruta T'.

El primer paso elige dos aristas con cuatro extremos distintos[24]. Hay tres formas diferentes de emparejar estos cuatro vértices, y solo una de ellas creará una nueva ruta (al igual que en la figura anterior). Más allá de esta y del emparejamiento original, el tercer emparejamiento creará dos ciclos disjuntos en vez de una ruta válida:

---

[24]Eliminar dos aristas que compartan un extremo no tiene ningún sentido, pues la única forma de lograr una ruta válida sería volviendo a colocarlas en su sitio.

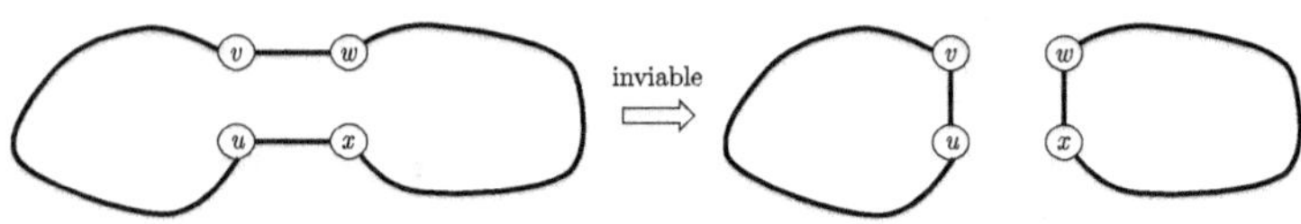

Una 2–permutación puede crear una ruta que sea mejor o peor que la original. Si las nuevas aristas son (u, w) y (v, x):

$$\text{reducción en el coste de la ruta} = \underbrace{(c_{vw} + c_{ux})}_{\text{aristas eliminadas}} - \underbrace{(c_{uw} + c_{vx})}_{\text{aristas añadidas}}.$$

$$(20.16)$$

Si la reducción de (20.16) es positiva (si el beneficio $c_{vw} + c_{ux}$ de eliminar las antiguas aristas supera al coste $c_{uw} + c_{vx}$ de añadir las nuevas) la 2–permutación genera una ruta de coste inferior que denominamos *mejora*.

Por ejemplo, partiendo de la ruta construida vorazmente en el cuestionario 20.7, existen cinco 2–permutaciones candidatas, tres de las cuales son mejoras[25]:

20.4.3 El algoritmo 2–OPT

El algoritmo *2–OPT* para el TSP construye una ruta inicial (utilizando, por ejemplo, el algoritmo del vecino más cercano) y realiza todas las 2–permutaciones que sea posible. En el siguiente pseudocódigo, 2PERMUTACIÓN es una subrutina que recibe una ruta y sus dos aristas (con extremos distintos) como entrada y devuelve la ruta generada por la 2–permutación correspondiente (como se describe en la página 83).

---

[25]En general, con $n \geq 4$ vértices, siempre hay $n(n-3)/2$ 2–permutaciones candidatas: elegir una de las aristas de la ruta n seguida de una de las de la ruta $n - 3$, con extremos diferentes, cuenta cada 2–permutación de, exactamente, dos formas distintas.

$$\boxed{\text{2OPT}}$$

Entrada: grafo completo $G = (V, E)$ y coste c_e por cada arista $e \in E$.
Salida: una ruta del viajante.

---

1 $T :=$ ruta inicial   `// quizá construida vorazmente`
2 **mientras** existe 2–permutación de mejora $(v, w), (u, x) \in T$ **hacer**
3     $T := 2\text{PERMUTACIÓN}(T, (v, w), (u, x))$
4 **devolver** T

Por ejemplo, partiendo de la ruta construida en el cuestionario 20.7 por el algoritmo del vecino más cercano, la primera iteración del algoritmo 2OPT podría sustituir las aristas (a, b) y (d, e) por las aristas (a, d) y (b, e):

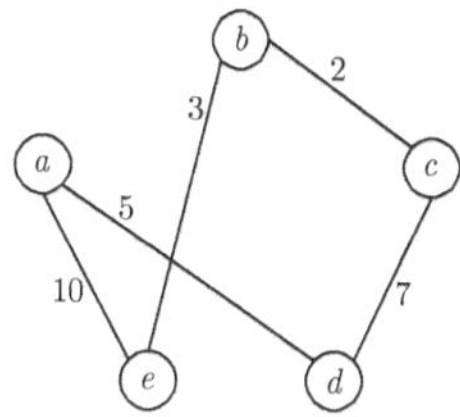

reduciendo, en consecuencia, el coste de la ruta de 29 a 27. A partir de aquí, se pueden considerar otras cinco 2–permutaciones:

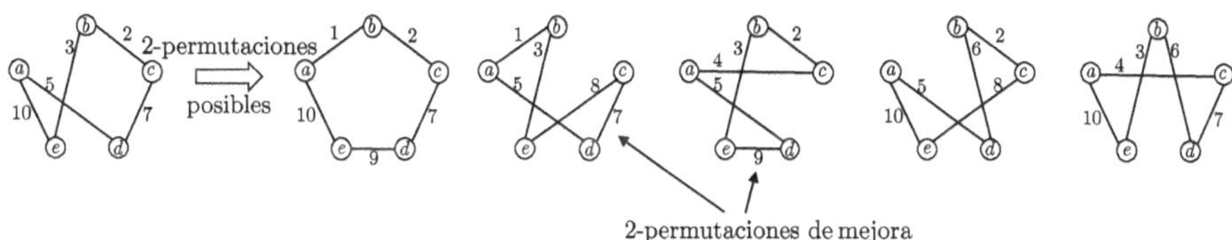

Si la segunda iteración del algoritmo ejecuta la primera de las dos 2–permutaciones de mejora, sustituyendo las aristas (a, e) y (b, c) por (a, b) y (c, e), el coste de la ruta se reduciría aún más, de 27 a 24. En este punto ya no hay más 2–permutaciones de mejora (una deja el coste sin cambios y la otra lo incrementa) y el algoritmo se detiene:

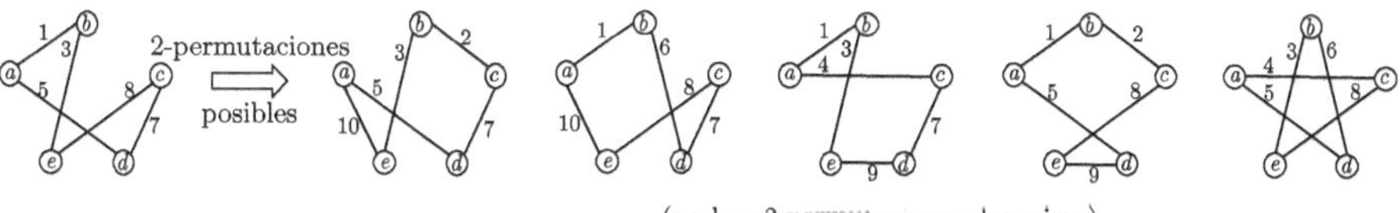

20.4.4 Tiempo de ejecución

¿Se detiene siempre el algoritmo 2OPT o podría entrar en un bucle infinito? Existe una cantidad descomunal de rutas del viajante (cuestionario 19.1), pero finita al fin y al cabo. Cada iteración del algoritmo 2OPT genera una ruta con un coste estrictamente menor que la anterior, por lo que no debe preocuparnos que la misma ruta aparezca en dos iteraciones diferentes. Incluso en la situación apocalíptica de que el algoritmo considerase cada ruta posible, se detendría en una cantidad de tiempo finita.

El tiempo de ejecución del algoritmo viene determinado por el número de iteraciones del bucle principal, multiplicado por el número de operaciones realizadas en cada iteración. Con n vértices, hay que comprobar $O(n^2)$ 2–permutaciones diferentes en cada iteración, lo que lleva a un límite de tiempo por iteración de $O(n^2)$ (problema 20.13). ¿Qué hay del número de iteraciones?

La mala noticia es que, en los ejemplos intencionadamente malos, el algoritmo 2OPT podría realizar un número exponencial (en relación a n) de iteraciones antes de detenerse. La buena noticia es doble. En primer lugar, con entradas más realistas, el algoritmo 2OPT casi siempre se detiene tras un número razonable de iteraciones (típicamente subcuadrático de n). En segundo, como el algoritmo va conservando una ruta viable durante su ejecución, se puede interrumpir en cualquier momento[26]. Tienes la posibilidad de decidir, por adelantado, durante cuanto tiempo quieres que se ejecute el algoritmo (un minuto, una hora, un día, etc.) y, al finalizar el plazo establecido, utilizar la última (y mejor) solución encontrada.

20.4.5 Calidad de la solución

El algoritmo 2OPT solo realiza mejoras sobre la ruta inicial, pero no existe la garantía de que llegará a encontrar una solución óptima. Ya para el ejemplo del cuestionario 20.7, vimos en la sección 20.4.3 que el algoritmo podría devolver una ruta de coste 24 en vez de la óptima (que tiene coste 23). ¿Hay ejemplos peores? ¿Cuánto peores?

La mala noticia es que otros ejemplos ficticios más complejos muestran que la ruta devuelta por el algoritmo 2OPT puede tener un coste mayor, por un factor arbitrariamente grande, que una ruta óptima. En otras palabras, el algoritmo no cuenta con una garantía de corrección aproximada al modo de los de las secciones 20.1–20.2.8. La buena noticia es que, para instancias

---

[26]Los algoritmos que se pueden interrumpir en este sentido son denominados, en ocasiones, *algoritmos anytime*.

---

prácticas del TSP, existen variaciones del algoritmo 2OPT que, de forma rutinaria, encuentran rutas con un coste total no muy superior al mínimo posible. Para atacar al TSP con entradas grandes (con un valor de n de varios miles o, incluso, más), el algoritmo 2OPT, mejorado por algunos de los conceptos de la sección 20.5, es un excelente punto de partida.

20.4.6 Soluciones a los cuestionarios 20.7–20.8

Solución al cuestionario 20.7

Respuesta correcta: (a). El algoritmo del vecino más cercano comienza en a y viaja vorazmente a b y, después, a c. En este punto, la ruta debe continuar a d o a e (ya que no se puede visitar dos veces el mismo vértice), siendo d una elección ligeramente mejor (coste de 7 en vez de 8). Una vez en d, el resto de saltos son obligatorios: no queda más remedio que viajar a e (con un coste de 9) y, entonces, volver a a (con un coste de 10). El coste total de esta ruta es de 29 (ver la figura más abajo a la izquierda). Sin embargo, el coste total mínimo de una ruta es 23 (ver la figura a la derecha).

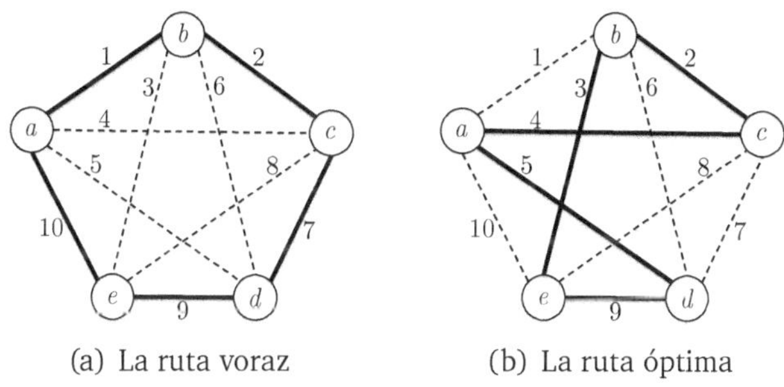

(a) La ruta voraz   (b) La ruta óptima

Solución al cuestionario 20.8

Respuesta correcta: (c). Como $n - 1$ aristas cualquiera de una ruta determinan de forma inequívoca cuál será la última arista, las distintas rutas no pueden compartir $n - 1$ aristas. Sin embargo, sí pueden compartir $n - 2$ aristas:

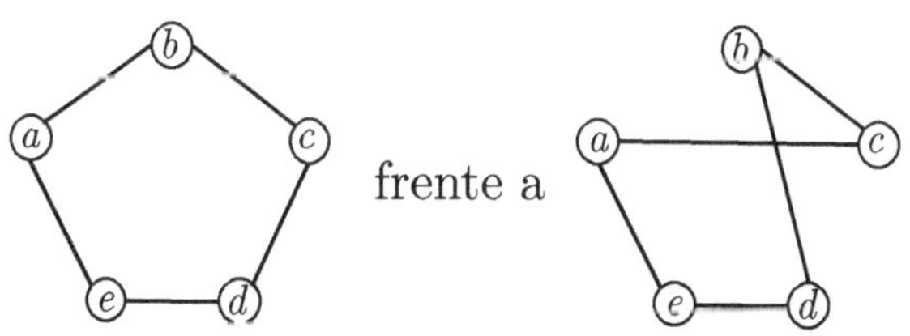

frente a

20.5 Principios de la búsqueda local

Un *algoritmo de búsqueda local* explora el espacio de soluciones viables mediante "movimientos locales" que mejoran, sucesivamente, una función objetivo. El algoritmo 2OPT para el TSP, en el que los movimientos locales corresponden a 2–permutaciones, es un ejemplo canónico. Esta sección amplía el panorama y aísla los ingredientes esenciales del paradigma de diseño de algoritmos de búsqueda local, junto con las decisiones algorítmicas y de modelado que resultan esenciales para su aplicación.

20.5.1 El metagrafo de las soluciones viables

En el caso de una instancia del TSP $G = (V, E)$ con costes de aristas de valores reales, se puede visualizar el algoritmo 2OPT como un paseo voraz por un "metagrafo" $H = (X, F)$ de soluciones viables (mostrado en la figura 20.3 para el ejemplo del cuestionario 20.7). El metagrafo H tiene un vértice $x \in X$ por cada ruta de G, etiquetado con el coste total de la ruta. También tiene una arista $(x, y) \in F$ por cada par x, y de rutas que se diferencian de G en, exactamente, dos aristas. En otras palabras, las aristas del metagrafo corresponden a las posibles 2–permutaciones de la instancia del TSP.

Cuestionario 20.9

Para una instancia del TSP con $n \geq 4$ vértices, ¿cuántos vértices y aristas tiene el metagrafo correspondiente[27]?

    a) $\frac{1}{2}(n-1)!$ y $\frac{n!(n-3)}{8}$

    b) $\frac{1}{2}(n-1)!$ y $\frac{n!(n-3)}{4}$

    c) $(n-1)!$ y $\frac{n!(n-3)}{4}$

    d) $(n-1)!$ y $\frac{n!(n-3)}{2}$

Solución y aclaraciones en la sección 20.5.8

---

[27]No te preocupes si el metagrafo es ENORME, solo existe en nuestra imaginación y nunca habrá que dibujarlo de forma expresa.

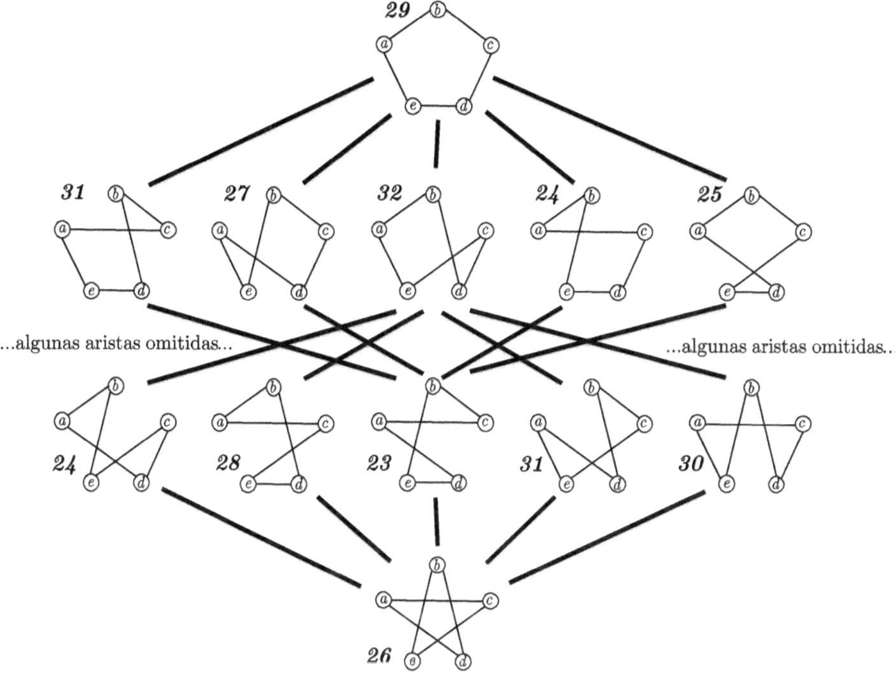

Figura 20.3: El metagrafo de soluciones viables correspondiente a la instancia del TSP del cuestionario 20.7. Los vértices del metagrafo se corresponden con rutas, y dos rutas están conectadas por una arista del metagrafo si, y solo si, se diferencian en, exactamente, dos aristas. La ruta superior del metagrafo es adyacente a las cinco rutas de la segunda fila y lo mismo ocurre con la ruta inferior y las de la tercera fila. Cada ruta de la segunda fila es adyacente a cada ruta de la tercera, con la excepción de la que ocupa la misma columna (para evitar confusiones, se han omitido algunas aristas del metagrafo). Cada ruta está etiquetada con su coste total.

Ahora podemos visualizar cómo el algoritmo 2OPT comienza en algún vértice del metagrafo (por ejemplo, la salida del algoritmo del vecino más cercano) y recorre repetidamente las aristas del mismo para visitar una sucesión de rutas con costes cada vez menores. El algoritmo se detiene cuando alcanza un vértice del metagrafo con un coste que no es mayor que el de ninguno de sus vecinos en el mismo. La trayectoria de ejemplo del algoritmo 2OPT de la sección 20.4.3 comienza con la ruta superior de la figura 20.3, antes de continuar hacia la segunda ruta de la segunda fila y detenerse en la primera ruta de la tercera fila.

20.5.2 El paradigma de diseño de algoritmos de búsqueda local

La mayoría de los algoritmos de búsqueda local se pueden visualizar igualmente como un paseo voraz por el metagrafo de soluciones viables[28]. Estos algoritmos se diferencian únicamente en la elección del metagrafo y en los detalles de la estrategia de exploración[29].

> ### El paradigma de búsqueda local
>
> 1. Define las soluciones viables (o vértices del metagrafo).
>
> 2. Define la función objetivo (las etiquetas numéricas de los vértices del metagrafo) y si la intención es maximizarla o minimizarla.
>
> 3. Define los movimientos locales permitidos (las aristas del metagrafo).
>
> 4. Decide cómo elegir una solución viable inicial (un vértice de inicio en el metagrafo).

---

[28]Podemos, incluso, añadir una tercera dimensión a la visualización, introduciendo la "altura" de un vértice del metagrafo, especificado por el valor de su función objetivo. Esta imagen explica el motivo de que la búsqueda local sea conocida, en ocasiones, como *hill climbing* o *ascenso de colinas*.

[29]Una variante es el *gradiente descendente*, un antiguo algoritmo de búsqueda local para la optimización continua (en oposición a discreta) que resulta nuclear para el aprendizaje de máquinas moderno. La versión más sencilla del gradiente descendente es un algoritmo heurístico para la minimización de una función objetivo diferenciable sobre todos los puntos del espacio euclídeo, donde los movimientos locales de mejora corresponden a pequeños pasos en la dirección del descenso más pronunciado (es decir, del gradiente negativo) desde el punto actual.

---

5. Decide cómo elegir entre varios movimientos locales de mejora (los siguientes pasos posibles en el metagrafo).

6. Realiza la búsqueda local: comenzando desde la solución viable inicial, mejorar iterativamente el valor de la función objetivo mediante movimientos locales, hasta alcanzar un *óptimo local* (una solución viable desde la que no se puedan realizar movimientos locales de mejora).

El pseudocódigo de un algoritmo genérico de búsqueda local se parece mucho al del algoritmo 2OPT (HacerMovimiento toma como entrada una solución viable y la descripción de un movimiento local, y devuelve la solución de vecindad correspondiente).

BúsquedaLocalGenérica

$S :=$ solución inicial   // como determina el paso 4
mientras existe movimiento local de mejora L **hacer**
   $S := $ HacerMovimiento(S, L) // como determina el paso 5
devolver S // devolver el óptimo local encontrado

Los tres primeros pasos del paradigma de búsqueda local son decisiones de modelado, mientras que los dos últimos son decisiones algorítmicas. Vamos a examinar cada paso con más detalle.

20.5.3 Tres decisiones de modelado

Los dos primeros pasos del paradigma de búsqueda local definen el problema.

Paso 1: definir las soluciones viables. En el caso del TSP, las soluciones viables de una instancia de n vértices se encuentran en las $\frac{1}{2}(n-1)!$ rutas. En el problema de la minimización de la envergadura (sección 20.1.1), las soluciones viables de una instancia con m máquinas y n trabajos están en las m^n formas distintas de asignar los trabajos a las máquinas. En el problema de la cobertura máxima (sección 20.2.1), en una instancia con m

subconjuntos y un parámetro k, las soluciones viables son las $\binom{m}{k}$ formas diferentes de elegir k de los subconjuntos.

Paso 2: definir la función objetivo. Este paso es, incluso, más directo en nuestros ejemplos. En el caso del TSP, la función objetivo (a minimizar) es el coste total de una ruta. En los problemas de la minimización de la envergadura y de la cobertura máxima, las funciones objetivo (a minimizar y maximizar, respectivamente) son, naturalmente, la envergadura de una planificación y la cobertura de una colección de k subconjuntos.

Los pasos 1 y 2 definen el *óptimo global* de una instancia, las soluciones viables con el mejor valor posible de la función objetivo (como la ruta de coste 23 de la figura 20.3). El paso 3 completa la definición del metagrafo al especificar sus aristas (los movimientos locales permitidos desde una solución viable a otra).

Paso 3: definir los movimientos locales permitidos. En el algoritmo 2OPT para el TSP, los movimientos locales corresponden a 2–permutaciones. En una instancia con n vértices, el *tamaño del vecindario* (el número de movimientos locales que tiene disponibles cada solución) es $n(n-3)/2$. ¿Y si queremos aplicar el paradigma de búsqueda local a los problemas de la minimización de la envergadura o de la maximización de la cobertura? En el primero, la definición más sencilla de un movimiento local es la reasignación de un trabajo individual a una nueva máquina. El tamaño del vecindario será entonces de $n(m-1)$, donde m y n indican, respectivamente, el número de máquinas y trabajos. Para el problema de la cobertura máxima, el tipo más sencillo de movimiento local intercambia uno de los k subconjuntos de la solución actual por otro diferente. Con m subconjuntos, el tamaño del vecindario será de $k(m-k)$, con k opciones que eliminar y $m-k$ que introducir.

El metagrafo de soluciones viables queda completamente definido tras los pasos 1–3, al igual que el *óptimo local*, es decir, las soluciones viables para las que no existe un movimiento local de mejora o, de forma equivalente, los vértices del metagrafo con un valor de la función objetivo tan bueno, al menos, como el de todos sus vecinos. Por ejemplo, en la figura 20.3, los dos óptimos locales son la primera y tercera rutas de la tercera fila (esta segunda también es un óptimo global, mientras que la primera no). En el problema de la minimización de la envergadura, donde los movimientos locales se corresponden con reasignaciones de trabajos individuales, la planificación generada por el algoritmo LPT, en el cuestionario 20.3, es un mínimo local, mientras que la generada por el algoritmo Graham, en el cuestionario 20.2, no lo es (como deberías comprobar). Para el problema de la cobertura máxima, donde los movimientos locales se corresponden con intercambios de subconjuntos, la salida del algoritmo CoberturaVoraz no es un máximo local en ninguno de los ejemplos de la sección 20.2.4 (como deberías comprobar)[30].

Ejemplo: el vecindario de 3–permutación para el TSP

Los pasos 1 y 2 no determinan de forma única la decisión del paso 3, ya que, para un mismo problema, podrían existir distintas definiciones válidas de "movimiento local". Por ejemplo, en el TSP, ¿quién dice que solo podamos añadir y eliminar dos aristas cada vez? ¿Por qué no tres o más?

Una *3–permutación* es una operación que sustituye tres aristas de una ruta del viajante con otras tres aristas diferentes, de forma que se genere una nueva ruta[31]:

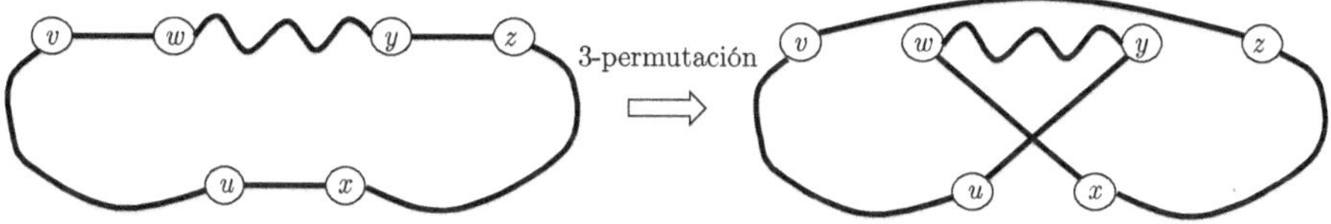

El algoritmo 3OPT es la generalización del 2OPT (sección 20.4.3) que, en cada iteración de bucle principal, realiza una 2–permutación *o una 3–permutación* que genera una ruta de coste inferior.

> ### Cuestionario 20.10
>
> Establecemos una instancia del TSP. Digamos que H_2 y H_3 representan, respectivamente, a los metagrafos correspondientes a los algoritmos 2OPT y 3OPT. ¿Cuál de las siguientes afirmaciones es cierta (elige todas las que lo sean)?

---

[30]Siempre que dispongas de tiempo, merece la pena entregar la salida de un algoritmo heurístico a un paso de procesamiento posterior de búsqueda local. Después de todo, la solución solo puede mejorar.

[31]En una 2–permutación, el par de aristas eliminadas determina de forma única el par de aristas que se añadirán (sección 20.4.2). No ocurre lo mismo con una 3–permutación. Por ejemplo, si se eliminan tres aristas sin extremos comunes, existen siete formas de emparejar sus seis extremos que generan nuevas rutas viables (como deberías comprobar).

a) Toda arista de H_2 también lo es de H_3.

b) Toda arista de H_3 también lo es de H_2.

c) Todo mínimo local de H_2 es también un mínimo local de H_3.

d) Todo mínimo local de H_3 es también un mínimo local de H_2.

Solución y aclaraciones en la sección 20.5.8

Elección del tamaño del vecindario

Cuando existen definiciones rivales de "movimientos locales", ¿cuál deberíamos escoger? Normalmente, lo mejor es responder empíricamente, probando diferentes opciones. Sin embargo, el cuestionario 20.10 ilustra una ventaja general de los vecindarios de gran tamaño: tener más movimientos locales significa menos óptimos locales erróneos en los que se puede atascar la búsqueda local. El principal inconveniente de los vecindarios grandes es la ralentización en la comprobación de los movimientos locales de mejora. En el TSP, por ejemplo, verificar una 2–permutación de mejora consume tiempo cuadrático (en relación al número de vértices), mientras que en una 3–permutación de mejora, el tiempo es cúbico. Una técnica para equilibrar estas ventajas y desventajas consiste en utilizar el vecindario más grande que te puedas permitir, pero sujeto a un tiempo de ejecución por iteración determinado previamente (como un segundo o diez segundos).

20.5.4 Dos decisiones de diseño del algoritmo

Los pasos 4 y 5 del paradigma de búsqueda local proporcionan los detalles restantes del algoritmo de búsqueda local genérico de la sección 20.5.2.

Paso 4: decidir cómo elegir la solución viable inicial. Dos formas muy sencillas de elegir una solución inicial son la voraz y la aleatoria. En el TSP, por ejemplo, se puede construir la ruta inicial empleando el algoritmo del vecino más cercano (cuestionario 20.7), o eligiendo un orden totalmente aleatorio de visita de los vértices. En el problema de la minimización de la envergadura, la planificación inicial se podría construir mediante los algoritmos GRAHAM o LPT, o con una asignación independiente de cada trabajo a una máquina totalmente aleatoria. En el caso del problema de la cobertura máxima, la solución inicial podría ser la salida del algoritmo CoberturaVoraz o una elección totalmente aleatoria de k de los subconjuntos dados.

¿Por qué descartar un algoritmo heurístico perfectamente válido en favor de una solución aleatoria? Porque comenzar la búsqueda local a partir de una solución inicial mejor no implica, necesariamente, que obtengamos un óptimo local mejor (ni siquiera igual de bueno). El procedimiento de inicialización ideal genera rápidamente una solución "no muy mala" que ofrece muchas oportunidades a las mejoras locales. La inicialización aleatoria suele servir para este propósito.

Paso 5: decidir cómo elegir entre varios movimientos locales de mejora. El algoritmo genérico de búsqueda local de la sección 20.5.2 no especifica cómo elegir un movimiento local de mejora de entre todos los disponibles. La técnica más sencilla consiste en enumerar los movimientos locales, de uno en uno, hasta encontrar uno que sea de mejora[32]. Una alternativa con un tiempo de ejecución por iteración más lento, pero con una mejora de la función objetivo mejor, consiste en completar la enumeración y ejecutar vorazmente el movimiento local que proporcione la mayor mejora. Una tercera opción es procurar una exploración más amplia del espacio de soluciones, eligiendo aleatoriamente uno de los movimientos de mejora.

20.5.5 Tiempo de ejecución y calidad de la solución

Los pasos 1–5 especifican un algoritmo de búsqueda local al completo, que comienza con una solución inicial (elegida según el procedimiento del paso 4) y realiza repetidamente movimientos locales (elegidos según el procedimiento del paso 5), hasta que se alcanza un óptimo local y no es posible realizar más movimientos de mejora. ¿Qué clase de rendimiento cabe esperar de tal algoritmo?

Todas las lecciones aprendidas sobre el algoritmo 2OPT para el TSP de las secciones 20.4.4–20.4.5 son igualmente aplicables a la mayoría del resto de algoritmos de búsqueda local:

---

[32]El algoritmo 2OPT utilizaba este método en el ejemplo de la sección 20.4.3 (asumiendo que siempre exploraba las 2–permutaciones de izquierda a derecha en las figuras).

1. Finalización garantizada (asumiendo que el número de soluciones viables sea finito).

2. No hay garantía de que finalice tras un número polinómico (en relación al tamaño de la entrada) de iteraciones.

3. En entradas realistas, casi siempre finaliza tras un número tolerables de iteraciones.

4. Se puede interrumpir en cualquier momento para obtener la última (y mejor) solución calculada.

5. No hay garantía de que devuelva un óptimo local con un valor de la función objetivo cercano al mejor posible.

6. En entradas realistas, suele generar óptimos locales de gran calidad, pero, en ocasiones, genera óptimos locales de baja calidad.

20.5.6 Cómo evitar óptimos locales malos

Un óptimo local malo puede impedir una aplicación exitosa de la búsqueda local. ¿Cómo podemos manipular un algoritmo de búsqueda local para tratar de evitarlos? Una solución consiste en aumentar el tamaño del vecindario (ver la sección 20.5.3), pero quizá la opción más sencilla pase por fiarse de la aleatorización, eligiendo una solución inicial aleatoria o bien, en cada iteración, movimientos de mejora aleatorios. Entonces podrás ejecutar tantas pruebas independientes del algoritmo como quieras, devolviendo el mejor óptimo local hallado por cualquiera de ellas.

Una técnica más drástica, para evitar óptimos locales malos, consiste en permitir, en ocasiones, movimientos locales que no sean de mejora. Por ejemplo, en cada iteración:

(i) A partir de la solución actual, elegir un movimiento local de forma totalmente aleatoria.

(ii) Si el movimiento local es de mejora, utilizarlo.

(iii) En caso contrario, si el movimiento local elegido empeora la función objetivo por $\Delta \geq 0$, utilizarlo con una probabilidad $p(\Delta)$ de que será decreciente en Δ y, si no es así, no hacer nada (una elección habitual para la función $p(\Delta)$ es la función exponencial $e^{-\lambda\Delta}$, donde $\lambda > 0$ es un parámetro ajustable)[33].

Los algoritmos de búsqueda local que permiten movimientos que no son de mejora no suelen finalizar y deben ser interrumpidos después de un tiempo de cálculo establecido.

No hay límite a la cantidad de adornos que se pueden añadir al algoritmo de búsqueda local básico[34]. Los hay de dos tipos:

- *Vecindarios con dependencia histórica.* En vez de establecer de forma permanente el número de movimientos locales permitidos, podrían depender de la trayectoria realizada por el algoritmo de búsqueda local hasta ese momento. Por ejemplo, podrías rechazar aquellos movimientos locales que parezcan revertir parcialmente el movimiento anterior, como una 2–permutación que utilice los mismos extremos que la 2–permutación anterior[35]. Las reglas de este tipo son particularmente útiles para evitar ciclos en los algoritmos de búsqueda local que permitan movimientos que no sean de mejora.

- *Mantener una población de soluciones.* El algoritmo podría mantener $k \geq 2$ soluciones viables en todo momento, en vez de una sola. Cada iteración del algoritmo genera ahora k nuevas soluciones viables a partir de las k anteriores conservando, por ejemplo, únicamente los mejores k vecinos de las k soluciones actuales, o combinando pares de soluciones actuales para crear otras nuevas[36].

---

[33]Si has oído hablar del "algoritmo de Metropolis" o del "recocido simulado", te interesará saber que ambos están basados en esta idea.

[34]Si quieres profundizar más en el tema, consulta el libro *Local Search in Combinatorial Optimization*, editado por Emile Aarts y Jan Karel Lenstra (Princeton University Press, 2003).

[35]Si has oído hablar de la "búsqueda tabú" o de la "heurística de profundidad variable de Lin–Kernighan", ambas están relacionadas con este concepto.

[36]Si has oído hablar de la "búsqueda en haz" o de "algoritmos genéticos", ambos son variaciones de esta idea.

20.5.7 ¿Cuándo deberías utilizar la búsqueda local?

1. Si no tienes tiempo de calcular una solución exacta.

2. Si estás dispuesto a renunciar a las garantías de tiempo de ejecución y de corrección aproximada.

3. Si buscas un algoritmo relativamente fácil de implementar.

4. Si ya tienes un buen algoritmo heurístico pero quieres mejorar su salida en un paso de procesamiento posterior.

5. Si quieres que el algoritmo se pueda interrumpir en cualquier momento.

6. Si los solucionadores de vanguardia de programación de enteros mixtos o de satisfacibilidad (tratadas en las secciones 21.4–21.5) no son suficientemente buenas, bien porque los tamaños de entrada son demasiados grandes para su manejo, o bien porque el problema no es fácil de traducir al formato requerido.

Y recuerda que, para obtener los mejores resultados mediante la búsqueda local, tendrás que experimentar (con diferentes vecindarios, estrategias de inicialización, estrategias de elección de movimientos locales, adornos adicionales, etc.).

20.5.8 Soluciones a los cuestionarios 20.9–20.10

Solución al cuestionario 20.9

Respuesta correcta: (a). El metagrafo tiene un vértice por ruta, para un total de $\frac{1}{2}(n-1)!$ (ver el cuestionario 19.1). Cada vértice del metagrafo es adyacente a otros $n(n-3)/2$ vértices (ver nota al pie 25). En consecuencia, el número total de aristas es de

$$\frac{1}{2} \cdot \underbrace{\frac{(n-1)!}{2}}_{n^{\circ}\text{ de vértices}} \cdot \underbrace{\frac{n(n-3)}{2}}_{n^{\circ}\text{ de aristas incidentes}} = \frac{n!(n-3)}{8};$$

donde el primer término "$\frac{1}{2}$" corrige la duplicación en el recuento de cada arista del metagrafo (una vez en cada extremo).

Solución al cuestionario 20.10

Respuestas correctas: (a), (d). El algoritmo 3OPT puede realizar, en cada iteración, cualquier 2–permutación (o 3–permutación) que desee. Como todo movimiento local disponible para 2OPT también lo está para 3OPT, la respuesta (a) es correcta. En consecuencia, la (d) también lo es: si un vértice tiene un vecino en H_2 con un mejor valor de la función objetivo (lo que indica que no es un mínimo local de H_2), este mismo vecino muestra que tampoco es un mínimo local en H_3.

En el ejemplo de la figura 20.3, la primera ruta de la tercera fila no se puede mejorar mediante una 2–permutación, pero esto sí es posible con una 3–permutación (como deberías comprobar). Así, se demuestra que tanto (b) como (c) son incorrectas.

Conclusiones

☆ En el problema de la minimización de la envergadura, el objetivo consiste en asignar trabajos a máquinas para minimizar la envergadura (la carga máxima de las máquinas).

☆ Realizar una sola pasada por los trabajos y asignar cada uno a la máquina menos cargada en ese momento, genera una planificación con una envergadura máxima del doble de la mínima posible.

☆ Comenzar ordenando los trabajos (del más largo al más corto) mejora esa garantía de 2 a 4/3.

☆ En el problema de la cobertura máxima, el objetivo consiste en elegir k de entre m subconjuntos, para maximizar su cobertura (su tamaño combinado).

☆ Seleccionar vorazmente subconjuntos que aumenten la cobertura lo máximo posible, logra una cobertura mínima del 63,2% de la máxima posible.

☆ La influencia de un conjunto de vértices inicialmente activos en un grafo dirigido, es el número esperado de vértices que llegarán a estar activos, asumiendo que un vértice activo también activa a cada uno de sus vecinos con una probabilidad p.

☆ En el problema de la maximización de la influencia, el objetivo es elegir k vértices de un grafo dirigido, de forma que se maximice su influencia.

☆ Como la influencia es una media ponderada de funciones de cobertura, la garantía del 63,2% nos lleva al algoritmo voraz que selecciona iterativamente aquellos vértices que aumenten más la influencia.

☆ En el problema del viajante (TSP), la entrada es un grafo completo con costes de aristas de valores reales, y el objetivo consiste en calcular una ruta (un ciclo que visite cada vértice una sola vez) con la mínima suma posible de costes de aristas.

☆ Una 2–permutación genera una nueva ruta, a partir de la anterior, intercambiando un par de aristas por otro.

☆ El algoritmo 2–OPT para el TSP mejora repetidamente una ruta inicial mediante la aplicación de 2–permutaciones, hasta que no haya más mejoras posibles.

☆ Un algoritmo de búsqueda local pasea por un metagrafo en el que los vértices se corresponden con soluciones viables (etiquetados con el valor de la función objetivo) y las aristas con movimientos locales.

☆ Un algoritmo de búsqueda local se define a partir de un metagrafo, una solución inicial y una regla para seleccionar entre los movimientos locales de mejora disponibles.

☆ Los algoritmos de búsqueda local suelen generar soluciones de gran calidad en cantidades de tiempo razonables, aunque no cuenten con garantías de tiempos de ejecución estimados ni de corrección aproximada.

☆ Los algoritmos de búsqueda local se pueden modificar para evitar mejor los óptimos locales de baja calidad permitiendo, por ejemplo, aleatorización y movimientos locales que no sean de mejora.

Comprueba que lo has entendido

Problema 20.1 *(S)* Supongamos, en el problema de la minimización de la envergadura (sección 20.1.1), que los trabajos tienen longitudes similares (con $\ell_j \leq 2\ell_h$ para todos los trabajos j, h) y que hay una cantidad abundante de trabajos (al menos 10 veces mayor al número de máquinas). ¿Qué puedes decir de la envergadura de la planificación devuelta por el algoritmo GRAHAM de la sección 20.1.3 (elige la respuesta más completa)?

a) Será, como mucho, un 10% más que la mínima envergadura posible.

b) Será, como mucho, un 20% más que la mínima envergadura posible.

c) Será, como mucho, un 50% más que la mínima envergadura posible.

d) Será, como mucho, un 100% más que la mínima envergadura posible.

Problema 20.2 *(S)* El objetivo del problema de la cobertura máxima (sección 20.2.1) es el de cubrir tantos elementos como sea posible, utilizando un número establecido de subconjuntos. En el problema, muy parecido, de la *cobertura de conjuntos*, el objetivo consiste en cubrir *todos* los elementos, utilizando el mínimo número de subconjuntos que sea posible (equivalente a contratar, con el menor coste posible, a un equipo que atesore todas las capacidades requeridas)[37]. El algoritmo voraz para el problema de la cobertura máxima (sección 20.2.3) se puede extender de una forma muy sencilla al de cobertura de conjuntos (proporcionando como entrada m los subconjuntos $A_1, A_2, \dots, A_m$ de un conjunto base U, con $\cup_{i=1}^{m} A_i = U$):

---

[37] Este problema es NP–complejo, ver el problema 22.6.

Algoritmo heurístico voraz para la cobertura de conjuntos

$$K := \emptyset \qquad\qquad \text{// índices de los conjuntos elegidos}$$

mientras $f_{cob}(K) < |U|$ **hacer** // parte de U no cubierta
$\quad i^* := \text{argmáx}_{i=1}^{m}\left[f_{cob}(K \cup \{i\}) - f_{cob}(K)\right]$
$\quad K := K \cup \{i^*\}$
devolver K

Digamos que k indica el número mínimo de subconjuntos necesario para cubrir completamente a U. ¿Cuál de las siguientes garantías de corrección aproximada sirve para este algoritmo (elige la respuesta más completa)?

a) Su solución tendrá un máximo de $2k$ subconjuntos.

b) Su solución tendrá $O(k \log |U|)$ subconjuntos.

c) Su solución tendrá $O(k \cdot \sqrt{|U|})$ subconjuntos.

d) Su solución tendrá $O(k \cdot |U|)$ subconjuntos.

Problema 20.3 *(S)* El problema tiene en consideración tres heurísticas voraces para resolver el problema de la mochila (definido en la sección 19.4.2). La entrada consta de n elementos, con valores $v_1, v_2, \ldots, v_n$ y tamaños $s_1, s_2, \ldots, s_n$, y una capacidad C de la mochila.

Algoritmo heurístico voraz 1 para la mochila

$$I := \emptyset,\ S := 0 \qquad \text{// elementos elegidos y sus tamaños}$$

ordenar y reindexar los trabajos de forma que $v_1 \geq v_2 \geq \cdots \geq v_n$
para $i := 1$ hasta n **hacer**
$\quad$ **si** $S + s_i \leq C$ **entonces** // elegir elemento si es viable
$\quad\quad I := I \cup \{i\},\ S := S + s_i$
devolver I

Algoritmo heurístico voraz 2 para la mochila

$I := \emptyset, S := 0$ // elementos elegidos y sus tamaños

ordenar y reindexar los trabajos de forma que $\frac{v_1}{s_1} \geq \frac{v_2}{s_2} \geq \cdots \geq \frac{v_n}{s_n}$

para $i := 1$ hasta n **hacer**

    si $S + s_i \leq C$ **entonces**   // elegir elemento si es viable

        $I := I \cup \{i\}, S := S + s_i$

devolver I

Algoritmo heurístico voraz 3 para la mochila

$I_1 :=$ salida del algoritmo heurístico voraz 1
$I_2 :=$ salida del algoritmo heurístico voraz 2
devolver, de entre I_1, I_2, el que tenga un valor total más alto

¿Cuáles de las siguientes afirmaciones son ciertas (elige todas las que lo sean)?

a) El valor total devuelto de la solución devuelta por el primer algoritmo voraz es siempre como mínimo, un 50% del máximo posible.

b) El valor total devuelto de la solución devuelta por el segundo algoritmo voraz es siempre como mínimo, un 50% del máximo posible.

c) El valor total devuelto de la solución devuelta por el tercer algoritmo voraz es siempre como mínimo, un 50% del máximo posible.

d) Si el tamaño de cada elemento es, como mucho, un 10% de la capacidad de la mochila (es decir, $\text{máx}_{i=1}^{n} s_i \leq C/10$), el valor total de la solución devuelta por el primer algoritmo voraz es, como mínimo, un 90% del máximo posible.

e) Si el tamaño de cada elemento es, como mucho, un 10% de la capacidad de la mochila, el valor total de la solución devuelta por el segundo algoritmo voraz es, como mínimo, un 90% del máximo posible.

f) Si el tamaño de cada elemento es, como mucho, un 10% de la capacidad de la mochila, el valor total de la solución devuelta por el tercer algoritmo voraz es, como mínimo, un 90% del máximo posible.

Problema 20.4 *(S)* En el *problema de la cobertura de vértices*, la entrada está formada por un grafo no dirigido $G = (V, E)$ y el objetivo consiste en identificar un subconjunto de vértices $S \subseteq V$ de tamaño mínimo que incluya, al menos, un extremo de cada arista presente en E (imaginemos, por ejemplo, que las aristas representan carreteras y los vértices intersecciones, y que el objetivo es vigilar las vías instalando cámaras de seguridad en el menor número de intersecciones que sea posible)[38]. Un algoritmo heurístico sencillo elige repetidamente una arista que todavía no esté cubierta y añade *ambos* extremos de la misma a la solución calculada hasta ese momento:

Algoritmo heurístico para la cobertura de vértices

```
S := ∅                                    // vértices elegidos
mientras existe una arista (v, w) ∈ E con v, w ∉ S hacer
    S := S ∪ {v, w}        // añadir ambos extremos de la arista
return S
```

Digamos que k indica el número mínimo de vértices necesarios para capturar, al menos, un extremo de cada arista. ¿Cuál de las siguientes garantías de corrección aproximada es aplicable a este algoritmo (elige la respuesta más completa)?

a) Su solución tendrá un máximo de $2k$ vértices.

b) Su solución tendrá $O(k \log |E|)$ vértices.

c) Su solución tendrá $O(k \cdot \sqrt{|E|})$ vértices.

d) Su solución tendrá $O(k \cdot |E|)$ vértices.

Problema 20.5 *(S)* ¿Cuál de las siguientes afirmaciones sobre el algoritmo genérico de búsqueda local de la sección 20.5.2 *no es* cierta?

a) Su salida depende normalmente de la elección de la solución viable inicial.

---

[38]Este problema es NP–complejo, ver el problema 22.5.

b) Su salida depende normalmente del método de elección de un movimiento local entre todos los disponibles.

c) Siempre terminará por detenerse en una solución óptima.

d) En algunos casos, realiza un número exponencial de iteraciones (en relación al tamaño de la entrada) antes de detenerse.

Problemas más difíciles

Problema 20.6 *(P)* Propón una implementación del algoritmo GRAHAM (sección 20.1.3) que utilice una estructura de datos de montículo y se ejecute en tiempo $O(n \log m)$, donde n es el número de trabajos y m el número de máquinas[39].

Problema 20.7 *(P)* Este problema mejora el teorema 20.4 y amplía el ejemplo del cuestionario 20.3, en la identificación de la mejor garantía de corrección aproximada posible para el algoritmo LPT (sección 20.1.7).

(a) Digamos que el trabajo j es el último trabajo asignado, en la planificación devuelta por el algoritmo LPT, a la máquina con más carga. Demuestra que si $\ell_j > M^*/3$, donde M^* indica la menor envergadura posible, esta planificación será óptima (es decir, tiene una envergadura M^*).

(b) Demuestra que el algoritmo LPT siempre devuelve una planificación con una envergadura máxima de $\frac{4}{3} - \frac{1}{3m}$ veces la mínima posible, donde m indica el número de máquinas.

(c) Generaliza el ejemplo del cuestionario 20.3 para mostrar que, para todo $m \geq 1$, existe un ejemplo con m máquinas en el que la planificación generada por el algoritmo LPT tiene una envergadura de $\frac{4}{3} - \frac{1}{3m}$ veces la mínima posible.

Problema 20.8 *(P)* Recuerda el mal ejemplo del algoritmo COBERTURA-VORAZ que vimos en el cuestionario 20.5

(a) Demuestra la proposición 20.6.

---

[39]Técnicamente, el tiempo de ejecución será de $O(m + n \log m)$. Sin embargo, el problema carece de interés cuando $n \leq m$, ya que entonces se puede dedicar una máquina a cada trabajo.

(b) Extiende los ejemplos de (a) para mostrar que, incluso con los mejores desempates posibles, para toda constante $\epsilon > 0$, el algoritmo CoberturaVoraz no garantiza una fracción $1 - (1 - \frac{1}{k})^k + \epsilon$ de la cobertura máxima posible (donde k indica el número de subconjuntos elegidos).

Problema 20.9 *(P)* Muestra que toda instancia del problema de la cobertura máxima se puede expresar como una instancia del problema de la maximización de la influencia, de forma que: (i) las dos instancias tienen el mismo valor F^* en la función objetivo óptima; y (ii) cualquier solución con influencia F a la segunda instancia se puede convertir fácilmente en una solución con cobertura mínima de F a la primera instancia.

Problema 20.10 *(P)* El objetivo del problema de la cobertura máxima está en elegir k subconjuntos que maximicen la cobertura f_{cob}. El objetivo del problema de la maximización de la influencia está en elegir k vértices que maximicen la influencia f_{inf}. La versión general de este tipo de problemas es: dado un conjunto O de objetos y una función del conjunto f de valor real (que especifica un número $f(S)$ para cada subconjunto $S \subseteq O$), elegir k objetos de O que maximicen f. Los algoritmos CoberturaVoraz y InfluenciaVoraz tiene una extensión natural hacia el problema general:

Algoritmo voraz para la maximización de la función del conjunto

```
S := ∅                              // objetos elegidos
para j := 1 hasta k hacer       // elegir objetos de uno en uno
    // aumentar la función objetivo vorazmente
    o* := argmáx_{o∉S} [f(S ∪ {o}) − f(S)]
    S := S ∪ {o*}
devolver S
```

¿Para qué función objetivo f disfruta este algoritmo voraz de una garantía de corrección aproximada en la línea de los teoremas 20.7 y 20.9? Estas son las propiedades clave:

1. *No negativa:* $f(S) \geq 0$ para todo $S \subseteq O$.

2. *Monótona:* $f(S) \geq f(T)$ siempre que $S \supseteq T$.

---

3. *Submodular:* $f(S \cup \{o\}) - f(S) \leq f(T \cup \{o\}) - f(T)$ siempre que $S \supseteq T$ y $o \notin S$.[40]

(a) Demuestra que las funciones de cobertura e influencia f_{cob} y f_{inf} cuentan con las tres propiedades.

(b) Demuestra que siempre que f sea no negativa, monótona y submodular, está garantizado que el algoritmo heurístico voraz devolverá un conjunto de objetos S que satisfará

$$f(S) \geq \left(1 - \left(1 - \frac{1}{k}\right)^{k}\right) \cdot f(S^*),$$

donde S^* maximiza f sobre k subconjuntos de O de todos los tamaños.

Problema 20.11 *(P)* El problema 20.3 investigaba las garantías de corrección aproximada para los algoritmos heurísticos voraces en el problema de la mochila. Este problema presenta un algoritmo de programación dinámica con una garantía mucho más sólida: para un parámetro de error $\epsilon > 0$ especificado por el usuario (como 0,1 o 0,01), el algoritmo devuelve una solución con un valor total de, al menos, $1 - \epsilon$ veces el máximo posible (la realidad, en caso de que este algoritmo parezca demasiado bueno como para ser verdad en el caso de un problema NP–complejo: el tiempo de ejecución del algoritmo explota a medida que ϵ se aproxima a 0).

(a) La sección 19.4.2 mencionaba que el problema de la mochila se puede resolver en tiempo $O(nC)$ si se utiliza programación dinámica, donde n indica el número de elementos y C la capacidad de la mochila (todos los valores y tamaños de los elementos, al igual que la capacidad de la mochila, son enteros positivos; ver también el capítulo 16 de la *tercera parte*). Plantea un algoritmo de programación dinámica diferente, para este problema, que se ejecute en tiempo $O(n^2 \cdot v_{máx})$, donde $v_{máx}$ indique el valor más grande de cualquier elemento.

(b) Para reducir los valores de los elementos a una magnitud manejable, divídelos por $m := (\epsilon \cdot v_{máx})/n$ y redondea los resultados al entero más cercano (donde ϵ es el parámetro de error definido por el usuario). Demuestra que el valor total de cada solución viable se reduce por

---

[40]La submodularidad implica una propiedad de "rendimientos decrecientes": el valor marginal de un nuevo objeto o solo puede decrecer a medida que se adquieren objetos nuevos.

un factor de, al menos, m y que el valor total de una solución óptima disminuye por un factor de, al menos, $m/(1-\epsilon)$ (puedes asumir que todo elemento tiene un tamaño máximo de C y que, en consecuencia, cabe en la mochila).

(c) Propón un algoritmo de tiempo $O(n^3/\epsilon)$ que garantice una solución viable con un valor total de, al menos, $1-\epsilon$ veces el máximo posible[41].

Problema 20.12 *(P)* Este problema describe un caso bastante común del problema del viajante, para el que existen algoritmos heurísticos rápidos con buenas garantías de corrección aproximada. En una instancia *métrica* $G = (V, E)$ del TSP, todos los costes c_e de las aristas son no negativos y el camino más corto entre dos vértices es el directo de un salto (una condición conocida como "desigualdad triangular"):

$$c_{vw} \leq \sum_{e \in P} c_e$$

para todo par $v, w \in V$ de vértices y un camino v-w denominado P (el ejemplo del cuestionario 19.2 es una instancia métrica, mientras que el del cuestionario 20.7 no lo es). La desigualdad triangular se verifica normalmente en aplicaciones en las que los costes de las aristas corresponden a distancias físicas. El TSP sigue siendo NP–complejo en el caso especial de las instancias métricas (ver el problema 22.12.a).

Nuestro punto de partida para un algoritmo heurístico rápido es el algoritmo de tiempo lineal para instancias de árboles descrito en el problema 19.8. La idea clave consiste en reducir una instancia métrica general a una instancia de árbol, calculando un árbol de expansión mínimo.

Heurística MST para el TSP métrico

$T :=$ árbol de expansión mínimo del grafo de entrada G
devolver una ruta óptima para la instancia de árbol definida por T

El primer paso se puede implementar en tiempo casi lineal, utilizando los algoritmos de Prim o Kruskal. El segundo se puede implementar en tiempo lineal, mediante la solución al problema 19.8. En la instancia de árbol del

---

[41]Un algoritmo heurístico con este tipo de garantía se denomina *estructura de aproximación de tiempo polinómico completa (FPTAS)*.

TSP construida en el segundo paso, la longitud a_e de una arista e de T se establece al coste c_e de esa arista en la instancia métrica del TSP dada (con el coste de cada arista (v, w) de la instancia de árbol definida entonces como la longitud total $\sum_{e \in P_{vw}} a_e$ del único camino v-w P_{vw} de T):

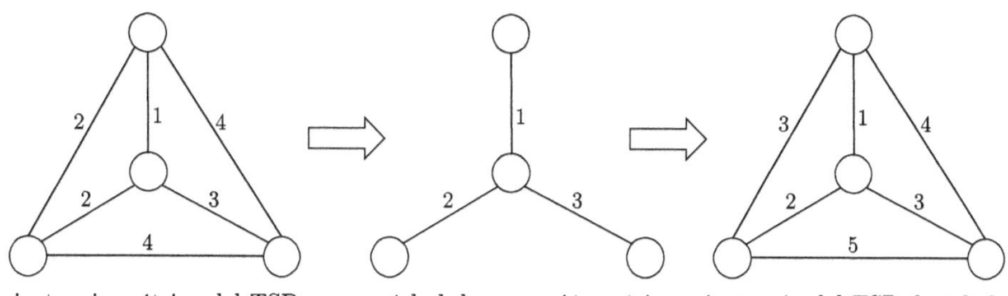

(a) Demuestra que el coste total mínimo de una ruta del viajante es, al menos, el del árbol de expansión mínimo (este paso no requiere de la desigualdad triangular).

(b) Demuestra que, para toda instancia del TSP métrico, el coste total de la ruta calculada por la heurística MST es, como máximo, el doble del mínimo posible.

Problema 20.13 *(P)* Propón una implementación del algoritmo 2OPT (sección 20.4.3) en la que cada iteración del bucle principal se ejecute en tiempo $O(n^2)$, donde n es el número de vértices.

Problema 20.14 *(S)* La mayoría de los algoritmos de búsqueda local no cuentan con tiempos de ejecución polinómicos ni garantías de corrección aproximadas, pero este problema describe una rara excepción. Para un entero $k \geq 2$, en el problema del *k–corte máximo*, la entrada es un grafo no dirigido $G = (V, E)$. La soluciones viables son los k–cortes del grafo, es decir, las particiones del conjunto de vértices V en k grupos no vacíos $S_1, S_2, \ldots, S_k$. El objetivo consiste en maximizar el número de aristas con extremos en grupos diferentes. Por ejemplo, en el grafo

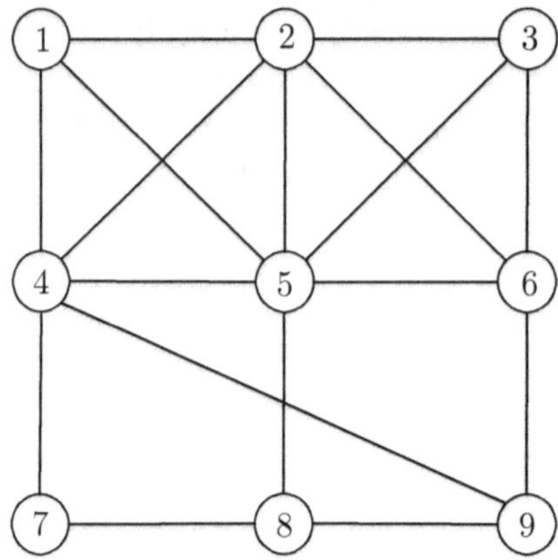

dieciséis de las diecisiete aristas tienen extremos en distintos grupos del 3–corte ($\{1, 6, 7\}, \{2, 5, 9\}, \{3, 4, 8\}$).[42]

En un k–corte $(S_1, S_2, \ldots, S_k)$, cada movimiento local corresponde a una reasignación de un único vértice desde un grupo hacia otro, limitado por el hecho de que ninguno de los k grupos puede quedar vacío.

(a) Demuestra que, para todo k–corte inicial y toda regla de selección para elegir movimientos locales de mejora, el algoritmo de búsqueda local genérico se detiene en un máximo de $|E|$ iteraciones.

(b) Demuestra que, para todo k–corte inicial y toda regla de selección para elegir movimientos locales de mejora, el algoritmo de búsqueda local genérico se detiene con un k–corte con un valor de la función objetivo de, al menos, $(k - 1)/k$ veces el máximo posible.

Problemas de programación

Problema 20.15 Implementa, utilizando tu lenguaje de programación favorito, el algoritmo del vecino más cercano para el TSP (que hemos visto en el cuestionario 20.7). Prueba tu implementación con instancias en las que los costes de las aristas sean elecciones totalmente independientes y aleatorias del conjunto $\{1, 2, \ldots, 100\}$ o, alternativamente, con vértices que correspondan a puntos totalmente independientes y aleatorios

---

[42]Es imposible hacerlo mejor, ya que dos de los vértices en $\{1, 2, 4, 5\}$ deben pertenecer a un grupo común.

---

del cuadrado unidad[43]. ¿Qué tamaño de entrada (es decir, cuántos vértices) podrá procesar tu programa en menos de un minuto? ¿Y en menos de una hora? Puedes encontrar casos de prueba y conjuntos de datos en `www.algorithmsilluminated.org`.

Problema 20.16 Implementa, utilizando tu lenguaje de programación favorito, el algoritmo 2OPT de la sección 20.4.3. Utiliza la implementación del algoritmo del vecino más cercano del problema 20.15 para calcular la ruta inicial. Implementa cada iteración del bucle principal de forma que se ejecute en tiempo cuadrático (ver el problema 20.13) y experimenta con diferentes formas de seleccionar y mejorar los movimientos locales. Prueba tu implementación con las mismas instancias que has utilizado para el problema 20.15[44]. ¿En cuánto mejora la búsqueda local el coste total de la ruta inicial? ¿Cuál de tus reglas de selección supone la mejora más espectacular? Puedes encontrar casos de prueba y conjuntos de datos en `www.algorithmsilluminated.org`.

---

[43]Es decir, las coordenadas x e y de cada punto son elecciones independientes y aleatorias de $[0, 1]$. Por tanto, el coste de la arista que conecta dos puntos (x_1, y_1) y (x_2, y_2) se define como la distancia euclídea (es decir, la línea recta) entre ellos, que es $\sqrt{(x_1 - x_2)^2 + (y_1 - y_2)^2}$ (en el caso del algoritmo del vecino más cercano, también puedes trabajar con las distancias euclídeas elevadas al cuadrado).

[44]En el caso de los puntos del cuadrado unidad, ¿hay diferencia en utilizar las distancias euclídeas o el cuadrado de estas?

Capítulo 21

Sacrificio de la velocidad: algoritmos ineficientes exactos

Con los problemas NP–complejos no podemos aspirar a tenerlo todo. Cuando no es posible sacrificar la corrección y los algoritmos heurísticos no son una opción válida, llega el momento de plantear el uso de algoritmos correctos que no siempre se ejecuten en tiempo polinómico. En ese caso, el objetivo consiste en diseñar un algoritmo correcto y generalista que sea lo más rápido posible y que, en cualquier caso, supere en velocidad a la búsqueda exhaustiva para la mayor variedad de entradas que seamos capaces de abordar. Las secciones 21.1 y 21.1.7 utilizan la programación dinámica para diseñar algoritmos que son siempre más rápidos que la búsqueda exhaustiva en los dos casos que estudiaremos: el TSP y el problema de hallar un camino largo en un grafo. Las secciones 21.3–21.5 nos presentan los solucionadores de programación entera mixta y de satisfacibilidad, que carecen de la garantía de contar con tiempos de ejecución más rápidos que la búsqueda exhaustiva pero que, en cualquier caso, pueden resultar extremadamente eficaces en la solución de las instancias de problemas NP–complejos que podemos encontrar en la práctica.

21.1 El algoritmo de Bellman–Held–Karp para el TSP

21.1.1 El punto de partida: búsqueda exhaustiva

En el TSP (sección 19.1.2) la entrada es un grafo completo $G = (V, E)$ con costes de aristas de valores reales, y el objetivo consiste en calcular una ruta (un ciclo que visite cada vértice una única vez) con la menor suma posible de costes de las aristas. El TSP es NP–complejo (ver la sección 22.7). Si no podemos sacrificar la corrección, la única opción que tenemos es la de recurrir a algoritmos que se ejecuten, para el peor caso, en tiempo superpolinómico y, posiblemente, exponencial (asumiendo, como siempre, que la conjetura P $\neq$ NP es cierta). ¿Podrá el ingenio algorítmico lograr, al menos, una mejora sobre la inconsciente búsqueda exhaustiva? ¿A qué beneficios de tiempo podemos aspirar?

Resolver el TSP mediante una búsqueda exhaustiva entre las $\frac{1}{2}(n-1)!$ rutas posibles (cuestionario 19.1) resulta en un algoritmo de tiempo $O(n!)$. La función factorial $n! = n \cdot (n-1) \cdot (n-2) \cdots 2 \cdot 1$ crece, indudablemente, más rápido que una función exponencial sencilla como 2^n (esta última es el producto de n doses, mientras que la primera es el producto de n términos que son, en general, mucho más grandes que 2). Pero, ¿de qué tamaño estamos hablando? Existe una respuesta bastante precisa a esta cuestión, denominada *aproximación de Stirling*[1]. En este caso, $e = 2,718...$, que es el número de Euler y, obviamente, $\pi = 3,14...$

> **Aproximación de Stirling**
>
> $$n! \approx \sqrt{2\pi n} \left(\frac{n}{e}\right)^n \tag{21.1}$$

La aproximación de Stirling muestra que la función factorial (con su dependencia del tipo n^n) crece *mucho* más rápido que 2^n. Por ejemplo, en un ordenador moderno solo podrías llegar a ejecutar un algoritmo de tiempo $n!$ con un n máximo de, digamos, 15, mientras que un algoritmo de tiempo 2^n podría llegar a aceptar entradas alrededor de $n = 40$ (sigue sin parecer mucho, pero es lo que pasa con los problemas NP–complejos). Por tanto, merece la pena el esfuerzo de intentar resolver el TSP en un tiempo más cercano a 2^n que a $n!$.

21.1.2 Programación dinámica

Aunque muchas de las mejores aplicaciones de la programación dinámica están dirigidas a problemas que se pueden resolver en tiempo polinómico, el paradigma es igualmente válido para abordar problemas NP–complejos más rápidamente que mediante búsqueda exhaustiva, lo que incluye al problema de la mochila (sección 19.4.2), el TSP (esta sección) y otros (sección 21.1.7). Solo por recordarlo (como lo explicábamos, por ejemplo, en el capítulo 16 de la *tercera parte*), el paradigma de la programación dinámica es:

---

[1]Recuerda este nombre, pero no la fórmula o su demostración pues, si te son necesarias, siempre puedes consultarlas en Wikipedia o en cualquier otra fuente.

---

1. Identificar una colección relativamente pequeña de subproblemas.

2. Mostrar cómo resolver de forma rápida y correcta subproblemas "más grandes" a partir de las soluciones de los "más pequeños".

3. Mostrar cómo deducir de forma rápida y correcta la solución final a partir de las soluciones de todos los subproblemas.

Una vez implementados estos tres pasos, el algoritmo de programación dinámica correspondiente se escribe solo: resolver sistemáticamente todos los subproblemas, de uno en uno, trabajando desde el "más pequeño" hasta el "más grande", y extraer la solución final a partir de las de los subproblemas.

Pensemos, por ejemplo, en un algoritmo de programación dinámica que resuelva un máximo de $f(n)$ subproblemas diferentes (trabajando sistemáticamente desde el "más pequeño" hasta el "más grande"), utilizando un máximo de tiempo $g(n)$ para cada uno, y que realiza un trabajo de procesamiento posterior máximo de $h(n)$ para extraer la solución final (donde n indica el tamaño de la entrada). El tiempo de ejecución del algoritmo será, entonces, de un máximo de

$$
\underbrace{f(n)}_{\text{n° de subproblemas}} \times \underbrace{g(n)}_{\substack{\text{tiempo por subproblema} \\ \text{(soluciones anteriores dadas)}}} + \underbrace{h(n)}_{\text{procesamiento posterior}} . \tag{21.2}
$$

Al aplicar la programación dinámica a un problema NP–complejo como el TSP, cabe esperar que al menos una de las funciones $f(n)$, $g(n)$ o $h(n)$ sea exponencial en relación a n. Si volvemos la vista hacia algunos algoritmos canónicos de programación dinámica, podremos ver que las funciones $g(n)$ y $h(n)$ son, casi siempre, $O(1)$ o $O(n)$, mientras que el número $f(n)$ de subproblemas varía con mucha amplitud de un algoritmo a otro[2]. En conse-

---

[2]Por ejemplo, el algoritmo de programación dinámica para el problema del conjunto independiente ponderado en grafos de caminos resuelve $O(n)$ subproblemas (donde n indica el número de vértices), mientras que el de la mochila resuelve $O(nC)$ subproblemas (donde n indica el número de elementos y C la capacidad de la mochila). Los algoritmos para el camino más corto de Bellman–Ford y Floyd–Warshall utilizan, respectivamente, $O(n^2)$ y $O(n^3)$ subproblemas (donde n indica el número de vértices).

cuencia, deberíamos prepararnos para que un algoritmo de programación dinámica para el TSP utilice un número exponencial de subproblemas.

21.1.3 Subestructura óptima

La clave que revela el potencial de la programación dinámica es la identificación de la colección adecuada de subproblemas. La mejor forma de hacernos con ellos es pensar en las diferentes formas en que se podrían construir soluciones óptimas para subproblemas más pequeños.

Supongamos que alguien nos entrega en bandeja de plata una ruta del viajante T, de coste mínimo, con los vértices $V = \{1, 2, \dots, n\}$ y con $n \geq 3$. ¿Qué aspecto tendrá? ¿De cuántas formas diferentes se podría haber construido a partir de soluciones óptimas a subproblemas más pequeños? Piensa en que la ruta T comienza y termina en el vértice 1, y fija tu atención en su última decisión: su arista final, que va desde algún vértice j al punto 1 de partida. Si conociésemos la identidad de j, deduciríamos el aspecto de la ruta; un camino libre de ciclos de coste mínimo desde 1 hasta j, que visita todos los vértices, seguido de la arista desde j hasta 1:[3]

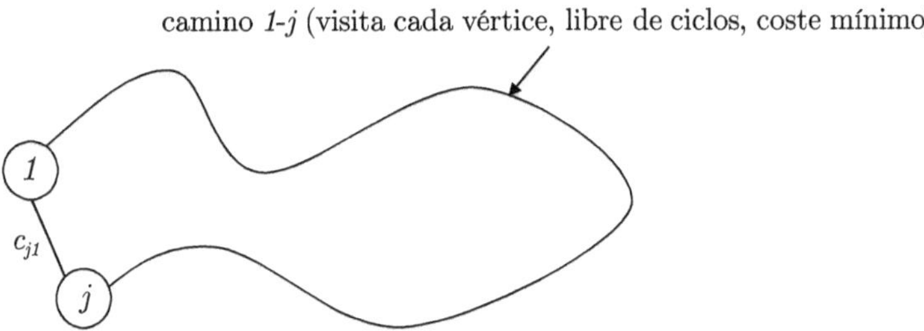

Por tanto, existen $n - 1$, y solo $n - 1$, candidatas a ser una ruta del viajante óptima (una por cada elección $j \in \{2, 3, \dots, n\}$ del vértice final), y la mejor de ellas debe ser una ruta de coste mínimo[4]:

$$\text{coste de la ruta óptima} = \min_{j=2}^{n} \left(\begin{array}{l} \text{coste mínimo de un camino} \\ \text{libre de ciclos 1-}j\text{ que} \\ \text{visite todos los vértices} \end{array} + c_{j1} \right).$$

$$(21.3)$$

---

[3]¿Por qué tiene que ser $T - \{(j, 1)\}$ un camino de coste mínimo? Porque si existiese un camino libre de ciclos 1-j de menor coste y que visitase todos los vértices, podríamos conectarle la arista $(j, 1)$ y obtendríamos una ruta de coste más bajo (lo que entraría en contradicción con la optimización de T).

[4]Si pensamos en términos recursivos, es posible calcular una ruta de coste mínimo iterando sobre las $n - 1$ elecciones del vértice j y, en cada iteración, calcular recursivamente un camino libre de ciclos 1-j de coste mínimo que visite todos los vértices.

De momento vamos bien. Pero el argumento se complica a medida que avanzamos. Pensemos en una solución óptima a uno de nuestros $n - 1$ subproblemas, un camino de coste mínimo desde 1 hasta j que visite todos los vértices una sola vez (dicho de otra forma, que visite todos los vértices y esté libre de ciclos). ¿Qué aspecto tendrá?

Cuestionario 21.1

Digamos que P es un camino libre de ciclos de coste mínimo desde 1 hasta j que pasa por todos los vértices, con un salto final (k,j). Digamos que P' representa a P con el salto final (k,j) eliminado. ¿Cuál de las siguientes afirmaciones es cierta (elige todas las que lo sean)?

a) P' es un camino libre de ciclos desde 1 hasta k que visita todos los vértices de $V - \{j\}$.

b) P' es un camino de coste mínimo con el formato indicado en (a).

c) P' es un camino libre de ciclos desde 1 hasta k que visita todos los vértices de $V - \{j\}$ y no visita el vértice j.

d) P' es un camino de coste mínimo con el formato indicado en (c).

Solución y aclaraciones en la sección 21.1.7

La solución al cuestionario 21.1 demuestra el siguiente lema.

Lema 21.1 (Subestructura óptima para el TSP) *Asumimos que $n \geq 3$. Supongamos que P es un camino libre de ciclos de coste mínimo desde el vértice 1 al vértice j, que pasa por todos los vértices de $V = \{1, 2, \ldots, n\}$, y su salto final es (k,j). El subcamino 1-k, denominado P', es un camino libre de ciclos de coste mínimo 1-k que visita, exactamente, los vértices $V - \{j\}$.*

En otras palabras, una vez que conocemos el último salto de un camino óptimo, sabremos qué aspecto tendrá el resto del mismo.

El subproblema resuelto de forma óptima por P' en el lema 21.1 determina el subconjunto exacto de vértices a visitar. La mala noticia es que esto obligará a nuestro algoritmo de programación dinámica a utilizar subproblemas indexados por subconjuntos de vértices (de los que hay, por desgracia, un número exponencial). La buena es que estos subproblemas no determinarán el *orden* en el que visitar los vértices. Por este motivo, su número escalará junto a 2^n más que junto a $n!$.[5]

21.1.4 Recurrencia

El lema 21.1 reduce a $n - 2$, y solo $n - 2$, candidatos los posibles caminos óptimos desde el vértice 1 hasta un vértice j (uno por cada elección del penúltimo vértice k). El mejor de esos $n - 2$ candidatos debe ser un camino óptimo.

Corolario 21.2 (Recurrencia para el TSP) *Siguiendo las asunciones y la notación del lema 21.1, digamos que $C_{S,j}$ indica el coste mínimo de un camino libre de ciclos que comienza en el vértice 1, termina en el vértice $j \in S$ y visita, exactamente, los vértices del conjunto $S \subseteq V$. Así, para todo $j \in V - \{1\}$,*

$$C_{V,j} = \min_{\substack{k \in V \\ k \neq 1, j}} \left(C_{V-\{j\},k} + c_{kj} \right). \tag{21.4}$$

En término más generales, para todo subconjunto $S \subseteq V$ que contenga a 1 y a, al menos, otros dos vértices, y para todo vértice $j \in S - \{1\}$,

$$C_{S,j} = \min_{\substack{k \in S \\ k \neq 1, j}} \left(C_{S-\{j\},k} + c_{kj} \right). \tag{21.5}$$

La segunda afirmación del corolario 21.2 se deduce de la aplicación de la primera a los vértices de S, vistos como una instancia del TSP en sí misma (heredando los costes de las aristas de la instancia original). El "mín" de las recurrencias (21.4) y (21.5) implementa la búsqueda exhaustiva entre todos los candidatos a ser el penúltimo vértice de una solución óptima.

21.1.5 Los subproblemas

Con el recuento de todos los valores relevantes de los parámetros S y j de la recurrencia (21.5), obtenemos nuestra colección de subproblemas. Los casos base corresponden a los subconjuntos de la forma $\{1, j\}$ para algunos $j \in V - \{1\}$.[6]

---

[5]Por la misma razón, la *memoria* que necesita el algoritmo también escalará junto a 2^n (a diferencia de la búsqueda exhaustiva, que utiliza una cantidad de memoria mínima).

[6]Si pensamos en términos recursivos, cada aplicación de la recurrencia (21.5) elimina, de hecho, cualquier consideración posterior de un vértice (distinto a 1). Estas elecciones

---

La identidad que aparece en (21.3) muestra cómo calcular el coste mínimo de una ruta a partir de las soluciones a los subproblemas más grandes (con $S = V$):

$$\text{coste óptimo de la ruta} = \min_{j=2}^{n} \left(C_{V,j} + c_{j1} \right). \qquad (21.6)$$

21.1.6 El algoritmo de Bellman–Held–Karp

Una vez que tenemos los subproblemas, la recurrencia (21.5) y el paso de procesamiento posterior (21.6), el algoritmo de programación dinámica para el TSP se escribe solo. Hay $2^{n-1} - 1$ elecciones de S de las que ocuparse (una por cada subconjunto no vacío de $\{2, 3, \ldots, n\}$) y el "tamaño del subproblema" se mide por el número de vértices a visitar (el tamaño de S). La única opción, para un caso base con el subconjunto $S = \{1, j\}$, es el camino de un solo salto 1-j con coste c_{1j}. En el siguiente pseudocódigo el *array* de subproblemas está indexado por los subconjuntos de vértices S, una implementación específica debería codificar estos subconjuntos como enteros[7].

---

de vértices son arbitrarias, por lo que debemos estar en condiciones de esperar cualquier subconjunto de vértices (que contengan a 1 y a, al menos, otro vértice).

[7]Por ejemplo, los subconjuntos de $V - \{1\}$ se pueden representar utilizando *arrays* de longitud $(n - 1)$ bits que, a su vez, se pueden interpretar como las expansiones binarias de los enteros entre 0 y $2^{n-1} - 1$.

BELLMANHELDKARP

Entrada: grafo completo no dirigido $G = (V, E)$ con $V = \{1, 2, \ldots, n\}$ y $n \geq 3$ y un coste c_{ij} de valor real por cada arista $(i, j) \in E$.

Salida: el coste mínimo total de una ruta del viajante de G.

```
// subproblemas (1 ∈ S, |S| ≥ 2, j ∈ V − {1})
// (solo se usan los subproblemas con j ∈ S)
```
$A :=$ *array* bidimensional de $(2^{n-1} - 1) \times (n - 1)$

```
// casos base (|S| = 2)
```
para $j := 2$ hasta n **hacer**
$\quad A[\{1, j\}][j] := c_{1j}$

```
// resolver sistemáticamente todos los subproblemas
```
para $s := 3$ hasta n **hacer**   `// s=tamaño del subproblema`
$\quad$ **para** S con $|S| = s$ y $1 \in S$ **hacer**
$\quad\quad$ **para** $j \in S - \{1\}$ **hacer**
```
            // usar recurrencia del corolario 21.2
```
$$A[S][j] := \min_{\substack{k \in S \\ k \neq 1, j}} \left(A[S - \{j\}][k] + c_{kj} \right)$$

```
// usar (21.6) para calcular el coste óptimo de la ruta
```
devolver $\min_{j=2}^{n} \left(A[V][j] + c_{j1} \right)$

En la iteración del bucle responsable del cálculo de la solución al subproblema $A[S][j]$, todos los términos de la forma $A[S - \{j\}][k]$ ya han sido calculados en la iteración anterior del bucle exterior (o en los casos base). Estos valores están listos y a la espera de ser consultados en tiempo constante[8,9].

La corrección del algoritmo BELLMANHELDKARP se verifica por inducción (sobre el tamaño del subproblema), con el paso inductivo justificado por la recurrencia del corolario 21.2 y el último paso de procesamiento posterior por la identidad (21.6)[10].

---

[8]Este algoritmo fue propuesto de forma independiente por Richard E. Bellman en el artículo *"Dynamic Programming Treatment of the Travelling Salesman Problem"* (*Journal of the ACM*, 1962) y por Michael Held y Richard M. Karp en el artículo *"A Dynamic Programming Approach to Sequencing Problems"* (*Journal of the Society for Industrial and Applied Mathematics*, 1962).

[9]Puedes ver un ejemplo del algoritmo BELLMANHELDKARP en acción en el problema 21.2.

[10]Para recordar la aplicación de la inducción, puedes consultar el apéndice A de la *primera parte* o los recursos disponibles en `www.algorithmsilluminated.org`.

¿Y qué hay del tiempo de ejecución? Los casos base y el paso de procesamiento posterior consumen un tiempo $O(n)$. Hay $(2^{n-1} - 1)(n - 1) = O(n2^n)$ subproblemas. Resolver un subproblema se reduce al cálculo del mínimo del bucle interior, que consume un tiempo $O(n)$. En consecuencia, el tiempo de ejecución global será de $O(n^2 2^n)$.[11],[12]

Teorema 21.3 (Propiedades de BELLMANHELDKARP) *Para todo grafo completo $G = (V, E)$ con $n \geq 3$ vértices y costes de aristas de valores reales, el algoritmo BELLMANHELDKARP se ejecuta en tiempo $O(n^2 2^n)$ y devuelve el coste mínimo de una ruta del viajante.*

El algoritmo BELLMANHELDKARP calcula el coste total de una ruta óptima y no la ruta misma. Como ocurre siempre con los algoritmos de programación dinámica, puedes reconstruir la solución óptima en un paso de procesamiento posterior que recorra hacia atrás el *array* de subproblemas ya completado (problema 21.6).

21.1.7 Solución al cuestionario 21.1

Respuestas correctas: (a), (c), (d). Como P es un camino libre de ciclos desde 1 hasta j, que visita todos los vértices e incluye un salto final (k, j), el subcamino P' es un camino libre de ciclos desde 1 hasta k que visita todos los vértices de $V - \{j\}$, con la excepción de j. Por tanto, (a) y (c) son respuestas correctas. La respuesta (b) no es correcta porque P' podría no ser capaz de competir con los caminos libres de ciclos desde 1 hasta k que visitan todos los vértices de $V - \{j\}$ y *también* pueden visitar j:

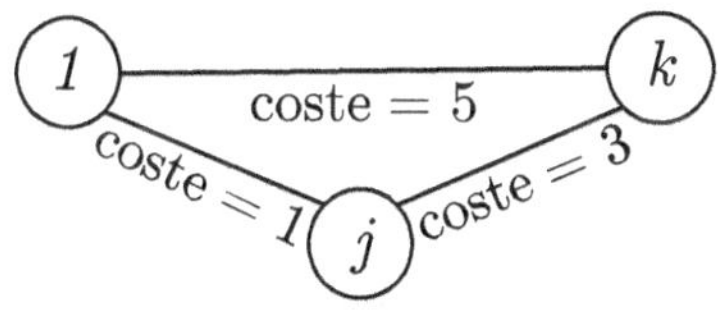

Podemos demostrar (d) por contradicción[13]. Digamos que C indica el coste total de P, de forma que el coste de P' sea $C - c_{kj}$. Si (d) fuese falsa, debería

---

[11]Según la notación de (21.2), $f(n) = O(n2^n)$, $g(n) = O(n)$ y $h(n) = O(n)$.

[12]Este análisis del tiempo de ejecución asume que los subconjuntos S con un tamaño $s \geq 3$ dado y $1 \in S$, son enumerados en tiempo lineal en relación a su número $\binom{n-1}{s-1}$ utilizando, por ejemplo, enumeración recursiva (si quieres enredarte sobre este punto, busca en internet la expresión "Gosper's hack").

[13]Recordemos que, en este tipo de demostración, asumimos lo *contrario* a lo que buscamos demostrar y, a partir de ahí, trabajamos sobre esta asunción con una secuencia de pasos lógicamente correctos que culminan en una afirmación evidentemente falsa. Tal contradicción implica que la asunción no puede ser cierta, lo que demuestra la afirmación buscada.

existir otro camino libre de ciclos P^* desde 1 hasta k que visite todos los vértices de $V - \{j\}$, no visite el vértice j y tenga un coste $C^* < C - c_{kj}$. Entonces, añadir la arista (k, j) a P^* generaría un camino $\hat{P}$ desde 1 hasta j con un coste total de $C^* + c_{kj} < C$:

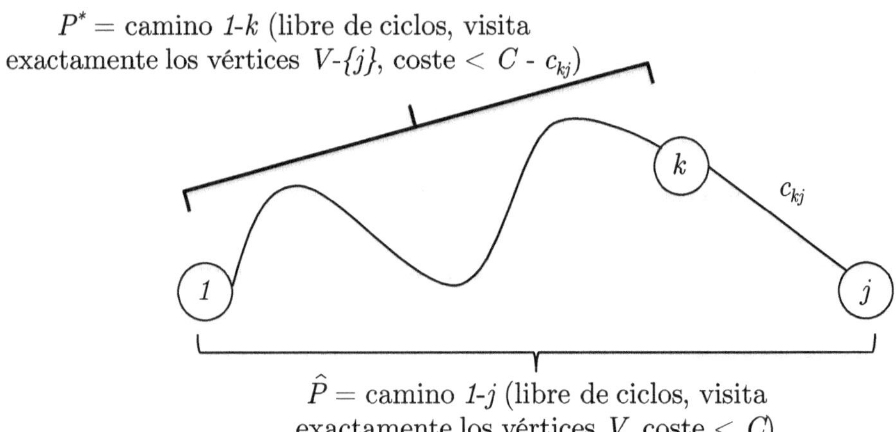

Es más, el camino $\hat{P}$ estaría libre de ciclos (porque P^* también lo está y no visita j) y visitaría todos los vértices de V (porque P^* visita todos los vértices de $V - \{j\}$). Todo lo dicho contradice nuestra asunción de que P es un camino de coste mínimo.

*21.2 Búsqueda de caminos largos mediante codificación por colores

Los grafos son omnipresentes en el estudio de los algoritmos, porque representan la combinación perfecta entre lo expresivo y lo manejable. A lo largo de esta serie de libros, hemos conocido muchos algoritmos eficientes para el procesamiento de grafos (búsqueda en grafos, componentes conexos, caminos más cortos, etc.). Esta sección nos plantea un nuevo ejemplo, una extraordinaria aplicación de la programación dinámica y la aleatorización para detectar la estructura de redes biológicas.

21.2.1 Motivación

La mayoría de los procesos que se producen dentro de una célula se deben a las proteínas (cadenas de aminoácidos), normalmente actuando en conjunto. Por ejemplo, una serie de proteínas podría transmitir una señal que llegue a la membrana de la célula donde se encuentran las proteínas que regulan la transcripción del ADN de la célula a ARN. La comprensión de esas vías de señales y cómo se recomponen mediante mutaciones genéticas es un paso fundamental para el desarrollo de nuevos fármacos para combatir enfermedades.

Las interacciones entre las proteínas se modela de forma natural como un grafo, llamado red de *interacciones proteína–proteína (PPI)*, con un vértice por proteína y una arista por cada par de proteínas que presuntamente interactúan. La vías de señalización más sencillas son *lineales* y se corresponden a los caminos de la red PPI. ¿Cuánto tardaremos en encontrarlas?

21.2.2 Definición del problema

El problema de encontrar una vía de señalización lineal de una longitud dada en una red PPI se puede modelar como el siguiente problema del k–camino de coste mínimo, donde un k–*camino* de un grafo es un camino (libre de ciclos) formado por $k-1$ aristas que visitan k vértices distintos.

Problema: k–camino de coste mínimo

Entrada: un grafo no dirigido $G = (V, E)$, un coste c_e de valor real para cada arista $e \in E$ y un entero positivo k.

Salida: un k–camino P de G con el coste total mínimo posible $\sum_{e \in P} c_e$ (o, si G no tiene k–caminos, informar de ello).

Los costes de las aristas reflejan las incertidumbres propias del ruido presente en la información biológica, donde un coste más alto indica una menor confianza en que el correspondiente par de proteínas efectivamente interactúe (las aristas no presentes tienen un coste de $+\infty$). En una red PPI, el k–camino de coste mínimo corresponde a la vía lineal más probable de una longitud determinada. En instancias realistas, donde k puede tener un valor de entre 10 y 20, el número de vértices podría estar en los cientos o los miles.

Por ejemplo, en el grafo

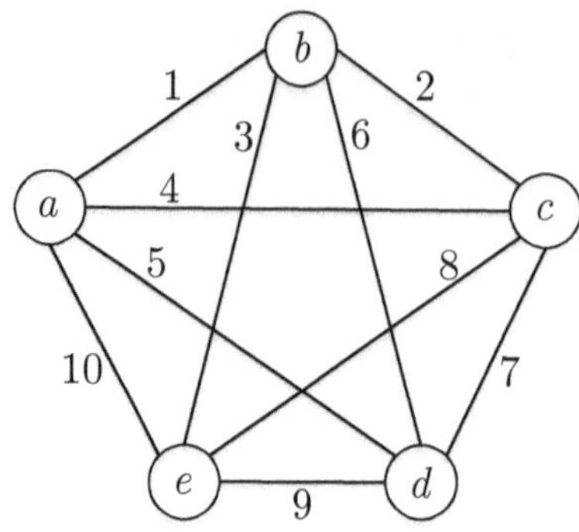

el coste mínimo de un 4–camino es 8 ($c \rightarrow a \rightarrow b \rightarrow e$).

El problema del k–camino de coste mínimo está íntimamente relacionado con el TSP y, por esta razón, es NP–complejo (ver la sección 22.3). Pero, ¿podremos, al menos, superar a la búsqueda exhaustiva?

21.2.3 Primer intento con los subproblemas

El problema del k–camino de coste mínimo se parece mucho al TSP, con la mayor diferencia en el hecho de que existe un límite k a la longitud del camino. ¿Por qué no utilizamos los mismos subproblemas, que tan útiles nos han resultado, para vencer a la búsqueda exhaustiva en el TSP (sección 21.1.5)? Es decir, dado un grafo $G = (V, E)$ con costes de aristas de valores reales y una longitud k del camino:

Subproblemas (primer intento)

Calcular $C_{S,v}$, el coste mínimo de un camino libre de ciclos que termine en el vértice $v \in V$ y visite, exactamente, los vértices de S (o $+\infty$ si tal camino no existe).

(Para cada subconjunto no vacío $S \subseteq V$ con un máximo de k vértices y cada $v \in S$.)

Como un k–camino de coste mínimo puede comenzar en cualquier sitio, los subproblemas no determinan un vértice de partida (en el caso del TSP, este siempre era el vértice 1). El coste mínimo de un k–camino es la menor de las soluciones a los subproblemas más grandes (con $|S| = k$). Si el grafo no tiene k–caminos, la solución a todos los subproblemas será $+\infty$.

Supongamos que $k = 10$. ¿Cuántos subproblemas hay, en función del número de vértices n (elige la respuesta más completa)?

a) $O(n)$

b) $O(n^{10})$

c) $O(n^{11})$

d) $O(2^n)$

Solución y aclaraciones en la sección 21.2.11

Entretanto:

Supongamos que $k = 10$. ¿Cuál es el tiempo de ejecución de una implementación directa mediante búsqueda exhaustiva, en función de n (elige la respuesta más completa)?

a) $O(n^{10})$

b) $O(n^{11})$

c) $O(2^n)$

d) $O(n!)$

Solución y aclaraciones en la sección 21.2.11

Oh, oh... un algoritmo de programación dinámica que utilice los subproblemas de la página 124 no podrá vencer a la búsqueda exhaustiva. Y cualquier algoritmo con un tiempo de ejecución en el entorno de $O(n^{10})$ resulta inútil en la práctica, salvo para grafos muy pequeños. Necesitamos otra idea.

21.2.4 Codificación por colores

¿Por qué estamos utilizando tantos subproblemas? Pues porque mantenemos un registro de los vértices S visitados por un camino para evitar que pase inadvertidamente por un mismo vértice más de una vez (recuerda el cuestionario 21.1 y el lema 21.1). ¿Podemos lograrlo registrando menos información sobre el camino? Esta es una buena idea, dado un grafo $G = (V, E)$ y un límite k de longitud del camino[14]:

1. Particionar el conjunto de vértices V en k grupos $V_1, V_2, \ldots, V_k$, de forma que obtengamos un k–camino de G de coste mínimo que tenga, exactamente, un vértice en cada grupo.

2. De entre todos los caminos con, exactamente, un vértice en cada grupo, calcular aquel que tenga el mínimo coste.

Esta técnica se denomina *codificación por colores*, porque si asociamos cada entero de $\{1, 2, \ldots, k\}$ a un color, podemos visualizar el i-ésimo grupo V_i de la partición del primer paso como el conjunto de vértices de color i. El segundo paso busca un *camino pancromático* de coste mínimo, lo que significa que es un camino en el que cada color está representado una sola vez:

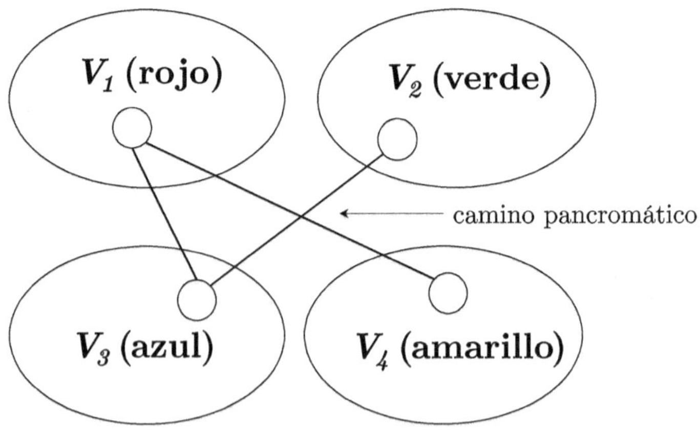

---

[14]Propuesta por Noga Alon, Raphael Yuster y Uri Zwick, en el artículo *"Color–Coding"* (*Journal of the ACM*, 1995).

Como hay k colores, un camino pancromático debe ser un k–camino. Lo contrario no es cierto, pues un k–camino podría utilizar algún color más de una vez (y otros ninguna):

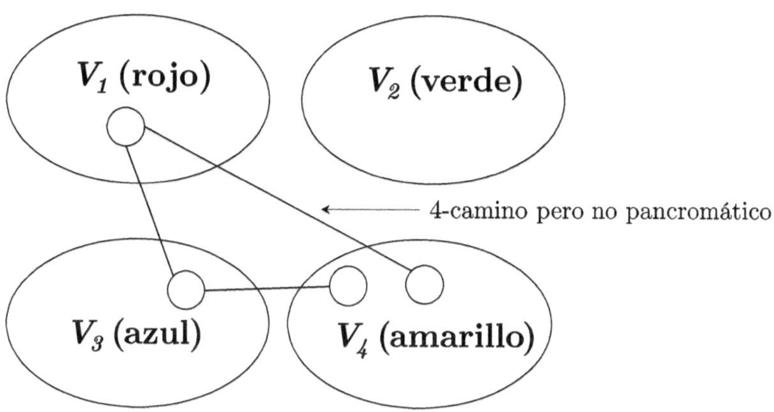

Si se pudiese ejecutar el plan de la codificación por colores, este resolvería el problema del k–camino de coste mínimo: el segundo paso calcula un camino pancromático de coste mínimo, y el primero se asegura de que también sea un k–camino de G de coste mínimo (pancromático o no).

¿Escéptico ante la idea? Es totalmente comprensible. ¿Por qué calcular un camino pancromático de coste mínimo va a ser más fácil que el problema original? ¿Y cómo demonios podemos implementar el primer paso sin saber nada sobre los k–caminos de coste mínimo que tenemos?

21.2.5 Cálculo de un camino pancromático de coste mínimo

Fijar nuestra atención únicamente en los caminos pancromáticos simplifica el problema del k–camino de coste mínimo, porque hace que un algoritmo de programación dinámica vigile la repetición de *colores* en vez de la repetición de vértices (un vértice repetido implica un color repetido, pero no al revés). Los subproblemas pueden registrar los colores representados en un camino, junto a un vértice final, en lugar de hacerlo con los vértices mismos. ¿Por qué es esto una victoria? Porque solo hay 2^k subconjuntos de colores, frente a los $\Omega(n^k)$ subconjuntos de hasta k vértices (ver la solución al cuestionario 21.2).

Subproblemas y recurrencia

Para un subconjunto de colores $S \subseteq \{1, 2, ..., k\}$, un *S–camino* es un camino (libre de ciclos) con $|S|$ vértices y todos los colores de S representados (los caminos pancromáticos son, precisamente, los S–caminos con $S = \{1, 2, ..., k\}$). Para un grafo $G = (V, E)$ con costes de aristas y una asignación de colores (de entre $\{1, 2, ..., k\}$) a cada vértice $v \in V$, los subproblemas son, por tanto:

Camino pancromático de coste mínimo: subproblemas

Calcular $C_{S,v}$, el coste mínimo de un S–camino que termina en el vértice $v \in V$ (o $+\infty$, si tal camino no existe).

(Para cada subconjunto no vacío de colores $S \subseteq \{1, 2, ..., k\}$ y cada vértice $v \in V$.)

El coste mínimo de un camino pancromático es igual a la solución más pequeña de los subproblemas más grandes (con $S = \{1, 2, ..., k\}$). Si el grafo no tiene caminos pancromáticos, todas las soluciones a los subproblemas serán igual a $+\infty$.

Un camino óptimo P para un subproblema con un subconjunto de colores S y un vértice final v, se debe construir a partir de un camino óptimo para un subproblema más pequeño:

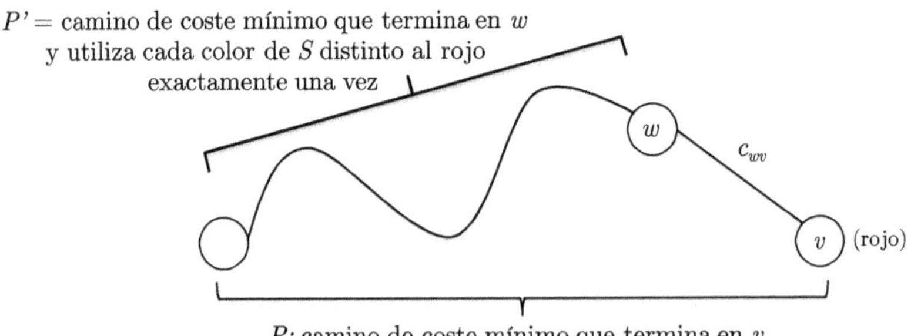

Si el salto final de P es (w, v), su prefijo $P' = P - \{(w, v)\}$ debe ser un $(S - \{\sigma(v)\})$–camino de coste mínimo que termine en w, donde $\sigma(v)$ indica el color de v.[15] Esta subestructura óptima lleva inmediatamente a la siguiente recurrencia para resolver todos los subproblemas.

---

[15]La demostración formal de esta afirmación es casi la misma que la demostración del lema 21.1 (ver la página 121).

Lema 21.4 (Recurrencia del camino pancromático de coste mínimo)

Siguiendo con la misma notación, para cada subconjunto $S \subseteq \{1, 2, \ldots, k\}$ de, al menos, dos colores y vértices $v \in V$:

$$C_{S,v} = \min_{(w,v) \in E} \left(C_{S-\{\sigma(v)\},w} + c_{wv} \right). \tag{21.7}$$

Algoritmo de programación dinámica

A cambio, esta recurrencia nos guía inmediatamente a un algoritmo de programación dinámica para calcular el coste mínimo de un camino pancromático (o $+\infty$, si tal camino no existe):

CaminoPancromático

Entrada: grafo no dirigido $G = (V, E)$, un coste de valor real c_{vw} por cada arista $(v, w) \in E$ y un color $\sigma(v) \in \{1, 2, \ldots, k\}$ por cada vértice $v \in V$.

Salida: el coste mínimo total de un camino pancromático de G (o $+\infty$, si tal camino no existe).

```
// subproblemas (indexados por S ⊆ {1,…,k}, v ∈ V)
A := array bidimensional de (2^k − 1) × |V|
// casos base (|S| = 1)
para i := 1 hasta k hacer
    para v ∈ V hacer
        si σ(v) = i entonces
            A[{i}][v] := 0              // mediante el camino vacío
        en otro caso
            A[{i}][v] := +∞             // no hay tal camino
// resolver sistemáticamente todos los subproblemas
para s := 2 hasta k hacer              // s=tamaño del subproblema
    para S con |S| = s hacer
        para v ∈ V con σ(v) ∈ S hacer
            // usar la recurrencia del lema 21.4
            A[S][v] := min     (A[S − {σ(v)}][w] + c_wv)
                    (w,v)∈E
// mejores soluciones a los subproblemas más grandes
devolver mín_{v∈V} A[{1, 2, …, k}][v]
```

Se puede ver un ejemplo del algoritmo en acción en el problema 21.5.

21.2.6 Corrección y tiempo de ejecución

La corrección del algoritmo CaminoPancromático se verifica por inducción (sobre el tamaño del subproblema), justificando el paso inductivo aplicando la recurrencia del lema 21.4. Si conservamos unos pocos registros, podemos reconstruir un camino pancromático de coste mínimo en un paso de procesamiento posterior de tiempo $O(k)$ (problema 21.7).

El análisis del tiempo de ejecución evoca al del algoritmo de Bellman–Ford (ver el capítulo 18 de la *tercera parte*). Casi todo el trabajo realizado por el algoritmo se produce dentro del triple bucle. Si asumimos que el grafo de entrada se representa mediante listas de adyacencia, una iteración del bucle interior que calcule el valor de $A[S][v]$ consume un tiempo $O(\text{grado}(v))$, donde $\text{grado}(v)$ indica el grado (el número de aristas incidentes) del vértice v.[16] Para cada subconjunto S, el tiempo combinado de la solución de los subproblemas $|V|$ asociados es $O(\sum_{v \in V} \text{grado}(v)) = O(m)$, donde $m = |E|$ indica el número de aristas[17]. El número de subconjuntos S de colores diferentes es menor que 2^k, por lo que el tiempo de ejecución global del algoritmo es de $O(2^k m)$.

Teorema 21.5 (Propiedades de CaminoPancromático) *Para todo grafo G con m aristas, costes de aristas de valores reales y asignación de cada vértice a un color del conjunto $\{1, 2, \ldots, k\}$, el algoritmo CaminoPancromático se ejecuta en tiempo $O(2^k m)$ y devuelve el coste mínimo de un camino pancromático (si es que existe) o $+\infty$ (en caso contrario).*

Con un tiempo de ejecución que escala más en la línea de 2^k que de n^k, el algoritmo CaminoPancromático es una importante mejora respecto a la búsqueda exhaustiva. Pero el problema que nos preocupa de verdad es el k–camino de coste mínimo sin ninguna limitación pancromática. ¿En qué nos ayuda este algoritmo?

21.2.7 La aleatorización al rescate

El primer paso de la técnica de codificación por colores consiste en colorear los vértices del grafo de entrada, de forma que al menos un k–camino de coste mínimo sea pancromático. ¿Cómo podemos lograrlo sin saber qué

---

[16]Técnicamente, este análisis asume que todo vértice tiene un grado de, al menos, 1. Podemos descartar sin problema los vértices de grado 0 en un paso de procesamiento previo.

[17]La suma $\sum_{v \in V} \text{grado}(v)$ de los grados de los vértices es el doble del número de aristas, donde cada arista aporta una unidad al grado de cada uno de sus extremos.

k–caminos son los de coste mínimo? Es el momento de recurrir a otra de nuestras herramientas algorítmicas: la *aleatorización*. La esperanza es que un reparto de colores uniformemente aleatorio tiene una oportunidad bastante viable de obtener algún k–camino de coste mínimo que sea pancromático, en cuyo caso el algoritmo CaminoPancromático lo encontrará.

Cuestionario 21.4

Supongamos que asignamos a cada vértice de un grafo G un color de los disponibles en $\{1, 2, \ldots, k\}$, de forma independiente y totalmente aleatoria. Consideremos un k–camino P en G. ¿Cuál es la probabilidad de que P resulte ser pancromático?

a) $\frac{1}{k}$

b) $\frac{1}{k^2}$

c) $\frac{1}{k!}$

d) $\frac{k!}{k^k}$

e) $\frac{1}{k^k}$

Solución y aclaraciones en la sección 21.2.11

¿Diríamos que esta probabilidad (llamémosla p) de acertar es grande o pequeña? Recuerda que conocemos una estimación extraordinariamente precisa de la función factorial (la aproximación de Stirling de la página 114). Si introducimos la aproximación de (21.1), con k representando el papel de n:

$$p = \frac{k!}{k^k} \approx \frac{1}{k^k} \cdot \sqrt{2\pi k} \left(\frac{k}{e}\right)^k = \frac{\sqrt{2\pi k}}{e^k}. \tag{21.8}$$

No tiene buena pinta, pues la probabilidad de éxito (es decir, de obtener un k–camino pancromático de coste mínimo) ya es menor del 1% cuando $k = 7$. Pero, si experimentamos con un número grande de coloreados aleatorios independientes (ejecutando el algoritmo CaminoPancromático sobre cada uno de ellos y recordando cuál ha sido el k–camino de menor coste que hemos encontrado), nos bastará con tener suerte *una vez*. ¿Cuántos intentos T aleatorios necesitamos para asegurar un 99% de posibilidades de que uno de nuestros coloreados genere un k–camino pancromático de coste mínimo?

Un intento tiene éxito con una probabilidad de p, lo que significa que fallará con una probabilidad de $1 - p$. Como los intentos son independientes, sus probabilidades de fallo se multiplican. Así, la probabilidad de que los T intentos fallen será de $(1 - p)^T$.[18] Sin olvidar que existe un límite superior de e^{-p} para $1 - p$:

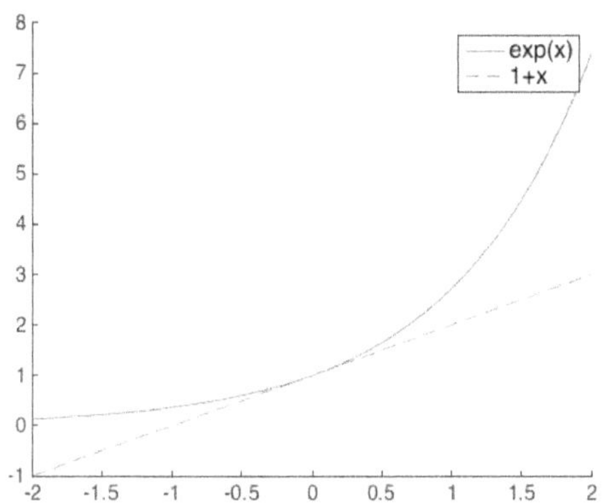

esta probabilidad de fallo es

$$\left(1 - p\right)^T \le (e^{-p})^T = e^{-pT}. \tag{21.9}$$

Al establecer el valor de la derecha de (21.9) a un objetivo δ (como 0,01), obtener logaritmos de ambos lados y resolverlo para T, vemos que

$$T \ge \frac{1}{p} \cdot \ln\left(\frac{1}{\delta}\right) \tag{21.10}$$

intentos independientes son suficientes para reducir la probabilidad de fallo a δ. Como cabría esperar, cuanto más bajas sean la probabilidad de éxito en un solo intento o la probabilidad de fallo deseada, mayor es el número de intentos necesarios.

Sustituir nuestra probabilidad de éxito p de (21.8) en (21.10) indica que:

Lema 21.6 (El coloreado aleatorio es suficiente) *Para todo grafo G, k–camino P de G y probabilidad de fallo $\delta \in (0, 1)$: si*

$$T \ge \frac{e^k}{\sqrt{2\pi k}} \cdot \ln\left(\frac{1}{\delta}\right),$$

___
[18]Para ampliar información sobre la probabilidad discreta, puedes consultar el apéndice B de la *primera parte* o los recursos disponibles en `www.algorithmsilluminated.org`.

la probabilidad de que, al menos, uno de los T coloreados uniformemente aleatorios haga que P sea pancromático es, como mínimo, $1 - \delta$.

El número exponencial de intentos del lema 21.6 podría parecer extravagante, pero está en la misma liga que el tiempo ya necesario para una sola invocación de la subrutina CaminoPancromático. Cuando k es pequeño en relación a n (el régimen pertinente para la aplicación, ver sección 21.2.1), el número de intentos es mucho menor que el tiempo requerido para resolver el problema del k–camino de coste mínimo sobre grafos de n vértices mediante búsqueda exhaustiva (que, según el cuestionario 21.3, escala junto a n^k).

21.2.8 El algoritmo definitivo

Ahora ya tenemos todos los ingredientes: el lema 21.6 promete que muchos coloreados aleatorios independientes son suficientes para implementar el primer paso de la técnica de codificación por colores (página 126) y el algoritmo CaminoPancromático se ocupa del segundo paso.

CodificaciónPorColores

Entrada: grafo no dirigido $G = (V, E)$, un coste c_{vw} de valor real para cada arista $(v, w) \in E$, una longitud de camino k y una probabilidad de fallo $\delta \in (0, 1)$.

Salida: el coste total mínimo de un k–camino de G (o $+\infty$, si tal camino no existe), con una probabilidad máxima de fallo de δ.

```
C_mejor := +∞            // k-camino más barato hasta el momento
                         // número de intentos aleatorios (según el lema 21.6)
T := (e^k/√(2πk)) ln 1/δ              // redondear a un entero
para t := 1 hasta T hacer            // intentos independientes
    para cada v ∈ V hacer            // elegir coloreado aleatorio
        σ_t(v) := número aleatorio de {1, 2, ..., k}
    // mejor camino pancromático para este coloreado
    C := CaminoPancromático(G, c, σ_t)    // ver la página 129
    si C < C_mejor entonces    // encontrado k-camino más barato
        C_mejor := C
devolver C_mejor
```

21.2.9 Tiempo de ejecución y corrección

El tiempo de ejecución del algoritmo CODIFICACIÓNPORCOLORES viene determinado por sus $T = O((e^k/\sqrt{k})\ln\frac{1}{\delta})$ llamadas a la subrutina CAMINO-PANCROMÁTICO de tiempo $O(2^k m)$, donde m indica el número de aristas (teorema 21.5).

Para determinar la corrección, consideremos un k–camino de coste mínimo P^* de G, con un coste total de C^*.[19] Para todo coloreado σ, el coste mínimo de un camino pancromático (la salida de la subrutina CAMINOPANCROMÁTICO) es, al menos, C^*. Siempre que σ haga que P^* sea pancromático, este coste será, exactamente, C^*. Según el lema 21.6, con una probabilidad de, al menos, $1 - \delta$, habrá, como mínimo, una iteración del bucle exterior que elija ese reparto de colores. En este caso, el algoritmo CODIFICACIÓNPOR-COLORES devuelve C^*, que es la respuesta correcta[20].

Para resumir:

Teorema 21.7 (Propiedades de CODIFICACIÓNPORCOLORES) *Para todo grafo G con n vértices y m aristas, costes de aristas de valores reales, longitud del camino $k \in \{1, 2, \ldots, n\}$ y una probabilidad de fallo $\delta \in (0, 1)$, el algoritmo CODIFICACIÓNPORCOLORES se ejecuta en tiempo*

$$O\left(\frac{(2e)^k}{\sqrt{k}} m \ln\left(\frac{1}{\delta}\right)\right) \tag{21.11}$$

y, con una probabilidad mínima de $1 - \delta$, devuelve el coste mínimo de un k–camino de G (si es que existe) o $+\infty$ (en caso contrario).

¿Qué conclusiones obtenemos del tiempo de ejecución del algoritmo CODIFICACIÓNPORCOLORES? La mala noticia es que el límite del tiempo de ejecución en (21.11) es exponencial (tampoco es una sorpresa, teniendo en cuenta que el problema del k–camino de coste mínimo es, en general, NP–complejo). La buena noticia es que su dependencia exponencial queda confinada por completo a la longitud k del camino, mientras que la dependencia sobre el tamaño del grafo es solo lineal. De hecho, en el caso

---

[19] Si G no tiene ningún k–camino, cualquier invocación a CAMINOPANCROMÁTICO, así como el algoritmo CODIFICACIÓNPORCOLORES, devolverán $+\infty$ (que es la repuesta correcta).

[20] El algoritmo aleatorizado más famoso, QUICKSORT, tiene un tiempo de ejecución aleatorio (que va desde el casi lineal hasta el cuadrático), pero siempre es correcto, como puedes ver en el capítulo 5 de la *primera parte*. En el caso del algoritmo CODIFICACIÓNPORCOLORES sucede lo contrario: los resultados de sus lanzamientos de monedas determinan si es correcto o no, pero tienen poca influencia en su tiempo de ejecución.

especial en el que $k \leq c \ln m$ para una constante $c > 0$, el algoritmo CODIFICACIÓNPORCOLORES resuelve el problema del k–camino de coste mínimo en tiempo polinómico[21,22].

21.2.10 Volvamos a las redes PPI

Las garantías vistosas como el teorema 21.7 son bonitas y tal, pero, ¿cómo se comporta el algoritmo CODIFICACIÓNPORCOLORES en una aplicación real como la de encontrar vías lineales largas en redes PPI? El algoritmo se ajusta a la aplicación como un guante, pues estamos tratando con longitudes de camino k que, normalmente, están en el rango 10–20 (los caminos significativamente más largos, si existen, son más complicados de interpretar). Ya incluso con la tecnología existe sobre 2007, las implementaciones optimizadas del algoritmo CODIFICACIÓNPORCOLORES eran capaces de hallar vías lineales de longitud $k = 20$ en grandes redes PPI con miles de vértices. Esto suponía una ventaja significativa sobre la búsqueda exhaustiva (que resulta inútil incluso con $k = 5$) y otros algoritmos utilizados en la época (que no conseguían ir mucho más allá de $k = 10$)[23].

21.2.11 Soluciones a los cuestionarios 21.2–21.4

Solución al cuestionario 21.2

Respuesta correcta: (b). El número de conjuntos $S \subseteq V$ no vacíos de tamaño máximo 10 es igual a la suma $\sum_{i=1}^{10} \binom{n}{i}$ de diez coeficientes binomiales.

---

[21]Podemos ver que $(2e)^{c \ln m} = m^{c \ln(2e)} \approx m^{1{,}693c}$, polinómico en relación al tamaño del grafo.

[22]El algoritmo CODIFICACIÓNPORCOLORES es un ejemplo de un algoritmo de *parámetro fijo*, lo que significa que tiene un tiempo de ejecución de la forma $O(f(k) \cdot n^d)$, donde n indica el tamaño de la entrada, d es una constante (independiente de k y n) y k es un parámetro que mide la "dificultad" de la instancia. La función f debe ser independiente de n, pero puede tener una dependencia arbitraria (normalmente exponencial o peor) del parámetro k. Un algoritmo de parámetro fijo se ejecuta en tiempo polinómico en todas las instancias en las que k sea lo suficientemente pequeño en relación a n.

El siglo XXI nos ha traído progresos enormes sobre la comprensión de qué problemas NP–complejos y elecciones de parámetros nos permiten articular algoritmos de parámetro fijo. Si quieres profundizar más en la materia, te recomiendo el libro *Parameterized Algorithms* de Marek Cygan, Fedor V. Fomin, Łukasz Kowalik, Daniel Lokshtanov, Dániel Marx, Marcin Pilipczuk, Michał Pilipczuk y Saket Saurabh (Springer, 2015).

[23]Encontrarás más detalles en el artículo *"Algorithm Engineering for Color–Coding with Applications to Signaling Pathway Detection"*, de Falk Hüffner, Sebastian Wernicke y Thomas Zichner (*Algorithmica*, 2008).

Si limitamos el sumando i-ésimo, en su parte superior, a n^i y utilizamos la fórmula (20.9) para series geométricas, vemos que el resultado de la suma es $O(n^{10})$. Si expandimos el último coeficiente binomial vemos que ya es $\Omega(n^{10})$ por sí mismo[24]. Con un máximo de diez elecciones del extremo v para cada conjunto S, el número total de subproblemas es $\Theta(n^{10})$.

Solución al cuestionario 21.3

Respuesta correcta: (a). La búsqueda exhaustiva enumera las $n \cdot (n - 1) \cdot (n - 2) \cdot \cdots \cdot (n - 9) = \Theta(n^{10})$ 10–tuplas ordenadas de vértices distintos, calcula el coste de cada tupla correspondiente a un camino (en tiempo $O(1)$, asumiendo que tenga acceso a una matriz de adyacencia poblada con los costes de las aristas) y recuerda el mejor de los 10–caminos que ha encontrado. El tiempo de ejecución de este algoritmo es $\Theta(n^{10})$.

Solución al cuestionario 21.4

Respuesta correcta: (d). Existen k^k formas diferentes de colorear los vértices de P (con k elecciones de colores para cada uno de los k vértices), todas ellas con la misma probabilidad de aparecer (probabilidad de $1/k^k$). ¿Cuántas de ellas hacen que P sea pancromático? Hay k elecciones posibles para el vértice que recibe el color 1, después $k - 1$ para el color 2 y, así, sucesivamente, hasta alcanzar $k!$ coloreados pancromáticos. Por tanto, la probabilidad de ser pancromático es de $k!/k^k$.

21.3 Algoritmos específicos para problemas frente a cajas mágicas

21.3.1 Reducciones y cajas mágicas

Las soluciones a medida, como los algoritmos BELLMANHELDKARP (sección 21.1.6) y CODIFICACIÓNPORCOLORES (sección 21.2.8) resultan muy reconfortantes. Pero antes de entregarnos a la ardua tarea de diseñar o programar un nuevo algoritmo, deberíamos preguntarnos:

---

[24]Recordemos que la notación *Big-Omega* es análoga a "mayor o igual que". En términos formales, $f(n) = \Omega(g(n))$ si, y solo si, existe una constante $c > 0$ tal que $f(n) \geq c \cdot g(n)$ para todos los n lo suficientemente grandes. Además, $f(n) = \Theta(g(n))$ si, y solo si, $f(n) = O(g(n))$ y $f(n) = \Omega(g(n))$.

¿Es este problema un caso especial, o una versión hábilmente disfrazada, de otro que ya sabemos resolver?

Si la respuesta es "no" o, incluso, "sí, pero los algoritmos para el problema general no son lo suficientemente buenos para esta aplicación", está justificado el desarrollo de un algoritmo específico para el problema.

A lo largo de esta serie de libros, hemos visto varios problemas para los que la respuesta era "sí". Por ejemplo, la búsqueda de la mediana se reduce a la ordenación, los caminos más cortos entre todos los pares se reducen a los caminos más cortos de origen único y el problema de la subsecuencia común más larga es un caso especial del de alineamiento de secuencias (sección 19.5.2). Estas reducciones transfieren la capacidad de abordar un problema B a otro problema A:

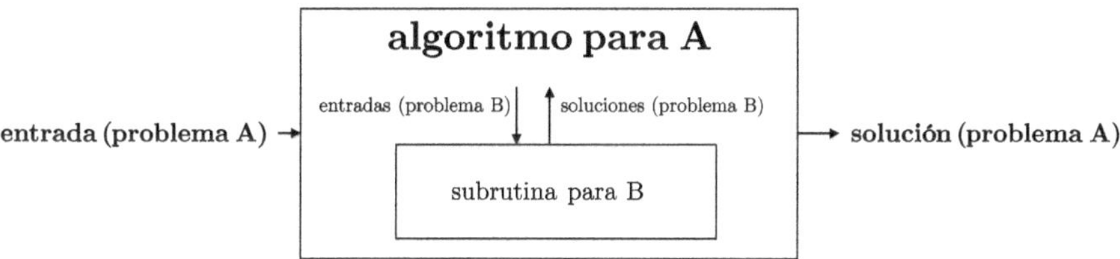

Hasta ahora, hemos realizado reducciones a problemas B para los que ya teníamos diseñados algoritmos rápidos. Pero una reducción de un problema A a un problema B conserva su potencia, *incluso aunque no sepas* cómo resolver B con eficiencia. Mientras alguien te proporcione una caja mágica (un fragmento de software inescrutable) que resuelva el problema B, podrás salir airoso: para resolver el problema A, ejecutas la reducción al problema B y utilizas la caja mágica según sea necesario.

21.3.2 Solucionadores MIP y SAT

Lo de "caja mágica" suena, probablemente, a pura fantasía, a unicornio o a fuente de la eterna juventud. ¿De verdad existen? La secciones 21.4 y 21.5 describen dos de las principales aproximaciones al concepto: solucionadores para problemas de programación entera mixta (MIP) y de satisfacibilidad (SAT). Por "solucionador", en este caso, nos referimos a un algoritmo sofisticado que ha sido cuidadosamente ajustado e implementado en forma de software listo para usar. Los problemas MIP y SAT son muy generalistas, con una amplitud suficiente como para abarcar, en forma de casos especiales, a la mayoría de los problemas estudiados en esta serie de libros.

Los solucionadores MIP y SAT de vanguardia son el resultado de varias décadas de esfuerzos en ingeniería y dedicación. Por este motivo, a pesar de su ámbito generalista, son capaces de resolver con cierta fiabilidad instancias de tamaño medio de problemas NP–complejos, empleando una cantidad de tiempo asumible. El rendimiento del solucionador varía ampliamente según el problema que estemos tratando (y muchos otros factores) pero, en líneas generales, resulta aceptable que cruces los dedos con la esperanza de que se puedan abordar entradas en el entorno de los miles de datos en menos de un día y, normalmente, mucho más rápido. En algunas aplicaciones, los solucionadores MIP y SAT resultan sorprendentemente eficientes incluso con instancias grandes, con tamaños de entradas de varios millones de datos.

21.3.3 Lo que aprenderás y lo que no

Los objetivos de las secciones 21.4 y 21.5 son modestos. No explican el funcionamiento interno de los solucionadores MIP y SAT (haría falta un libro entero para ello). En vez de eso, te prepararán para ser un usuario informado de los mismos[25].

> **Objetivos de las secciones 21.4–21.5**
>
> 1. Concienciar de la existencia de cajas mágicas más o menos fiables, llamados solucionadores MIP y SAT, y de que estas pueden ser sorprendentemente eficientes en la práctica para abordar problemas NP–complejos (muchos programadores ignoran esto).
>
> 2. Ver ejemplos de codificaciones de problemas NP–complejos en forma de problemas MIP y SAT.
>
> 3. Saber a dónde dirigirse para seguir aprendiendo.

---

[25]Sin entrar en detalles, la idea básica es: buscar recursivamente en el espacio de soluciones candidatas de forma similar a la búsqueda en profundidad, aplicando las pistas obtenidas hasta el momento para podar agresivamente los candidatos todavía no examinados (como aquellos cuyo valor de la función objetivo no puede ser mejor que la mejor solución ya descubierta), volviendo hacia atrás cuando sea necesario. La esperanza es que logremos podar la mayor parte del espacio de búsqueda sin necesidad de un examen explícito del mismo. Para profundizar en estas ideas, busca "ramificación y poda" (para los solucionadores MIP) y "aprendizaje de cláusulas en base a conflictos" (para los solucionadores SAT).

21.3.4 Vuelta a un error de novato

Los solucionadores MIP y SAT suelen derrotar a problemas muy difíciles, pero no caigas en el error de pensar que, en la práctica, la complejidad NP no es relevante (el tercer error de novato de la sección 19.6). Al aplicar estos solucionadores sobre un problema NP–complejo, cruza los dedos y ten preparado un plan B (como un algoritmo heurístico rápido), en previsión de que el solucionador no se comporte como esperabas. Y no te equivoques: siempre habrá instancias, incluyendo algunas muy pequeñas, que pueden humillar al solucionador. Con los problemas NP–complejos se hace lo que se puede y las cajas mágicas, más o menos fiables, llegan hasta donde llegan.

21.4 Solucionadores de programación entera mixta

La mayoría de los problemas de optimización discreta se pueden modelar como problemas de programación entera mixta (MIP)[26]. Siempre que te enfrentes a un problema de optimización NP–complejo que se pueda plantear eficientemente como un problema MIP, valdrá la pena hacer un intento con el solucionador MIP más grandioso y moderno que encuentres.

21.4.1 Ejemplo: el problema de la mochila

En el problema de la mochila (sección 19.4.2), la entrada está compuesta por $2n+1$ enteros positivos: n valores de elementos $v_1, v_2, \ldots, v_n$, n tamaños de elementos $s_1, s_2, \ldots, s_n$ y la capacidad C de la mochila. Por ejemplo:

	Valor	Tamaño
Elemento 1	6	5
Elemento 2	5	4
Elemento 3	4	3
Elemento 4	3	2
Elemento 5	2	1
Capacidad de la mochila		10

El objetivo consiste en calcular un subconjunto de los elementos que maximice el valor total, sujeto a un tamaño total limitado por la capacidad de la mochila. Por tanto, la definición del problema aclara tres cosas:

---

[26]Estamos ante el mismo uso anacrónico del término "programación" que vimos en la programación dinámica (o en la programación de televisión). Se refiere a planificación, no a escritura de código.

1. *Las decisiones que hay que tomar:* para cada uno de los n elementos, si debe estar incluido en el subconjunto o no. Un método bastante cómodo de codificar numéricamente estas decisiones binarias por elemento es mediante variables 0-1, llamadas *variables de decisión:*

$$x_j = \begin{cases} 1 & \text{si el elemento } j \text{ está incluido} \\ 0 & \text{si el elemento } j \text{ está excluido} \end{cases} . \tag{21.12}$$

2. *Los límites que hay que respetar:* la suma de los tamaños de los elementos elegidos no puede superar a la capacidad C de la mochila. Este límite se puede expresar fácilmente en términos de las variables de decisión, donde el elemento j, si se incluye, aporta s_j al tamaño total (con $x_j = 1$) y 0 si no se incluye (con $x_j = 0$):

$$\underbrace{\sum_{j=1}^{n} s_j x_j}_{\substack{\text{tamaño total del} \\ \text{subconjunto elegido}}} \leq C. \tag{21.13}$$

3. *La función objetivo:* la suma de los valores de los elementos elegidos debe ser lo más grande posible (sujeta al límite de la capacidad). La función objetivo también es fácilmente expresable (con j aportando un valor v_j si está incluido y 0 si no lo está):

$$\text{maximizar} \quad \underbrace{\sum_{j=1}^{n} v_j x_j}_{\substack{\text{valor total del} \\ \text{subconjunto elegido}}}. \tag{21.14}$$

¿Sabes qué? En (21.12)–(21.14), acabas de ver tu primer ejemplo de una *programación entera.* Por ejemplo, en la instancia de 5 elementos descrita antes, esta programación entera se interpreta como:

$$\text{maximizar} \quad 6x_1 + 5x_2 + 4x_3 + 3x_4 + 2x_5 \tag{21.15}$$

$$\text{sujeto a} \quad 5x_1 + 4x_2 + 3x_3 + 2x_4 + x_5 \leq 10 \tag{21.16}$$

$$x_1, x_2, x_3, x_4, x_5 \in \{0, 1\}. \tag{21.17}$$

Este es justamente el tipo de descripción que podemos entregar directamente a una caja mágica llamada *solucionador de programación entera mixta (MIP)*[27]. Por ejemplo, para resolver el programa entero de (21.15)–(21.17), utilizando el optimizador Gurobi, principal solucionador MIP comercial, basta simplemente con realizar una llamada desde la línea de comandos con el siguiente archivo de entrada:

```
Maximize 6 x(1) + 5 x(2) + 4 x(3) + 3 x(4) + 2 x(5)
subject to
5 x(1) + 4 x(2) + 3 x(3) + 2 x(4) + x(5) <= 10
binary
x(1) x(2) x(3) x(4) x(5)
end
```

Como por arte de magia, obtendremos la solución óptima (en este caso, con $x_1 = 0, x_2 = x_3 = x_4 = x_5 = 1$ y un valor de la función objetivo de 14)[28].

21.4.2 MIP en términos más generalistas

En general, una MIP se conforma a partir de los tres ingredientes indicados en la sección 21.4.1: las variables de decisión, junto con los valores que pueden asumir (como 0 o 1, o cualquier entero o valor real), los límites y la función objetivo. La restricción más importante es que tanto los límites como la función objetivo deben ser *lineales* en las variables de decisión[29]. En otras palabras, podemos escalar una variable de decisión por una constante, y podemos sumar variables de decisión, pero eso es todo. Por ejemplo, en (21.15)–(21.17), no encontrarás términos como x_j^2, $x_j x_k$, $1/x_j$, e^{x_j} o similares[30].

---

[27]¿Por qué "mixta"? Porque estos solucionadores también incorporan variables de decisión que pueden aceptar valores reales (no necesariamente enteros). Algunos autores se refieren a las MIP como programas lineales enteros (ILP) o, simplemente, programas enteros (IP). Otros reservan este último término para las MIP en las que todas las variables de decisión están formadas por enteros.

Una MIP en la que ninguna de las variables de decisión sea obligatoriamente entera se denomina *programa lineal (LP)*. Los solucionadores de vanguardia funcionan especialmente bien con los LP y suelen resolver miles de ellos durante la resolución de una sola MIP (en relación a esto, la programación lineal es un problema que se puede resolver en tiempo polinómico, mientras que con la programación entera mixta estamos ante un problema NP–complejo).

[28]En este ejemplo, de juguete, resulta muy sencillo crear el archivo de entrada a mano. En el caso de instancias más grandes, conviene escribir un programa que genere automáticamente el archivo de entrada o interactúe con la API correspondiente.

[29]Por tanto, "MILP" (por programa lineal entero mixto) sería más preciso que "MIP", aunque suene mucho peor...

[30]Los solucionadores más vanguardistas también pueden aceptar algunos tipos limitados de términos no lineales (como cuadráticos) pero son, normalmente, mucho más rápidos con límites lineales y funciones objetivo.

Problema: programación entera mixta

Entrada: una lista de variables (binarias, enteras o de valores reales) de decisión $x_1, x_2, \ldots, x_n$, una función objetivo lineal que hay que maximizar o minimizar (especificada por sus coeficientes $c_1, c_2, \ldots, c_n$) y m límites lineales, donde cada límite i viene determinado por sus coeficientes $a_{i1}, a_{i2}, \ldots, a_{in}$ y lado derecho b_i.

Salida: una asignación de valores a $x_1, x_2, \ldots, x_n$ que optimice la función objetivo ($\sum_{j=1}^{n} c_j x_j$), sujeta a los m límites ($\sum_{j=1}^{n} a_{ij} x_j \leq b_i$ para todo $i = 1, 2, \ldots, m$) o, si no existe una asignación que satisfaga todos los límites, informar de ello.

Incluso con la restricción de la linealidad presente, suele resultar vergonzosamente fácil expresar problemas de optimización NP–complejos en forma de MIP. Por ejemplo, pensemos en el problema de la mochila *bidimensional*, donde todo elemento j tiene ahora un *peso* w_j junto a los valores v_j y tamaños s_j. Además de la capacidad C de la mochila, existe un límite de peso W. El objetivo consiste en elegir el subconjunto de elementos de valor máximo que tenga un tamaño total de, como mucho, C y un peso total de, como mucho, W. Como graduado por la universidad de programación dinámica de *Algoritmos iluminados*, deberías ser capaz de definir, sin muchas complicaciones, un algoritmo que resuelva este problema. Pero no conseguirías hacerlo tan rápido como para mejorar el tiempo que te llevaría añadir el límite

$$\sum_{j=1}^{n} w_j x_j \leq W \tag{21.18}$$

a la MIP de la mochila (21.12)–(21.14).

Otros problemas de optimización habituales, como los del conjunto independiente de peso máximo (sección 19.4.2), la envergadura mínima (sección 20.1) y la cobertura máxima (sección 20.2) son también muy sencillos de expresar como MIP (ver el problema 21.9)[31]. Las MIP también son la base de los algoritmos más vanguardistas para el TSP (sección 19.1.2), aunque esta aplicación es mucho más sofisticada (ver el problema 21.10)[32].

---

[31]Para los novatos, un límite de la forma $\sum_{j=1}^{n} a_{ij} x_j \geq b_i$ se puede representar como el límite equivalente $\sum_{j=1}^{n} (-a_{ij}) x_j \leq -b_i$, y un límite de igualdad $\sum_{j=1}^{n} a_{ij} x_j = b_i$ se puede representar mediante un par de límites de desigualdad.

[32]Si quieres conocer muchos más ejemplos y trucos relacionados con este tema, puedes consultar la documentación (gratuita) de los solucionadores indicados en la sección

Un problema se puede formular, normalmente, como un problema MIP utilizando diferentes métodos, donde algunas de esas formulaciones obtienen mejor rendimiento que otras (en algunos casos por varios órdenes de magnitud). Si el primer intento de abordar un problema de optimización mediante un solucionador MIP falla, plantéate experimentar con codificaciones alternativas. Al igual que con los algoritmos, el diseño de buenas formulaciones MIP necesita práctica. Los recursos mencionados en la nota al pie 32 te darán un punto de partida.

Por último, si tu solucionador MIP tarda demasiado en finalizar, independientemente de la formulación que utilices, puedes interrumpirlo una vez haya transcurrido una cantidad de tiempo determinada y utilizar la mejor solución viable hallada hasta ese momento (los solucionadores MIP suelen generar una secuencia de soluciones viables sucesivamente mejores, de forma análoga al comportamiento de los algoritmos para búsqueda local de las secciones 20.4–20.5, en su camino a la solución óptima). Esa detención temprana convierte, de hecho, a un solucionador MIP en un algoritmo heurístico rápido.

21.4.3 Solucionadores MIP: algunos puntos de partida

Ahora que ya estás en condiciones de aplicar un solucionador MIP a tu problema favorito, ¿por dónde empezamos? En el momento de escribir este libro (año 2020), la diferencia de rendimiento entre los solucionadores MIP comerciales y no comerciales es abismal. En la actualidad, se suele considerar que el optimizador Gurobi es el solucionador MIP más rápido y robusto, con la competencia cercana de CPLEX y FICO Xpress. Es posible obtener, en el ámbito universitario, licencias académicas gratuitas para estos solucionadores (solo con fines educativos y de investigación).

Si no te queda más remedio que utilizar un solucionador no comercial, puedes comenzar con SCIP, CBC, MIPCL y GLPK. CBC y MIPCL cuentan con acuerdos de licencia más liberales que los otros dos, que solo son gratuitos para fines no comerciales.

Es posible desvincular las tareas de formular una MIP para un problema y describir esa MIP a un solucionador en particular, definiendo la MIP en un

---

21.4.3 o el libro *Model Building in Mathematical Programming* de H. Paul Williams (*Wiley*, 5ª edición, 2013). Los ejemplos incluidos en el libro *Integer Linear Programming in Computational and Systems Biology* de Dan Gusfield (Cambridge, 2019) se inclinan hacia aplicaciones para la biología, pero son claramente útiles para los recién llegados a las MIP (y, especialmente, al optimizador Gurobi).

lenguaje de modelado de alto nivel independiente del solucionador, como CVXPY, basado en Python. De esta forma, podrás experimentar fácilmente con todas los solucionadores admitidos por ese lenguaje, pues la especificación de alto nivel se convertirá automáticamente al formato requerido por el solucionador.

21.5 Solucionadores de satisfacibilidad

En muchas aplicaciones, el objetivo primordial, más que optimizar una función objetivo numérica, es el de determinar si existe una solución viable (y, en caso de ser así, encontrarla). Los problemas de este tipo se pueden modelar en forma de problemas de satisfacibilidad (SAT). Siempre que te encuentres con un problema NP–complejo que puedas codificar fácilmente como un problema SAT, merece la pena intentar utilizar el solucionador SAT más grandioso y moderno que encuentres.

21.5.1 Ejemplo: coloreado de grafos

Uno de los problemas de grafos más antiguos que existe, ya estudiando en profundidad en el siglo XIX, es el del *coloreado de grafos*. Un *k–coloreado* de un grafo no dirigido $G = (V, E)$ es una asignación $\sigma(v)$ de cada uno de sus vértices $v \in V$ a un color en $\{1, 2, \ldots, k\}$, de forma que ninguna arista sea monocroma (es decir, $\sigma(v) \neq \sigma(w)$ siempre que $(v, w) \in E$)[33]. Un grafo que cuente con un *k–coloreado* se denomina (redoble de tambores) *k–coloreable*.[34] Por ejemplo, un grafo de rueda con seis radios es 3–coloreable, mientras que un grafo de rueda con cinco radios no lo es (como deberías comprobar):

---

[33]El algoritmo CODIFICACIÓNPORCOLORES (sección 21.2.8) utiliza internamente coloreados aleatorios (que, normalmente, no son *k*–coloreados), como medio para lograr un tiempo de ejecución más rápido. Los problemas que estudiaremos en esta sección se refieren expresamente a los *k*–coloreados.

[34]El resultado más famoso de toda la historia de la teoría de grafos es el "teorema de los cuatro colores", que afirma que cualquier grafo plano (un grafo que se puede dibujar en un papel sin que se crucen aristas) es 4–coloreable (el segundo grafo de esta sección muestra que pueden ser necesarios cuatro colores). De forma equivalente, resulta que los mapas solo necesitan cuatro colores de tinta diferentes para garantizar que todo par de países vecinos se pueda ilustrar con colores diferentes (asumiendo que cada país esté formado por una sola área contigua).

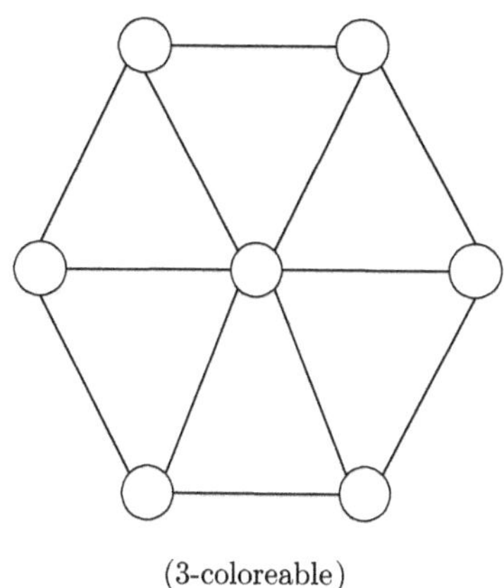

(3-coloreable)

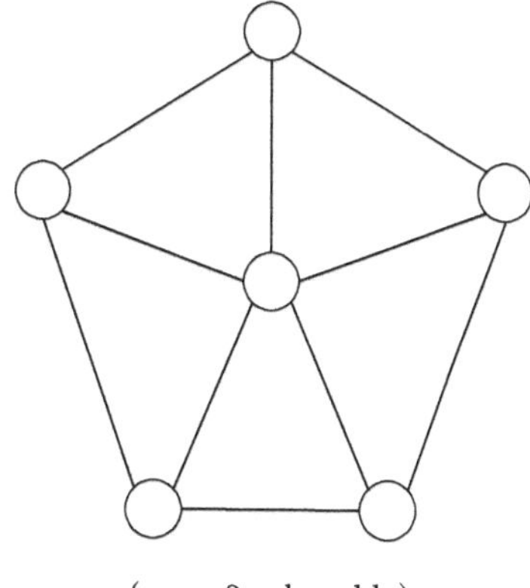

(no es 3-coloreable)

Entrada: un grafo no dirigido $G = (V, E)$ y un entero positivo k.

Salida: un k–coloreado de G, o una declaración correcta de que G no es k–coloreable.

El problema del coloreado de grafos no es un mero divertimento. Por ejemplo, el problema de asignar clases a una de k aulas es, exactamente, un problema de coloreado de grafos (con un vértice por clase y una arista entre cada par de clases que se solapan en el tiempo). Si quieres ver una aplicación de altos vuelos sobre problemas de este tipo, consulta el capítulo 24.

21.5.2 Satisfacibilidad

La naturaleza no numérica y basada en reglas del problema del coloreado de grafos sugiere la necesidad de expresar las variables de decisión y los límites utilizando el formalismo de la *lógica* más que de la aritmética. En vez de variables de decisión numéricas, estas serán *booleanas*, que solo pueden contener los valores verdadero y falso. Una *asignación de verdad* especifica, para cada variable, uno de estos dos valores. Los límites, también llamados *cláusulas*, se convierten en fórmulas lógicas que expresan las restricciones de las asignaciones de verdad permitidas. Un tipo de límite aparentemente sencillo, denominado *disyunción de literales*, utiliza únicamente las operaciones de "o" lógico (indicado por ∨) y "no" lógico (indicado por ¬)[35]. Por ejemplo, el límite $x_1 \vee \neg x_2 \vee x_3$ es una disyunción de literales y queda satisfecho salvo que cometas un error en sus tres requisitos de asignación (estableciendo x_1 y x_3 a falso y x_2 a verdadero):

Valor de x_1	Valor de x_2	Valor de x_3	¿Queda $x_1 \vee \neg x_2 \vee x_3$ satisfecho?
verdadero	verdadero	verdadero	sí
verdadero	verdadero	falso	sí
verdadero	falso	verdadero	sí
falso	verdadero	verdadero	sí
verdadero	falso	falso	sí
falso	verdadero	falso	no
falso	falso	verdadero	sí
falso	falso	falso	sí

En general, las disyunciones de literales son criaturas tranquilas: una que contenga k literales, correspondiente cada uno de ellos a una variable de decisión diferente, impide una, y solo una, de las 2^k formas posibles de asignar valores a sus variables.

Una instancia de satisfacibilidad (SAT) se describe por sus variables (que deben ser booleanas) y límites (que deben ser disyunciones de literales).

Problema: satisfacibilidad

Entrada: una lista de variables de decisión booleanas $x_1, x_2, \ldots, x_n$ y una lista de límites, siendo cada uno de ellos una disyunción de uno o más literales.

Salida: una asignación de verdad a $x_1, x_2, \ldots, x_n$ que satisfaga todos los límites, o una declaración correcta de que tal asignación de verdad no existe.

21.5.3 Codificación del coloreado de grafos como SAT

¿Es el problema SAT, con sus escuetas variables booleanas y disyunciones de literales, lo suficientemente expresivo como para permitir la codificación de otros problemas interesantes? En el problema del coloreado de grafos,

---

[35]"Literal" hace referencia a una variable de decisión x_i o a su negación $\neg x_i$, y "disyunción" es el "o" lógico.

por ejemplo, nos gustaría tener una variable de decisión (no booleana) para cada vértice, que tomase uno de los k valores diferentes (uno para cada color disponible).

Con un poco de práctica, podrás codificar un número sorprendentemente grande de problemas como SAT[36],[37]. Para codificar, por ejemplo, una instancia de coloreado de grafos especificada por el grafo $G = (V, E)$ y el entero k, podemos utilizar k variables por vértice; para cada vértice $v \in V$ y color $i \in \{1, 2, \ldots, k\}$, la variable booleana x_{vi} indica si al vértice v se le ha asignado el color i.

¿Qué hay de los límites? Para una arista $(v, w) \in E$ y un color i, el límite

$$\neg x_{vi} \lor \neg x_{wi} \tag{21.19}$$

no queda satisfecho precisamente cuando tanto v como w tienen el color i. En conjunto, los $|E| \cdot k$ límites de la forma (21.19) obligan a que no haya ninguna arista monocroma.

Pero no hemos terminado, ya que todos los límites de la forma (21.19) quedan satisfechos por la asignación de verdad en la que todos los elementos son falsos (correspondiente a que ningún vértice recibe color alguno). Pero podemos añadir el límite

$$x_{v1} \lor x_{v2} \lor \cdots \lor x_{vk} \tag{21.20}$$

para cada vértice $v \in V$ que resulta no satisfecho precisamente cuando v no recibe ningún color. Todo k–coloreado de G se traduce a una asignación de verdad que satisface todos los límites y, en sentido contrario, toda asignación de verdad que satisface todos los límites codifica uno o más k–coloreados de G.[38]

---

[36]Puedes encontrar muchos ejemplos, entre los que se incluyen aplicaciones clásicas de verificación de hardware y software, en el libro *Handbook of Satisfiability*, editado por Armin Biere, Marijn Heule, Hans van Maaren y Toby Walsh (IOS Press, 2009). O, si te preguntas en qué anda Donald E. Knuth últimamente, consulta *Satisfiability*, fascículo 6 del volumen 4 de *The Art of Computer Programming* (Addison-Wesley, 2015). Otro dato interesante: recientemente se han empleado solucionadores SAT para romper la, otrora segura, función criptográfica de *hash* SHA-1 ("*The First Collision for Full SHA-1*", de Marc Stevens, Elie Bursztein, Pierre Karpman, Ange Albertini y Yarik Markov; *Proceedings of the 37th CRYPTO Conference*, 2017).

[37]De hecho, el teorema de Cook–Levin (teoremas 22.1 y 23.2) demuestra que SAT es un problema "universal" en un sentido preciso. Consulta la sección 23.6.3.

[38]Los límites (21.20) permiten a los vértices recibir más de un color, pero los límites (21.19) se aseguran de que cualquier elección entre los colores asignados resulta en un k–coloreado de G.

El sistema de límites definido por (21.19) y (21.20) es, exactamente, el tipo de descripción que se puede proporcionar directamente a una caja mágica denominada *solucionador de satisfacibilidad (SAT)*. Para comprobar, por ejemplo, si un grafo completo de tres vértices es 2–coloreable utilizando MiniSAT, un popular solucionador SAT de código abierto, basta con llamarlo desde la línea de comandos con el siguiente archivo de entrada:

```
p cnf 6 9
1  4  0
2  5  0
3  6  0
-1 -2  0
-4 -5  0
-1 -3  0
-4 -6  0
-2 -3  0
-5 -6  0
```

Como por arte de magia, la solución devolverá una declaración (correcta) de que no existe forma de satisfacer todos los límites[39].

21.5.4 Solucionadores SAT: algunos puntos de partida

En el momento de escribir este libro (año 2020), existen muchas buenas opciones de solucionadores SAT disponibles gratuitamente. De hecho, al menos una vez cada dos años, los locos del SAT de todo el mundo se reúnen y compiten en una suerte de juegos olímpicos (con medallas y todo) entre los solucionadores más modernos y grandiosos, que son evaluados mediante una batería de complejas pruebas de rendimiento. Existen docenas de propuestas en cada una de las competiciones, la mayoría de ellas de código abierto[40]. Si buscas una sola recomendación, MiniSAT, que combina el

---

[39]La primera línea del archivo advierte al solucionador de que la instancia SAT contiene seis variables de decisión y nueve límites; "cnf" significa "forma normal conjuntiva" e indica que cada restricción es una disyunción de literales. Los números del 1 al 6 se refieren a las variables, y "-" expresa la negación. Las tres primeras y las tres últimas variables corresponden a los primer y segundo colores, respectivamente. Las tres primeras y las seis últimas restricciones tienen la forma de (21.20) y (21.19), respectivamente. Los ceros indican el final de las restricciones.

[40]Ver www.satcompetition.org.

buen rendimiento con la facilidad de uso y una licencia flexible (la licencia MIT), es una elección bastante popular[41].

Conclusiones

☆ Resolver el TSP mediante búsqueda exhaustiva requiere un tiempo que escale junto a $n!$, donde n es el número de vértices.

☆ El algoritmo de programación dinámica de Bellman–Held–Karp resuelve el TSP en tiempo $O(n^2 2^n)$.

☆ La idea clave del algoritmo de Bellman–Held–Karp es la de parametrizar los subproblemas mediante un subconjunto de los vértices que se visitarán una sola vez y cuál de esos vértices debe ser visitado el último.

☆ En el problema del k–camino de coste mínimo, la entrada es un grafo no dirigido con costes de aristas de valores reales, y el objetivo consiste en calcular un camino libre de ciclos que visite k vértices con la mínima suma posible de costes de aristas.

☆ Resolver el problema del k–camino de coste mínimo mediante búsqueda exhaustiva requiere un tiempo que escale junto a n^k, donde n es el número de vértices.

☆ El algoritmo de codificación por colores resuelve el problema del k–camino de coste mínimo en tiempo $O((2e)^k m \ln \frac{1}{\delta})$, donde m es el número de aristas y δ es una probabilidad de fallo determinada por el usuario.

☆ La primera idea clave del algoritmo de codificación por colores es una subrutina de programación dinámica que, dada una asignación a cada vértice del grafo de entrada de uno entre k colores, calcula el camino pancromático de coste mínimo en tiempo $O(2^k m)$.

---

[41]Si quieres pasar al siguiente nivel en la solución del SAT, busca solucionadores de "teorías de satisfacibilidad módulo (SMT)", como el solucionador z3 de Microsoft (también disponible bajo licencia MIT).

☆ La segunda idea clave es la de experimentar con $O(e^k \ln \frac{1}{\delta})$ coloreados de vértices independientes y aleatorios. Con una probabilidad de, al menos, $1 - \delta$, por lo menos uno de ellos obtendrá un k–camino pancromático de coste mínimo.

☆ Un programa entero mixto (MIP) se determina por variables de decisión numéricas, restricciones lineales y una función objetivo lineal.

☆ La mayoría de los problemas de optimización discreta se pueden formular como problemas MIP.

☆ Una instancia de satisfacibilidad (SAT) se determina por variables de decisión booleanas y restricciones que son disyunciones de literales.

☆ La mayoría de los problemas de comprobación de viabilidad se pueden formular como problemas SAT.

☆ Los solucionadores MIP y SAT más vanguardistas pueden resolver con cierta fiabilidad instancias de tamaño medio de problemas NP–complejos.

Comprueba que lo has entendido

Problema 21.1 *(S)* ¿Refuta el algoritmo BELLMANHELDKARP para el TSP (sección 21.1.6) la conjetura P $\neq$ NP (elige todas las opciones correctas)?

a) Sí, lo hace.

b) No. Un algoritmo de tiempo polinómico para el TSP no refuta necesariamente la conjetura P $\neq$ NP.

c) No, porque el algoritmo utiliza un número de problemas exponencial (en relación al tamaño de la entrada) y, por tanto, no se ejecuta siempre en tiempo polinómico.

d) No, porque el algoritmo podría realizar una cantidad de trabajo exponencial para obtener la solución final a partir de las soluciones a los subproblemas y, por tanto, no se ejecuta siempre en tiempo polinómico.

Problema 21.2 *(S)* En la entrada del TSP del cuestionario 20.7 (página 81), ¿cuáles son las entradas definitivas del *array* de subproblemas del algoritmo BELLMANHELDKARP de la sección 21.1.6?

Problema 21.3 *(S)* Considera los siguientes subproblemas propuestos para una instancia $G = (V, E)$ del TSP:

Calcular $C_{i,v}$, el coste mínimo de un camino libre de ciclos que comienza en el vértice 1, termina en el vértice v y visita, exactamente, i vértices (o $+\infty$, si tal camino no existe).

(Para cada $i \in \{2, 3, \dots, |V|\}$ y $v \in V - \{1\}$.)

¿Qué nos impide utilizar estos subproblemas, utilizando i como medida del tamaño del subproblema, para el diseño de un algoritmo de programación dinámica de tiempo polinómico para el TSP (elige todas las opciones correctas)?

a) El número de subproblemas es superpolinómico en relación al tamaño de la entrada.

b) Las soluciones óptimas a los subproblemas más grandes no se pueden calcular fácilmente a partir de las soluciones óptimas a subproblemas más pequeños.

c) La ruta óptima no se puede calcular fácilmente a partir de las soluciones óptimas a todos los subproblemas.

d) ¡Nada!

Problema 21.4 *(S)* ¿Cuál de los siguientes problemas se puede resolver en tiempo $O(n^2 2^n)$ con grafos de n vértices, utilizando una pequeña variación del algoritmo BELLMANHELDKARP (elige todas las opciones correctas)?

a) Dado un grafo no dirigido de n vértices, determinar si tiene un camino hamiltoniano (un camino libre de ciclos con $n - 1$ aristas).

b) Dado un grafo dirigido de n vértices, determinar si tiene un camino hamiltoniano dirigido (un camino dirigido, libre de ciclos, con $n - 1$ aristas).

c) Dado un grafo no dirigido completo y costes de aristas de valores reales, calcular el coste máximo de una ruta del viajante.

d) Dado un grafo no dirigido completo de n vértices (con la totalidad de las $n(n - 1)$ aristas presentes) y costes de aristas de valores reales, calcular el coste mínimo de una ruta dirigida del viajante (un ciclo dirigido que visita cada vértice una sola vez).

e) El problema del camino más corto libre de ciclos definido en la página 31 de la sección 19.5.4.

Problema 21.5 *(S)* Para la instancia

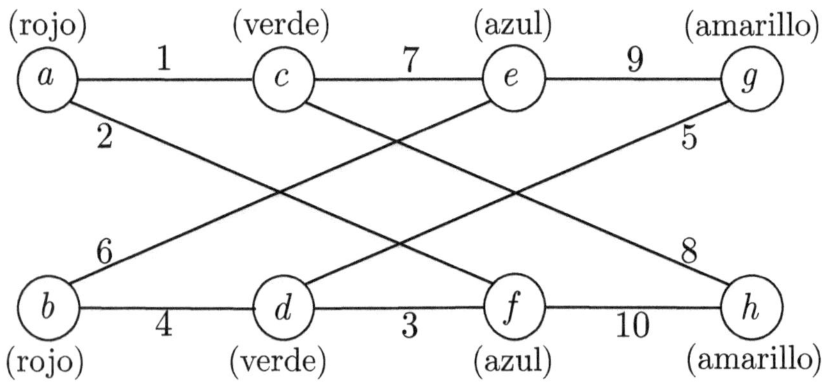

¿Cuáles son las entradas definitivas del *array* de subproblemas del algoritmo CAMINOPANCROMÁTICO de la sección 21.2.5?

Problema 21.6 *(P)* Propón una implementación de un paso de procesamiento posterior que reconstruya una ruta del viajante de coste mínimo a partir del *array* de subproblemas calculado por el algoritmo BELLMANHELDKARP. ¿Podrías lograr un tiempo de ejecución lineal (en relación al número de vértices), quizá añadiendo algunos registros adicionales al algoritmo BELLMANHELDKARP?

Problema 21.7 *(P)* Propón una implementación de un paso de procesamiento posterior que reconstruya un camino pancromático de coste mínimo a partir del *array* de subproblemas calculado por el algoritmo CAMINO-PANCROMÁTICO. ¿Podrías lograr un tiempo de ejecución lineal (en relación al número de vértices), quizá añadiendo algunos registros adicionales al algoritmo CAMINOPANCROMÁTICO?

Problemas más difíciles

Problema 21.8 *(P)* Optimiza el algoritmo BELLMANHELDKARP para el TSP (sección 21.1.6), de forma que sus requisitos de memoria se reduzcan de $O(n \cdot 2^n)$ a $O(\sqrt{n} \cdot 2^n)$, para instancias de n vértices (solo debes calcular el coste mínimo de una ruta, no la ruta propiamente dicha).

Problema 21.9 *(S)* Muestra cómo codificar instancias de los siguientes problemas, en forma de programas enteros mixtos:

(a) Conjunto independiente de peso máximo (sección 19.4.2).

(b) Minimización de la envergadura (sección 20.1.1).

(c) Cobertura máxima (sección 20.2.1).

Problema 21.10 *(P)* Dada una instancia G del TSP, con un conjunto de vértices $V = \{1, 2, \ldots, n\}$ y costes de aristas c, considera el MIP

$$
\begin{aligned}
\text{minimizar} \quad & \sum_{i=1}^{n} \sum_{j \neq i} c_{ij} x_{ij} && \text{(21.21)} \\
\text{sujeto a} \quad & \sum_{j \neq i} x_{ij} = 1 && \text{[para todo vértice } i] && \text{(21.22)} \\
& \sum_{j \neq i} x_{ji} = 1 && \text{[para todo vértice } i] && \text{(21.23)} \\
& x_{ij} \in \{0, 1\} && \text{[para todo } i \neq j]. && \text{(21.24)}
\end{aligned}
$$

La intención es codificar una ruta del viajante (orientada en una de las dos posibles direcciones) con x_{ij} igual a 1 si, y solo si, la ruta visita j inmediatamente después de i. Las restricciones (21.22)–(21.23) obligan a que cada vértice tenga en la ruta, exactamente, un predecesor y un sucesor.

(a) Demuestra que, para toda instancia G del TSP y una ruta del viajante de G, existe una solución viable del MIP (21.21)–(21.24) correspondiente, con el mismo valor de la función objetivo.

(b) Demuestra que existe una instancia G del TSP y una solución viable del MIP (21.21)–(21.24) correspondiente, con un valor de la función objetivo estrictamente menor que el coste total mínimo de una ruta del viajante de G (por tanto, este MIP tiene soluciones viables espurias, más allá de las rutas del viajante, y no codifica correctamente el TSP).

(c) Supongamos que incluimos las siguientes restricciones adicionales:

$$y_{1j} = (n-1)x_{1j} \qquad [\text{para todo } j \in V-\{1\}] \qquad (21.25)$$
$$y_{ij} \leq (n-1)x_{ij} \qquad [\text{para todo } i \neq j] \qquad (21.26)$$
$$\textstyle\sum_{j\neq i} y_{ji} - \sum_{j\neq i} y_{ij} = 1 \qquad [\text{para todo } i \in V-\{1\}] \qquad (21.27)$$
$$y_{ij} \in \{0, 1, \ldots, n-1\} \qquad [\text{para todo } i \neq j], \qquad (21.28)$$

donde las y_{ij} son variables de decisión añadidas.

Vuelve a demostrar (a) para el MIP (21.21)–(21.28) expandido.

(d) Demuestra que, para toda instancia G del TSP, toda solución viable del MIP expandido (21.21)–(21.28) correspondiente, se traduce en una ruta del viajante de G con el mismo valor de la función objetivo (en consecuencia, el MIP expandido codifica correctamente el TSP)[42].

Problema 21.11 *(P)* Muestra cómo codificar una instancia del problemas de satisfacibilidad en forma de programa entero mixto.

Problema 21.12 *(P)* Para un entero positivo k, el problema k–*SAT* es el caso especial del problema SAT en el que todas las restricciones tienen un máximo de k literales. Muestra que el problema 2–SAT se puede resolver en tiempo $O(m+n)$, donde m y n indican, respectivamente, los números de restricciones y variables (puedes asumir que la entrada está representada como un *array* de literales y otro *array* de restricciones, con punteros desde cada restricción a sus literales y desde cada literal hasta las restricciones que lo contienen)[43].

---

[42]Si añadimos más restricciones, aunque no sean necesarias para la corrección, podemos obtener un solucionador MIP que tendrá más pistas con las que trabajar y puede resultar en mejoras considerables del tiempo de ejecución. Por ejemplo, si añadimos a los MIP expandidos (21.21)–(21.28) las desigualdades (redundantes en términos lógicos) $x_{ij} + x_{ji} \leq 1$ para todos los $i \neq j$, lo normal es que se reduzca el tiempo necesario para obtener la solución. Los solucionadores MIP de vanguardia, ajustados al TSP, como el solucionador del TSP Concorde, eligen entre un conjunto *exponencialmente grande* de desigualdades adicionales, generadas a medida que son necesarias (para conocer más sobre esto, busca "relajación de subrutas" para el TSP).

[43]La formulación de la satisfacibilidad de la sección 21.5.3 se puede interpretar como una reducción del problema del k–coloreado al problema k-SAT. Mediante esta formulación, el algoritmo 2–SAT de este problema se traduce a un algoritmo de tiempo lineal para la comprobación de si un grafo es 2–coloreable (un grafo 2–coloreable también recibe el nombre de "bipartito"). Como alternativa, se puede verificar la 2–colorabilidad directamente, en tiempo lineal, utilizando búsqueda en anchura.

Problema 21.13 *(P)* Mientras tanto, el problema 3–SAT es NP–complejo (teorema 22.1). Pero, ¿podemos, al menos, superar a la búsqueda exhaustiva, que enumera las 2^n asignaciones de verdad posibles a las n variables de decisión? Este en un algoritmo aleatorizado, parametrizado por un número de intentos T:

SHÖNING

Entrada: una instancia de n variables de 3-SAT y una probabilidad de fallo de $\delta \in (0, 1)$.

Salida: con una probabilidad mínima de $1 - \delta$, o una asignación de verdad que satisfaga todas las restricciones o una declaración correcta de que no existe ninguna.

```
av := array booleano de longitud n          // asignación de verdad
para t := 1 hasta T hacer                    // T intentos independientes
   para i := 1 hasta n hacer    // asignación inicial aleatoria
      av[i] := "verdadero" o "falso"              // 50% cada uno
   para k := 1 hasta n hacer      // n modificaciones locales
      si av satisface todas las restricciones entonces    // hecho
         devolver av
      en otro caso    // corregir una restricción incumplida
         elegir una restricción incumplida C arbitraria
         elegir una variable x_i en C, uniformemente aleatoria
         av[i] := ¬av[i]                      // invertir su valor
devolver "sin solución"                  // abandonar la búsqueda
```

(a) Demuestra que siempre que no exista una asignación de verdad que satisfaga todas las restricciones de la instancia 3–SAT dada, el algoritmo SHÖNING devuelve "sin solución".

(b) Para este y los tres siguientes puntos, limita la atención a las entradas que contengan una asignación de verdad satisfactoria (es decir, una asignación de verdad que satisfaga todas las restricciones). Digamos que p indica la probabilidad, en el lanzamiento de monedas del algoritmo SHÖNING, de que una iteración del bucle exterior descubra una asignación satisfactoria. Demuestra que, con $T = \frac{1}{p} \ln \frac{1}{\delta}$ intentos aleatorios independientes, el algoritmo SHÖNING encuentra una asignación satisfactoria con una probabilidad mínima de $1 - \delta$.

(c) En este punto y en el siguiente, digamos que av^* indica una asignación satisfactoria de la instancia 3–SAT dada. Demuestra que cada inversión de una variable, realizada por el algoritmo SHÖNING en su bucle interior, tiene, al menos, una probabilidad entre tres de aumentar el número de variables con el mismo valor tanto en av como en av^*.

(d) Demuestra que la probabilidad de que una asignación de verdad uniformemente aleatoria concuerde con av^* en, al menos, $n/2$ variables es de, como mínimo, el 50%.

(e) Demuestra que la probabilidad p definida en (b) es, al menos, $1/(2 \cdot 3^{n/2})$. En consecuencia, con $T = 2 \cdot 3^{n/2} \ln \frac{1}{\delta}$ intentos, el algoritmo SHÖNING devuelve una asignación satisfactoria como una probabilidad de, al menos, $1 - \delta$.

(f) Llega a la conclusión de que existe un algoritmo aleatorizado que resuelve el problema 3–SAT (con una probabilidad de fallo máxima de δ) en tiempo $O((1{,}74)^n \ln \frac{1}{\delta})$ (exponencialmente más rápido que la búsqueda exhaustiva)[44].

Problemas de programación

Problema 21.14 Implementa, utilizando tu lenguaje de programación favorito, el algoritmo BELLMANHELDKARP para el TSP (sección 21.1.6). Al igual que en el problema 20.15, prueba tu implementación sobre instancias con costes de aristas elegidos de forma uniformemente aleatoria en el

---

[44]Este algoritmo fue propuesto por Uwe Schöning. Su artículo *"A Probabilistic Algorithm for k-SAT Based on Limited Local Search and Restart"* (*Algorithmica*, 2002) logra un límite del tiempo de ejecución de $O((1{,}34)^n \ln \frac{1}{\delta})$ sobre instancias de n variables, mediante un análisis más cuidadoso, y también extiende el algoritmo y el análisis del problema k–SAT para cualquier k (basándose en el incremento exponencial del tiempo de ejecución desde $\approx \frac{4}{3}$ hasta $\approx 2 - \frac{2}{k}$). Desde entonces se han desarrollado algunos algoritmos ligeramente más rápidos (tanto aleatorizados como deterministas), pero ninguno ha logrado alcanzar un tiempo de ejecución de $O((1{,}3)^n)$.

La sección 23.5 describe la "hipótesis del tiempo exponencial (ETH)" y la "hipótesis del tiempo exponencial fuerte (SETH)", que postulan que las debilidades del algoritmo SHÖNING son compartidas por todos los algoritmos para k–SAT. La ETH es una forma extraña de la conjetura P $\neq$ NP, que afirma que resolver el 3–SAT requiere tiempo exponencial (tiempo $\Omega(a^n)$ para alguna constante $a > 1$) y, por tanto, las únicas mejoras posibles para el algoritmo SHÖNING se encuentran en la base del exponente. La SETH asegura que la base del exponente del tiempo de ejecución de los algoritmos para k–SAT se deben degradar a 2 a medida que k va creciendo.

---

conjunto $\{1, 2, \ldots, 100\}$ o, alternativamente, para vértices que correspondan a puntos elegidos de forma independiente y uniformemente aleatoria en el cuadrado unidad (con los costes de las aristas iguales a las distancias euclídeas). ¿Qué tamaño de entrada (es decir, número de vértices) podrá procesar tu programa con fiabilidad en menos de un minuto? ¿Y en menos de una hora? ¿El principal cuello de botella está en el tiempo o en la memoria? ¿Sirve de algo implementar la optimización del problema 21.8? Puedes encontrar casos de prueba y conjuntos de datos en `www.algorithmsilluminated.org`.

Problema 21.15 Prueba uno o más solucionadores MIP sobre los mismos tipos de instancias del TSP que has utilizado en el problema 21.14, utilizando la formulación MIP del problema 21.10. ¿Qué tamaño de entrada podrá procesar el solucionador con fiabilidad en menos de un minutos, o en menos de una hora? ¿Cuánto cambian las respuestas con el solucionador? ¿Sirve de algo añadir las desigualdades adicionales de la nota al pie 42? Puedes encontrar casos de prueba y conjuntos de datos en `www.algorithmsilluminated.org`.

Capítulo 22

Demostrar que un problema es NP–complejo

Los capítulos 20 y 21 te han ofrecido herramientas algorítmicas para enfrentarte a problemas NP–complejos, ya sea mediante algoritmos heurísticos rápidos o mediante algoritmos exactos mejores que la búsqueda exhaustiva. ¿Cómo saber cuándo recurrir a estas técnicas? Si te entregan un problema de computación y te dicen que es NP–complejo, está claro. Pero, ¿y si nadie te avisa? Los problemas con los que te puedes encontrar no llevan tatuada su complejidad computacional y reconocer los problemas NP–complejos (nivel 3 de dificultad, sección 19.2) necesita una cierta preparación. Este capítulo te aporta esa preparación, comenzando con un único problema NP–complejo (3–SAT) y terminando, después de dieciocho reducciones, con una lista de diecinueve problemas NP–complejos, incluyendo todos los que ya hemos estudiado en el libro. Puedes utilizar esta lista como punto de partida para las demostraciones de complejidad NP, y las reducciones como plantillas para las que realices tú en el futuro.

22.1 Vuelta a las reducciones

Nuevamente, ¿qué es la complejidad NP? En la sección 19.3.7 definimos, provisionalmente, a un problema NP–complejo como aquel para el que un algoritmo de tiempo polinómico refutaría la conjetura P $\neq$ NP que, a su vez, describimos informalmente como la afirmación de que comprobar la solución existente de un problema (como un rompecabezas Sudoku ya terminado) puede ser mucho más sencillo que diseñar una nueva desde cero (las definiciones rigurosas al 100% están en el capítulo 23). Refutar la conjetura P $\neq$ NP resolvería instantáneamente miles de problemas (incluyendo casi todos los estudiados en este libro) que han desafiado, a lo largo de muchas décadas, los esfuerzos de innumerables mentes brillantes. Por tanto, la complejidad NP es una prueba sólida (cuando no definitiva) de que un problema es intrínsecamente difícil y que supondrá realizar alguno de los sacrificios descritos en los capítulos 20 y 21.

No es necesario, para aplicar la teoría de la complejidad NP, entender ninguna definición matemática, por vistosa que sea. Este es uno de los motivos por los que la teoría ha sido ampliamente adoptada con éxito en campos tan extensos como la ingeniería, la biología y las ciencias sociales[1]. El único requisito previo es la comprensión de las reducciones, con la que ya cuentas (sección 19.5.1):

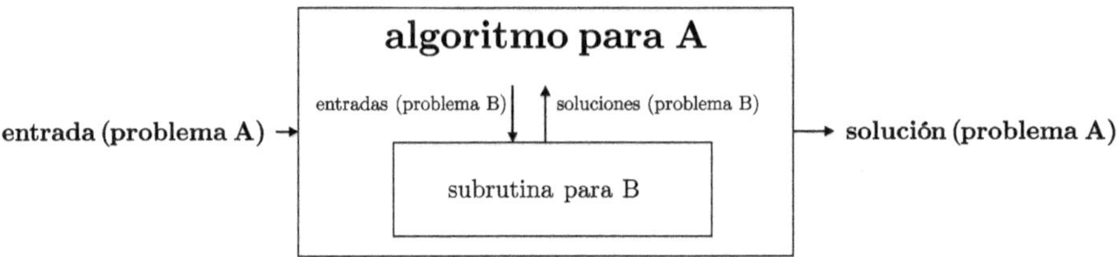

Formalmente, un problema *A se reduce* a un problema *B* si *A* se puede resolver utilizando un número polinómico (en relación al tamaño de la entrada) de invocaciones a una subrutina que resuelva el problema *B*, junto a una cantidad polinómica de trabajo adicional (aparte de las llamadas a la subrutina). Hemos visto varios ejemplos de reducciones que extienden lo que es abordable desde un problema (*B*) a otro (*A*): si *A* se reduce a *B*, un algoritmo de tiempo polinómico que resuelva *B* generará automáticamente otro para *A* (basta con ejecutar la reducción, llamando a la subrutina asumida de *B* cuando sea necesario).

Una demostración de complejidad NP invierte el sentido de esta implicación, al usar una reducción con el propósito vil de extender el hecho de lo no abordable de un problema a otro (en contraposición a lo abordable):

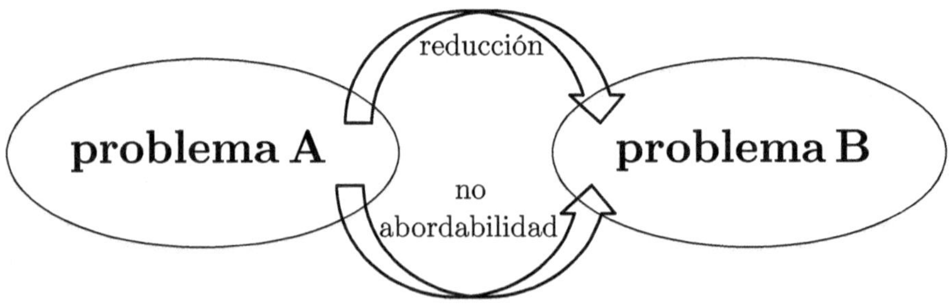

---

[1]Si quieres comprobarlo por ti mismo, busca *"NP–hard"* o *"NP–complete"* en tu base de datos académica favorita.

Pues si un problema NP–complejo A se reduce a B, cualquier algoritmo de tiempo polinómico para B generaría automáticamente uno para A, refutando con ello la conjetura P $\neq$ NP. Así, B debe ser, necesariamente, NP–complejo.

Por tanto, ¿cómo se puede demostrar que un problema es NP–complejo? Basta con seguir la sencilla receta de dos pasos.

Para demostrar que un problema B es NP–complejo:

1. Elegir un problema NP–complejo A.

2. Demostrar que A se reduce a B.

El resto de este capítulo completará tu inventario de problemas NP–complejos (es decir, las elecciones A del primer paso) y afinará tu habilidades para producir reducciones (que son necesarias para llevar a cabo el segundo paso).

Se puede demostrar que un problema NP–complejo B típico es, de hecho, NP–complejo utilizando cualquiera de las opciones disponibles como problema NP–complejo A del primer paso. Cuanto más se parezca A a B, más sencillos serán los detalles del segundo paso. Por ejemplo, la reducción de la sección 19.5.4, desde el problema del camino hamiltoniano dirigido al del camino más corto libre de ciclos, es relativamente directa, debido a la similitud entre ambos.

22.2 3–SAT y el teorema de Cook–Levin

Cualquier aplicación de nuestra receta de dos pasos identifica un nuevo problema NP–complejo a partir de otro ya existente. Si lo aplicas miles de veces obtendrás miles de problemas NP–complejos. Pero, ¿cómo ponemos el proceso en marcha? Utilizando uno de los resultados más famosos e importantes de la historia de las ciencias de la computación: el *teorema de Cook–Levin*, que demuestra desde cero que el, aparentemente inocuo, problema 3–SAT es NP–complejo[2].

---

[2]Demostrado de forma independiente, alrededor de 1971, por Stephen A. Cook y Leonid Levin en lados opuestos del telón de acero (Toronto y Moscú, respectivamente), aunque la apreciación del trabajo de Levin en Occidente llevó un tiempo. Ambos se plantearon la posibilidad de que muchos más problemas fundamentales pudiesen ser NP–complejos. Esta profecía fue corroborada por Richard M. Karp que, en 1972, probó el poder y el alcance

Teorema 22.1 (Teorema de Cook–Levin) *El problema 3–SAT es NP–complejo.*

El problema 3–SAT (presentado en el problema 21.13) es el caso especial del problema SAT (sección 21.5), en el que toda restricción es una disyunción de un máximo de tres literales[3,4].

> **Problema: 3–SAT**
>
> **Entrada:** una lista de variables de decisión booleanas $x_1, x_2, \ldots, x_n$ y una lista de restricciones, siendo cada una de ellas una disyunción con un máximo de tres literales.
>
> **Salida:** una asignación de verdad a $x_1, x_2, \ldots, x_n$ que satisfaga todas las restricciones, o una declaración correcta de que tal asignación de verdad no existe.

Por ejemplo, no existe la forma de satisfacer las ocho restricciones

$$x_1 \vee x_2 \vee x_3 \quad x_1 \vee \neg x_2 \vee x_3 \quad \neg x_1 \vee \neg x_2 \vee x_3 \quad x_1 \vee \neg x_2 \vee \neg x_3$$
$$\neg x_1 \vee x_2 \vee x_3 \quad x_1 \vee x_2 \vee \neg x_3 \quad \neg x_1 \vee x_2 \vee \neg x_3 \quad \neg x_1 \vee \neg x_2 \vee \neg x_3,$$

ya que cada una de ellas prohíbe una de las ocho posibles asignaciones de verdad. Si eliminásemos alguna restricción, entonces quedaría una asignación de verdad que sí podría satisfacer las otras siete. Las instancias de 3–SAT para las que existen y no existen asignaciones de verdad satisfactorias se denominan, respectivamente, *satisfacible* y *no satisfacible*.

---

de la complejidad NP utilizando la receta de dos pasos que demostró que un conjunto muy diverso de problemas famosos son NP–complejos. El trabajo de Karp puso de relevancia que la dificultad NP era el obstáculo fundamental que impedía el avance de la algoritmia en muchas direcciones. Su lista original de veintiún problemas NP–complejos incluía la mayoría de los estudiados en este capítulo.

Cook y Karp fueron galardonados con el *ACM Turing Award* (el equivalente al premio Nobel en las ciencias de la computación) en 1982 y 1985, respectivamente. Levin recibió el premio Knuth (galardón que reconoce toda una vida dedicada a la teoría de las ciencias de la computación) en 2021.

[3]¿Por qué tres? Porque es el valor más pequeño de k para el que el problema k–SAT es NP–complejo (ver el problema 21.12).

[4]No hay contradicción entre el teorema de Cook–Levin y el destacable éxito de los solucionadores SAT (sección 21.5). Los solucionadores SAT son solo aproximadamente fiables y únicamente resuelven algunas, pero no todas, las instancias del SAT en una cantidad de tiempo razonable. No demuestran que el problema SAT se pueda resolver en tiempo polinómico, por lo que conjetura P $\neq$ NP sigue vigente.

El problema 3–SAT ocupa un puesto nuclear en la teoría de la complejidad NP, tanto por razones históricas como porque presenta un buen equilibrio entre la expresividad y la sencillez. El problema 3–SAT sigue siendo, hasta la fecha, la elección más habitual de problema NP–complejo en las demostraciones de complejidad NP (es decir, el problema A de la receta de dos pasos).

En este capítulo, asumiremos a ciegas el postulado del teorema de Cook–Levin. A hombros de estos gigantes, tomaremos un solo problema (3–SAT) como NP–complejo y generaremos, mediante reducciones, dieciocho problemas NP–complejos más. La sección 23.3.5 presenta la idea de alto nivel tras la demostración del teorema de Cook–Levin e indica en qué dirección se puede profundizar más en el tema[5].

22.3 La visión global

Tenemos muchos problemas y reducciones de los que ocuparnos, así que vamos a organizarnos.

22.3.1 Vuelta a un error de novato

Estamos acostumbrados, como diseñadores de algoritmos, a utilizar honradas reducciones que extienden lo abordable de un problema a otro. Pero las reducciones también extienden vilmente lo no abordable en el sentido *contrario*, motivo por el que hay una tentación abrumadora de diseñar reducciones al revés (también conocido como el quinto error de novato de la sección 19.6).

Cuestionario 22.1

La sección 21.4 demuestra que el problema de la mochila se reduce al de programación entera mixta (MIP). ¿Qué implica esto (elige todas las respuestas correctas)?

a) Si el problema MIP es NP–complejo, también lo es el de la mochila.

---

[5]Merece la pena contemplar la demostración, aunque solo sea una vez en la vida, pero prácticamente nadie recordará los detalles más morbosos. La mayoría de los científicos de la computación están satisfechos con ser usuarios informados del teorema de Cook–Levin, utilizarlo (junto a otros problemas NP–complejos) como haremos en este capítulo y servirse de él como herramienta para demostrar que otros problemas son NP–complejos.

b) Si el problema de la mochila es NP–complejo, también lo es el MIP.

c) Un solucionador MIP aproximadamente fiable se puede traducir a un algoritmo aproximadamente fiable para el problema de la mochila.

d) Un algoritmo aproximadamente fiable para el problema de la mochila se puede traducir a un solucionador MIP aproximadamente fiable.

Solución y aclaraciones en la sección 22.3.4

22.3.2 Dieciocho reducciones

La figura 22.1 resume dieciocho reducciones, lo que implica que (asumiendo el teorema de Cook–Levin) los diecinueve problemas de la figura son NP–complejos[6].

Seis de estas reducciones son inmediatas o ya han aparecido en capítulos anteriores del libro.

Reducciones que ya hemos visto

1. El problema 3–SAT es una caso especial del problema SAT generalista (página 146), por lo que se reduce a él con suma facilidad.

2. El problema del viajante (problema 19.7 en la página 42) se reduce fácilmente al problema del k–camino de coste mínimo (página 123), ya que es el caso especial en el que la longitud k del camino es igual al número de vértices.

3. El lema 19.2 de la sección 19.5.4 demuestra que el problema del camino hamiltoniano dirigido (página 32) se reduce al del camino más corto libre de ciclos (página 31).

---

[6]Hay otra verdad más contundente, que explicaremos en el capítulo 23: la "versiones de búsqueda" de la mayoría de estos problemas son "NP–completas" y, en consecuencia, cualquiera de ellas puede codificar a cualquier otra. La distinción entre "NP–complejo" y "NP–completo" no es de gran importancia para el diseñador de algoritmos: en cualquiera de los dos casos, el problema no se puede resolver en tiempo polinómico (asumiendo la conjetura $P \neq NP$).

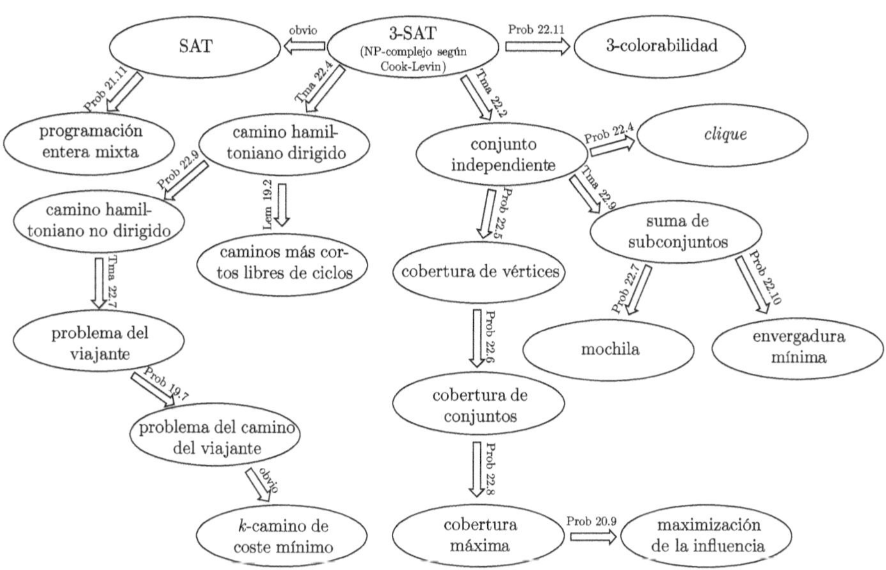

Figura 22.1: Dieciocho reducciones y diecinueve problemas NP–complejos. Una flecha desde un problema *A* a un problema *B* indica que *A* se reduce a *B*. Lo computacionalmente abordable se extiende en la misma dirección que las reducciones, desde el problema 3–SAT (que es NP–complejo, según el teorema de Cook–Levin) hacia los otros dieciocho problemas.

4. El problema 19.7 demuestra que el problema del viajante (TSP, página 3) se reduce al del camino del viajante.

5. El problema 20.9 demuestra que el problema de la cobertura máxima (página 61) se reduce al de la maximización de la influencia (página 75).

6. El problema 21.11 demuestra que el problema SAT se reduce al de programación entera mixta (página 142).

Los problemas al final del capítulo cubren ocho de las reducciones más fáciles.

7. Problema 22.4: el problema del conjunto independiente (página 170) se reduce al problema del *clique* (página 193).

8. Problema 22.5: el problema del conjunto independiente se reduce al problema de cobertura de vértices (problema 20.4 de la página 104).

9. Problema 22.6: el problema de la cobertura de vértices se reduce al problema de la cobertura de conjuntos (problema 20.2 de la página 101).

10. Problema 22.7: el problema de la suma de subconjuntos (página 185) se reduce al problema de la mochila (página 20).

11. Problema 22.8: el problema de la cobertura de conjuntos se reduce al problema de la cobertura máxima.

12. Problema 22.9: el problema del camino hamiltoniano dirigido se reduce al problema del camino hamiltoniano no dirigido (página 182).

13. Problema 22.10: el problema de la suma de subconjuntos se reduce al problema de la minimización de la envergadura (página 46).

14. Problema 22.11: el problema 3–SAT se reduce al problema de la comprobación de si un grafo es 3–coloreable (página 145)[7].

Y nos queda una lista de tareas por realizar que incluye cuatro de las reducciones más difíciles:

15. El problema 3–SAT se reduce al problema del conjunto independiente (sección 22.5).

16. El problema 3–SAT se reduce al problema del camino hamiltoniano dirigido (sección 22.2).

17. El problema del camino hamiltoniano no dirigido se reduce al TSP (sección 22.7, este no es tan difícil).

18. El problema del conjunto independiente se reduce al problema de la suma de subconjuntos (sección 22.8).

22.3.3 ¿Por qué torturarse con las demostraciones de complejidad NP?

Voy a ser honesto: la demostraciones de complejidad NP pueden llegar a ser complicadas hasta lo absurdo y, después, casi nadie recordará los detalles. ¿Por qué voy a torturarte con ellas a lo largo de las siguientes cinco secciones? Pues porque hay buenas razones para hacerte sudar tinta con algunas de ellas:

1. Cumplir con la promesa de mostrar que todos los problemas estudiados en este libro son NP–complejos y, en consecuencia, sufren de los sacrificios descritos en los capítulos 20 y 21.

---

[7]Esto invierte la dirección de la reducción de la sección 21.5.3. La intención es la de extender lo no abordable (peor caso) en vez de lo abordable (aproximadamente fiable). Además, para no mantenerlo en secreto: esta reducción es un poco más complicada que las de los problemas 22.4–22.10.

2. Proporcionarle una larga lista de problemas NP–complejos conocidos, para que los utilices en tus propias reducciones (en el primer paso de la receta de dos pasos)[8].

3. Fortalecer tu creencia en que, si surge la necesidad, podrás desarrollar la reducción necesaria para demostrar que un problema que se te presente es NP–complejo.

22.3.4 Solución al cuestionario 22.1

Respuestas correctas: (b), (c). Una reducción de un problema A a un problema B extiende lo abordable desde B hacia A y lo no abordable en el sentido opuesto, desde A hacia B (como ya hemos visto en las figuras 19.2 y 19.3). Si decimos que A y B son, respectivamente, los problemas de la mochila y la MIP, la reducción de la sección 21.4 transfiere lo abordable del problema MIP al de la mochila (lo que hace que (c) sea correcta) y lo no abordable en el sentido contrario (lo que hace que (b) sea correcta).

22.4 Una plantilla para las reducciones

Las reducciones más habituales en las demostraciones de complejidad NP siguen una plantilla común. En general, una reducción de un problema A a otro problema B puede ser sofisticada, llamando a una subrutina asumida de B un número polinómico de veces y procesando sus respuestas en tiempo polinómico de formas arbitrariamente audaces (sección 22.1). En el otro extremo, ¿qué aspecto tendrá la reducción más sencilla imaginable?

Si creemos que el problema A es NP–complejo (y que la conjetura P $\neq$ NP es cierta), toda reducción de A a B debe utilizar la subrutina asumida de B al menos una vez. En caso contrario, la reducción conformaría una solución algorítmica independiente, de tiempo polinómico, para A. Y con fines de verificación del formato, la instancia del problema A aportada a la reducción puede necesitar un procesamiento previo, antes de que tenga sentido entregársela a la subrutina de B (si, por ejemplo, la entrada es un

---

[8]Si quieres una lista verdaderamente larga (con más de 300 problemas NP–complejos), consulta el libro *Computers and Intractability: A Guide to the Theory of NP–Completeness* de Michael R. Garey y David S. Johnson (Freeman, 1979), todo un clásico. Pocos libros sobre ciencias de la computación publicados en 1979 mantienen la vigencia de este.

grafo y la subrutina espera una lista de enteros). Igualmente, la respuesta devuelta por la subrutina puede necesitar procesamiento posterior antes de que cobre sentido como salida de la reducción:

algoritmo para el problema A

entrada (problema A) → preprocesar entrada (tiempo polinómico) → subrutina para el problema B → postprocesar salida (tiempo polinómico) → salida (problema A)

En el caso de nuestras demostraciones de complejidad NP, podremos salir adelante con estas reducciones, tan sencillas como podamos imaginar:

> **Reducción más sencilla imaginable de A a B**
>
> 1. *Preprocesador:* dada una instancia del problema A, transformarla en tiempo polinómico en una instancia del problema B.
>
> 2. *Subrutina:* llamar a la subrutina asumida de B.
>
> 3. *Postprocesador:* transformar, en tiempo polinómico, la salida de la subrutina a una salida correcta para la instancia dada de A.

Lo normal es diseñar el preprocesador y el postprocesador de forma conjunta, guiando la transformación del primero por las necesidades explícitas del segundo. En todos nuestros ejemplos, resultará evidente que tanto el preprocesador como el postprocesador se ejecutan en tiempo polinómico (cuando no lineal).

La reducción del lema 19.2, del problema del camino hamiltoniano dirigido al problema del camino más corto libre de ciclos, es el arquetipo de esto. Esa reducción emplea un preprocesador que convierte una instancia del primer problema en otra del segundo, reutilizando el mismo grafo y asignando a cada arista una longitud de -1, y un postprocesador que deduce inmediatamente la salida correcta a partir de la salida de la subrutina asumida del camino más corto libre de ciclos. Las reducciones de las cuatro secciones siguientes son variaciones más complejas de la misma idea.

22.5 El conjunto independiente es NP–complejo

La primera demostración de complejidad NP de este capítulo le corresponde al problema del *conjunto independiente*, en el que la entrada es un grafo no dirigido $G = (V, E)$ y el objetivo es calcular un conjunto independiente (es decir, un conjunto de vértices no adyacentes mutuamente) del mayor tamaño posible[9]. Por ejemplo, si G es un grafo en ciclo con n vértices, el tamaño máximo de un conjunto independiente es $n/2$ (en caso de que n sea par) o $(n - 1)/2$ (si n es impar). Si las aristas representan conflictos entre personas o tareas, los conjuntos independientes corresponden a los subconjuntos libres de conflictos.

De momento solo tenemos un problema NP–complejo a nuestra disposición, el problema 3–SAT. Por tanto, si tenemos que demostrar que el problema del conjunto independiente es NP–complejo, utilizando la receta de dos pasos, tenemos las manos atadas: solo podemos hacerlo mediante una reducción desde el problema 3–SAT al del conjunto independiente. Aparentemente, estos dos problemas no tienen nada que ver entre sí: uno trata sobre lógica y el otro se refiere a grafos. En cualquier caso, el resultado principal de esta sección es:

Teorema 22.2 (Reducción de 3–SAT al conjunto independiente) *El problema 3–SAT se reduce al del conjunto independiente.*

Aplicando la receta de dos pasos, como el problema 3–SAT es NP–complejo (teorema 22.1), también lo es el del conjunto independiente.

Corolario 22.3 (Complejidad NP del conjunto independiente) *El problema del conjunto independiente es NP–complejo.*

22.5.1 La idea principal

La reducción desde el problema del camino hamiltoniano dirigido al del camino más corto libre de ciclos del lema 19.2 aprovechaba el importante parecido de los dos problemas, pues ambos tratan sobre la búsqueda de caminos en grafos dirigidos. Sin embargo, los problemas 3–SAT y del conjunto independiente no parecen guardar ninguna relación. Si apuntamos a la reducción más sencilla imaginable (sección 22.4), ¿qué planes

---

[9]Este problema es el caso especial del problema del conjunto independiente ponderado (página 20) en el que el peso de cada vértice es 1. Como este caso especial es NP–complejo (como veremos), también lo es el problema generalista.

---

tenemos para el preprocesador y el postprocesador? El postprocesador debe extraer, de alguna manera, una asignación de verdad satisfactoria para una instancia del 3–SAT (o determinar que no existe ninguna) a partir de un conjunto independiente de tamaño máximo de un grafo inventado por el preprocesador. A continuación, ilustraremos las ideas principales mediante un ejemplo. La sección 22.5.2 proporciona la descripción formal de la reducción, así como la demostración de su corrección.

Para explicar el preprocesador de la reducción, piensa en una disyunción de k literales como en una lista de peticiones que podría hacer alguien para sus k asignaciones de variables favoritas. Por ejemplo, la restricción $\neg x_1 \vee x_2 \vee x_3$ nos pide: "¿puedes establecer x_1 como falso?", "¿qué hay de x_2 como verdadero?", "¿o, al menos, x_3 como verdadero?". Basta con conceder una de las peticiones y ya está, restricción satisfecha.

La idea clave para el preprocesador es codificar una instancia del problema 3–SAT como un grafo en el que cada vértice representa una petición de asignación realizada por una restricción[10]. Por ejemplo, las restricciones

$$\underbrace{x_1 \vee x_2 \vee x_3}_{C_1} \qquad \underbrace{\neg x_1 \vee x_2 \vee x_3}_{C_2} \qquad \underbrace{\neg x_1 \vee \neg x_2 \vee \neg x_3}_{C_3}$$

estarían representadas por tres grupos de tres vértices cada uno:

$$\left(\begin{array}{c}(C_1)\\x_1 = T\end{array}\right) \left(\begin{array}{c}(C_1)\\x_2 = T\end{array}\right) \left(\begin{array}{c}(C_1)\\x_3 = T\end{array}\right) \left(\begin{array}{c}(C_2)\\x_1 = F\end{array}\right) \left(\begin{array}{c}(C_2)\\x_2 = T\end{array}\right) \left(\begin{array}{c}(C_2)\\x_3 = T\end{array}\right) \left(\begin{array}{c}(C_3)\\x_1 = F\end{array}\right) \left(\begin{array}{c}(C_3)\\x_2 = F\end{array}\right) \left(\begin{array}{c}(C_3)\\x_3 = F\end{array}\right)$$

Como ejemplo, el cuarto vértice codifica la petición de la segunda restricción de establecer la variable x_1 como falsa (correspondiente a su literal $\neg x_1$).

Con la vista puesta en el postprocesador, ¿codifican los subconjuntos de estos vértices asignaciones de verdad? No siempre. La cuestión es que algunas de las peticiones son contradictorias y demandan asignaciones opuestas para la misma variable (como los vértices primero y cuarto de la figura anterior). Pero recuerda, el único sentido del problema del conjunto independiente es el de representar conflictos. Por tanto, el preprocesador debería añadir una arista entre cada par de vértices que corresponda a asignaciones contradictorias. Como todo conjunto independiente debe elegir, como mucho, un extremo por arista, se evitan todos los conflictos. Si

---

[10]Tu primera idea podría haber sido el convertir una instancia del 3–SAT con n variables en un grafo con n vértices, donde los 2^n conjuntos de vértices corresponderían a las 2^n asignaciones de verdad. Lamentablemente, este enfoque no funcionaría, lo que motiva la construcción, más audaz, que hemos utilizado.

aplicamos esta idea a nuestro ejemplo (donde los vértices rayados indican un conjunto independiente concreto):

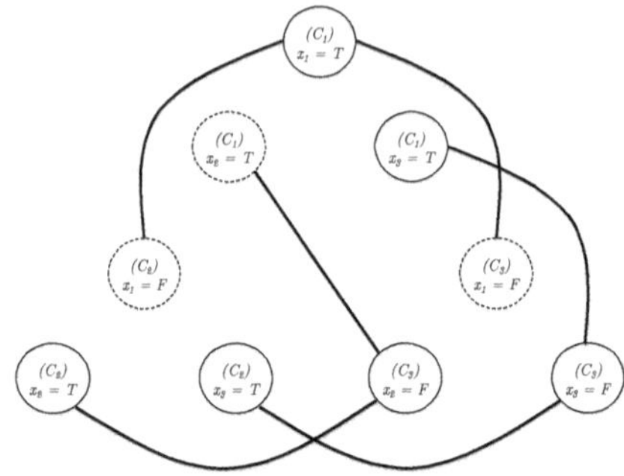

Ahora un postprocesador puede extraer una asignación de verdad satisfactoria de cualquier conjunto independiente S que contenga, al menos, un vértice en cada grupo, solo con hacer todas las peticiones de asignación de variables correspondientes (una variable sin peticiones en ninguna de las dos direcciones puede tener, sin ningún problema, el valor de verdadero o falso). Como los vértices de S no son adyacentes, ninguna de las peticiones entra en conflicto y el resultado es una asignación de verdad bien definida. Además, como S incluye, al menos, un vértice por grupo (una petición concedida por cada restricción), esta asignación de verdad satisface todas las restricciones. Por ejemplo, los tres vértices rayados que hemos visto, se traducen en una de estas dos asignaciones satisfactorias: {falso, verdadero, verdadero} o {falso, verdadero, falso}.

Por último, la reducción también debe reconocer las instancias de 3–SAT que no pueden ser satisfechas. Como veremos en la siguiente sección, el preprocesador puede dejar patente la imposibilidad de la satisfacción al postprocesador, añadiendo una arista entre cada par de vértices que pertenezcan al mismo grupo:

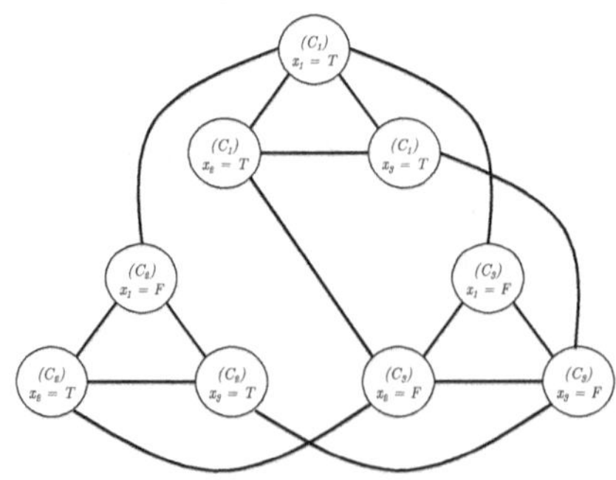

22.5.2 Demostración del teorema 22.2

La demostración del teorema 22.2 se limita a ampliar el ejemplo y el razonamiento de la sección 22.5.1 a las instancias generalistas del 3–SAT.

Descripción de la reducción

Preprocesador. Dada una instancia arbitraria del 3–SAT, con n variables y m restricciones, con un máximo de tres literales cada una, el preprocesador construye un grafo $G = (V, E)$ correspondiente. Define $V = V_1 \cup V_2 \cup \cdots \cup V_m$, donde V_j es un grupo con un vértice por literal de la j-ésima restricción. Define $E = E_1 \cup E_2$, donde E_1 contiene una arista por cada par de vértices que resida en el mismo grupo y E_2 contiene una arista por cada par de vértices en conflicto (correspondientes a las peticiones de asignaciones contradictorias para la misma variable).

Postprocesador. Si la subrutina asumida devuelve un conjunto independiente del grafo G construido por el preprocesador con, al menos, m vértices, el postprocesador devuelve una asignación de verdad arbitraria conforme a las peticiones de asignación de variables correspondientes. En caso contrario, el postprocesador devuelve "sin solución".

Demostración de corrección

El quid de la demostración de corrección es mostrar que el preprocesador traduce las instancias del 3–SAT que pueden y no pueden ser satisfechas en grafos en los que el tamaño máximo de un conjunto independiente es, respectivamente, igual a y menor que m:

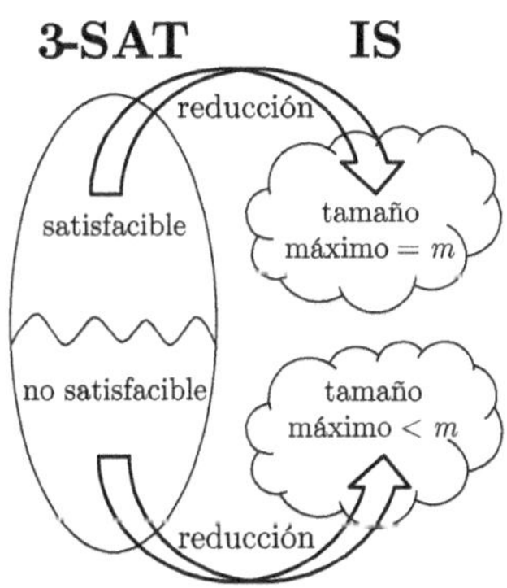

Caso 1: instancias que no se pueden satisfacer. Supongamos, a los efectos de una demostración por contradicción, que la reducción no devuelve "sin solución" para alguna instancia del 3–SAT que no se puede satisfacer. Esto significa que la subrutina asumida devuelve un conjunto independiente S del grafo $G = (V, E)$, construido por el preprocesador, que incluye, al menos, m vértices. Las aristas de E_1 impiden que haya más de un vértice de un mismo grupo, por lo que S debe incluir, exactamente, m vértices, con uno por grupo. Debido a los vértices de E_2, al menos una asignación de verdad es conforme a todas las peticiones de asignaciones correspondientes a los vértices de S. Como S incluye un vértice de cada grupo, la asignación de verdad extraída de S por el postprocesador satisfaría todas las restricciones. Esto contradice nuestra asunción inicial de que la instancia del 3–SAT dada no se puede satisfacer.

Caso 2: instancias que se pueden satisfacer. Supongamos que la instancia del 3–SAT dada tiene una asignación de verdad satisfactoria. Elige una petición de asignación de variable concedida de cada restricción (como la asignación de verdad satisface todas las restricciones, debe haber alguna disponible) y sea X el subconjunto correspondiente de m vértices. El conjunto X es un conjunto independiente de G: no contiene ambos extremos de ninguna arista de E_1 (ya que solo contiene un vértice de cada grupo), ni de ninguna arista de E_2 (ya que se deduce de una asignación de verdad coherente). Con, al menos, un conjunto independiente de G de tamaño m disponible, la subrutina asumida debe devolverlo (probablemente X, aunque podría ser algún otro conjunto independiente de tamaño m que, en cualquier caso, tendría un vértice en cada grupo). Al igual que en el caso 1, el postprocesador extraerá una asignación satisfactoria a partir de este conjunto independiente, que devolverá como salida (correcta) de la reducción. $\mathcal{QED}$

Para que estas demostraciones de corrección no te resulten una absoluta pedantería, terminaremos la sección con un ejemplo de una reducción que termina en desastre.

b) Una instancia del 3–SAT que se puede satisfacer no se traduce
necesariamente a un grafo en el que el tamaño máximo de un
conjunto independiente es, al menos, m, el número de restricciones.

c) Una instancia del 3–SAT que no se puede satisfacer no se traduce necesariamente a un grafo en el que el tamaño máximo
de un conjunto independiente es menor que m.

d) En realidad, la demostración sigue siendo válida.

Solución y aclaraciones a continuación

Respuesta correcta: (c). Con una instancia del 3–SAT que no se puede
satisfacer e, incluso, sin las aristas intragrupo de E_1, ningún conjunto independiente de G incluirá un vértice de cada uno de los m grupos (ya que
el postprocesador podría traducir cualquiera de esos conjuntos independientes en una asignación satisfactoria). Sin embargo, como los conjuntos
independientes de G tendrán ahora la libertad de reclutar varios vértices
de un mismo grupo, uno de ellos podría, perfectamente, incluir m vértices
(o más).

*22.6 El camino hamiltoniano dirigido es NP–complejo

Ahora que hemos visto una reducción del problema 3–SAT a un problema
de grafos, ¿por qué no ir a por otro? En el problema del *camino hamiltoniano dirigido (DHP)* (página 32), la entrada está formada por un grafo
dirigido $G = (V, E)$, un vértice de inicio $s \in V$ y un vértice de finalización $t \in V$. El objetivo es devolver un camino s-t que visite cada vértice de
G exactamente una vez (llamado *camino hamiltoniano s-t*), o hacer una
declaración correcta de que tal camino no existe[11]. Como contraste a la
mayoría de los diecinueve problemas estudiados en este capítulo, nuestro
interés en este responde menos a sus aplicaciones directas y más a su utilidad a la hora de demostrar que otros problemas importantes (como el
TSP) son NP–complejos.

---

[11]El enunciado del problema de la página 32 es ligeramente diferente, ya que solo pide
una respuesta de "sí"/"no", en vez del camino. El problema 22.3 te pide que muestres que
las dos versiones del problema son equivalentes, de forma que cada una de ellas se reduce
a la otra.

El resultado principal de esta sección es:

Teorema 22.4 (Reducción del 3–SAT al DHP) *El problema 3–SAT se reduce al problema del camino hamiltoniano dirigido.*

En combinación con el teorema de Cook–Levin (teorema 22.1) y nuestra receta de dos pasos, el teorema 22.4 cumple la promesa hecha en la sección 19.5.4:

Corolario 22.5 (Complejidad NP del DHP) *El problema del camino hamiltoniano dirigido es NP–complejo.*

22.6.1 Codificación de variables y asignaciones de verdad

Para que la reducción más sencilla imaginable (sección 22.4) tenga éxito, necesitamos un plan para el preprocesador (responsable de inventar un grafo dirigido a partir de una instancia del 3–SAT) y el postprocesador (responsable de extraer una asignación de verdad satisfactoria a partir de un camino hamiltoniano s-t de ese grafo).

La primera idea consiste en construir un grafo en el que se obligue a un camino hamiltoniano s-t a tomar una secuencia de decisiones binarias, que puedan ser interpretadas como una asignación de verdad por el postprocesador. Por ejemplo, en el grafo de diamante

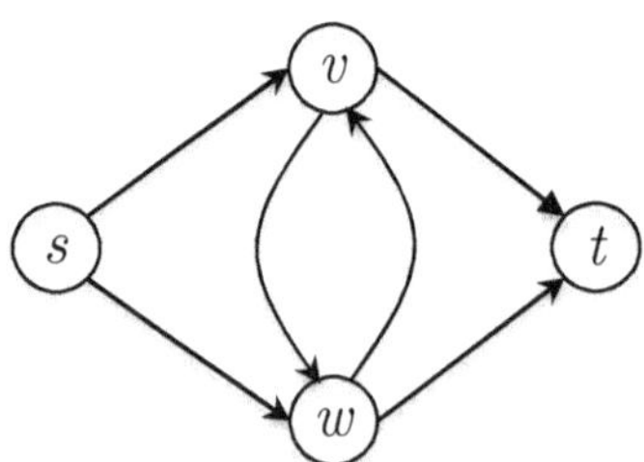

existen dos caminos hamiltonianos s-t: uno en zigzag hacia abajo ($s \rightarrow v \rightarrow w \rightarrow t$) y otro en zigzag hacia arriba ($s \rightarrow w \rightarrow v \rightarrow t$). Si identificamos abajo y arriba con "verdadero" y "falso", los caminos hamiltonianos s-t codifican las asignaciones posibles a una variable booleana.

¿Qué ocurre si hay más variables? El preprocesador desplegará un grafo de diamante por cada variable, encadenándolos todos juntos en un collar. Por ejemplo, el camino hamiltoniano s-t rayado en el grafo de collar

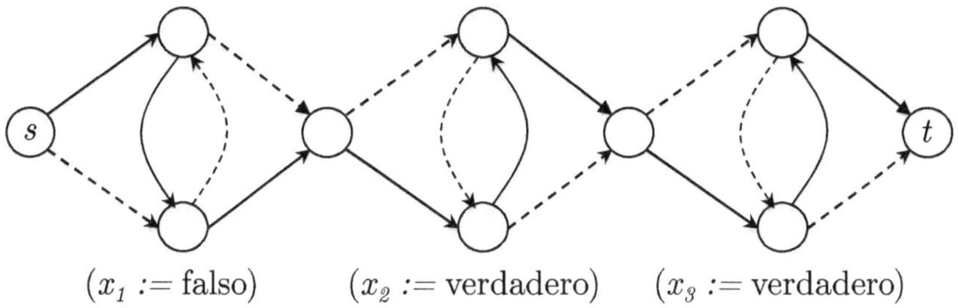

se puede interpretar por el postprocesador como la asignación de verdad {falso, verdadero, verdadero}. El resto de los caminos hamiltonianos s-t codifican de forma similar las otras siete asignaciones de verdad.

22.6.2 Codificación de restricciones

A continuación, el preprocesador debe aumentar su grafo para reflejar las restricciones de la instancia de 3–SAT dada, de forma que solo las asignaciones de verdad satisfactorias sobrevivan como caminos hamiltonianos s-t. Una idea: añadir un nuevo vértice por cada restricción, de forma que visitar ese vértice corresponda a satisfacer la restricción. Para ver el funcionamiento de este método, consideremos la restricción $\neg x_1 \vee x_2 \vee x_3$ y el siguiente grafo (donde las aristas rayadas representan un camino hamiltoniano s-t concreto):

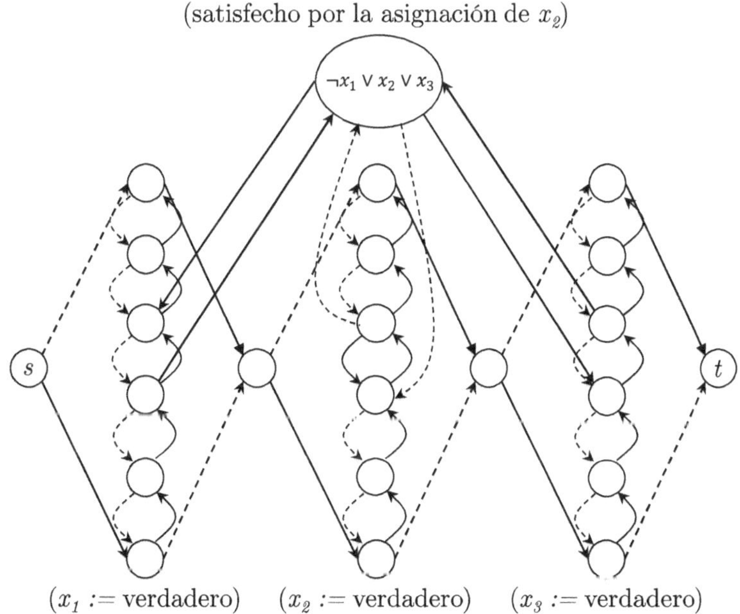

Las aristas entre el collar y el nuevo vértice de restricción permiten que los caminos hamiltonianos s-t visiten este último únicamente desde los diamantes recorridos en una dirección que corresponda a una asignación de variables que satisfaga la restricción[12].

Por ejemplo, consideremos las aristas rayadas, que forman un camino hamiltoniano s-t. El camino viaja hacia abajo en cada uno de los tres diamante, lo que corresponde a la asignación de verdad en la que todas las variables son verdaderas. Asignar x_1 a verdadero no satisface la restricción $\neg x_1 \vee x_2 \vee x_3$. En consecuencia, no existe la forma de visitar el nuevo vértice de restricción, partiendo desde el primer diamante, sin evitar o visitar dos veces algún vértice. Asignar x_2 a verdadero satisface la restricción, motivo por el que el camino rayado hace un pequeño desvío desde el segundo diamante antes de continuar su viaje hacia abajo desde donde lo dejó. Como la asignación de x_3 también satisface la restricción, ese mismo desvío es posible igualmente desde el tercer diamante. Sin embargo, habiendo visitado ya el vértice de restricción, el camino hamiltoniano s-t continúa directamente hacia abajo en ese tercer diamante y hasta t (existe un segundo camino hamiltoniano s-t correspondiente a la misma asignación de verdad, viajando directamente hacia abajo en el segundo diamante y tomando el desvío desde el tercero).

Para codificar una segunda restricción, digamos $x_1 \vee \neg x_2 \vee \neg x_3$, el preprocesador puede añadir un segundo vértice de restricción y conectarlo al collar de forma similar (con las aristas rayadas indicando un camino hamiltoniano s-t concreto).

Los nuevos vértices de cada diamante dejan espacio para cualquier camino hamiltoniano s-t que quiera hacer los desvíos en ambos vértices de restricción del mismo diamante[13]. El camino rayado es uno de los dos caminos hamiltonianos s-t correspondientes a la asignación de verdad en la que todas las variables son verdaderas. La única oportunidad de visitar el nuevo vértice de restricción es desde el primer diamante. De las otra siete asignaciones de verdad, las cinco satisfactorias corresponden a uno o más caminos hamiltonianos, mientras que las otras dos no:

---

[12]Si alguna variable estuviese ausente en la restricción, el diamante correspondiente no podría tener una arista desde o hacia el vértice de restricción.

[13]En este ejemplo no existen tales caminos, pero los encontraríamos si modificásemos la segunda restricción a, digamos, $x_1 \vee \neg x_2 \vee x_3$.

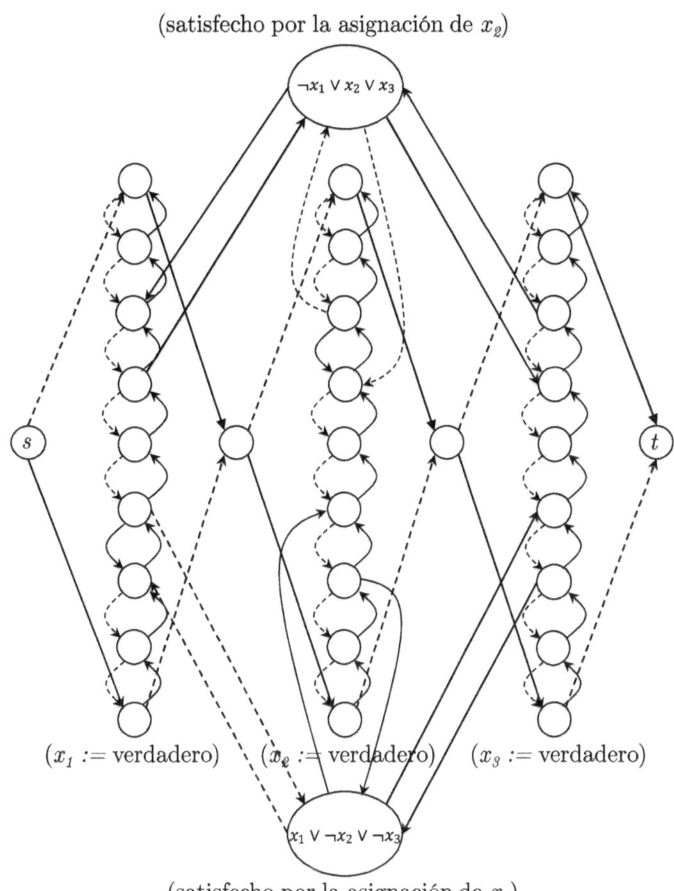

22.6.3 Demostración del teorema 22.4

La demostración del teorema 22.4 amplía el ejemplo de la sección 22.6.2 hasta instancias generalistas del 3–SAT.

Descripción de la reducción

Preprocesador. Dada una instancia del 3–SAT con n variables y m restricciones, el preprocesador construye un grafo dirigido:

- Definir un conjunto V de $3mn + 4n + m + 1$ vértices: un vértice de inicio s, 3 vértices del diamante externos v_i, w_i, t_i para cada variable x_i, $3m + 1$ vértices del diamante internos $a_{i,1}, a_{i,2}, \ldots, a_{i,3m+1}$ para cada variable x_i y m vértices de restricción $c_1, c_2, \ldots, c_m$.

- Definir un conjunto E_1 de aristas del collar conectando s a v_1 y w_1; t_i a v_{i+1} y w_{i+1} para cada $i = 1, 2, \ldots, n-1$; v_i y w_i a t_i, v_i hacia y desde $a_{i,1}$ y w_i hacia y desde $a_{i,3m+1}$ para cada $i = 1, 2, \ldots, n$; y $a_{i,j}$ hacia y desde $a_{i,j+1}$, para cada $i = 1, 2, \ldots, n$ y $j = 1, 2, \ldots, 3m$.

- Definir un conjunto E_2 de aristas de restricción conectando $a_{i,3j-1}$ a c_j y c_j a $a_{i,3j}$, siempre que la j-ésima restricción incluya el literal x_i (es decir, pida que $x_i =$ verdadero); y $a_{i,3j}$ a c_j y c_j a $a_{i,3j-1}$, siempre que la j-ésima restricción incluya el literal $\neg x_i$ (que pide que $x_i =$ falso).

El preprocesador finaliza con el grafo $G = (V, E_1 \cup E_2)$. Los vértices de inicio y fin de la instancia están definidos, respectivamente, como s y t_n.

Postprocesador.   Si la subrutina asumida calcula un camino hamiltoniano s-t_n, que llamaremos P, construido por el preprocesador, el postprocesador devolverá la asignación de verdad en la que una variable x_i tendrá el valor verdadero si P visita el vértice v_i antes que w_i, y falso en caso contrario. si la subrutina asumida responde "sin solución", el postprocesador también responderá "sin solución".

Demostración de corrección

El quid de la demostración de corrección muestra que el preprocesador traduce instancias del 3–SAT, tanto que se pueden satisfacer como que no, a grafos que contienen o no, respectivamente, un camino hamiltoniano s-t_n:

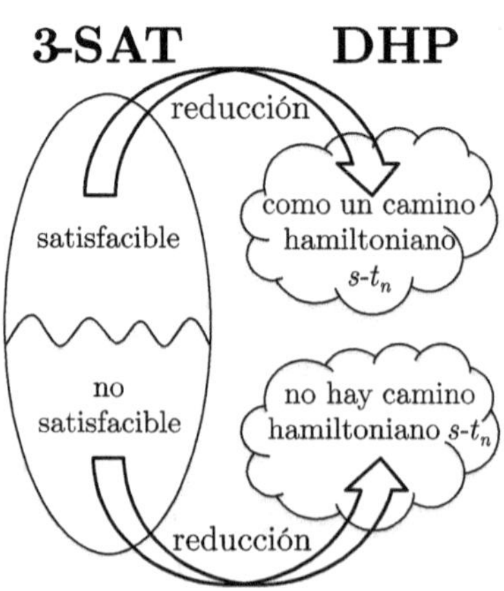

Caso 1: instancias que no se pueden satisfacer. Supongamos que la reducción no devuelve "sin solución" ante alguna instancia del 3–SAT que no se puede satisfacer. Esto significaría que la subrutina asumida devuelve un camino hamiltoniano s-t_n, llamado P, del grafo G construido por el preprocesador. El camino hamiltoniano P debería parecerse a los de la sección 22.6.2, recorriendo todos los diamantes hacia arriba o hacia abajo y, además, visitando todos los vértices de restricción. Para visitar un vértice de restricción, el camino debe incluir un pequeño desvío que interrumpa el recorrido de alguno de los diamantes, en una dirección que corresponda a las peticiones de asignación de variables de una de las restricciones[14]. La asignación de verdad extraída de P por el postprocesador sería, en consecuencia, una asignación satisfactoria, lo que entra en contradicción con el hecho de que la instancia del 3–SAT dada no se puede satisfacer.

Caso 2: instancias que se pueden satisfacer. Supongamos que la instancia del 3–SAT dada cuenta con una asignación de verdad satisfactoria. El grafo G construido por el preprocesador tendrá, entonces, un camino hamiltoniano s-t_n: recorre cada diamante en la dirección sugerida por esta asignación (hacia abajo si las variables tienen valor verdadero y hacia arriba en el resto de casos), tomando un pequeño desvío hacia cada vértice de restricción a la menor oportunidad (desde el diamante correspondiente a la primera variable cuya asignación satisfaga esa restricción). Con, al menos, un camino hamiltoniano s-t_n de G disponible, la subrutina asumida debe dar una respuesta válida. Al igual que en el caso 1, el postprocesador extraerá entonces la información de este camino y devolverá una asignación satisfactoria. $Q\mathcal{E}\mathcal{D}$

22.7 El TSP es NP–complejo

Volvemos a encontrarnos con un problema al que le hemos tomado un cariño especial: el problema del viajante (TSP) de la sección 19.1.2.

---

[14]Un camino que no vuelve inmediatamente desde el vértice de restricción al mismo diamante no podrá visitar posteriormente el resto de ese diamante. Por ejemplo, pensemos en un supuesto camino hamiltoniano P que viaje desde un vértice interno $a_{i,3j-1}$ hasta un vértice de restricción c_j sin regresar inmediatamente al vértice $a_{i,3j}$. El camino P debe visitar $a_{i,3j}$ en algún momento, y solo puede hacerlo a través de $a_{i,3j+1}$ (ya que P ya ha utilizado sus visitas a c_j y $a_{i,3j-1}$). Pero entonces P se quedaría atascado en $a_{i,3j}$, desde donde las únicas aristas salientes se dirigen a los vértices ya visitados $a_{i,3j-1}$ y $a_{i,3j+1}$.

22.7.1 El problema del camino hamiltoniano no dirigido

La idea es aprovechar el duro trabajo realizado para demostrar que el problema del camino hamiltoniano dirigido es NP–complejo (corolario 22.5), siguiendo vagamente nuestra reducción de la sección 19.5.4 desde ese problema al del camino más corto libre de ciclos. Sin embargo, nos encontramos directamente con un problema tipológico, pues el TSP está relacionado con grafos no dirigidos en vez de con grafos dirigidos. La versión *no dirigida* del problema del camino hamiltoniano parece más pertinente.

Problema: camino hamiltoniano no dirigido (UHP)

Entrada: un grafo no dirigido $G = (V, E)$, un vértice de inicio $s \in V$ y un vértice final $t \in V$.

Salida: un camino s-t de G que visite cada vértice una sola vez (es decir, un camino hamiltoniano s-t) o una declaración correcta de que tal camino no existe.

El problema 22.9 te pide que muestres que los problemas del camino hamiltoniano no dirigido y dirigido son equivalentes, y cada uno de ellos se puede reducir al otro. Por tanto, el corolario 22.5 también se puede aplicar a grafos nos dirigidos.

Corolario 22.6 (Complejidad NP del UHP) *El problema del camino hamiltoniano no dirigido es NP–complejo.*

Así, el resultado principal de esta sección será:

Teorema 22.7 (Reducción del UHP al TSP) *El problema del camino hamiltoniano no dirigido se reduce al problema del viajante.*

Al combinar esta reducción con el corolario 22.6, demostraremos que el TSP es, efectivamente, un problema NP–complejo.

Corolario 22.8 (Complejidad NP del TSP) *El problema del viajante es NP–complejo.*

22.7.2 Demostración del teorema 22.7

El hecho de que el teorema 22.7, a diferencia de los teoremas 22.2 y 22.4, haga referencia a dos problemas similares, debería suponer un alivio, pues ambos están más o menos relacionados con caminos largos en grafos no dirigidos. Dada una instancia del camino hamiltoniano no dirigido, ¿cómo podemos convertirla en una instancia del TSP, de forma que se pueda extraer fácilmente un camino hamiltoniano (o una declaración correcta de que no existe) a partir de una ruta del viajante de coste mínimo? La idea principal consiste en simular las aristas faltantes utilizando aristas muy caras.

Descripción de la reducción

Preprocesador. Dado un grafo no dirigido $G = (V, E)$, un vértice de inicio s y un vértice final t, el preprocesador comienza rellenando los espacios vacíos entre los caminos y los ciclos que visitan todos los vértices, aumentando G con un vértice adicional v_0 y aristas que conectan v_0 a s y a t. Después, le asigna un coste de 0 a todas las aristas del grafo aumentado. Para completar la construcción de la instancia del TCP, el preprocesador añade todas las aristas que faltan (para formar el grafo completo G' con el conjunto de vértices $V \cup \{v_0\}$) y le asigna a cada una de ellas un coste de 1.

Por ejemplo, el preprocesador traduce el siguiente grafo, sin ningún camino hamiltoniano s-t, a una instancia del TSP sin ninguna ruta de coste cero:

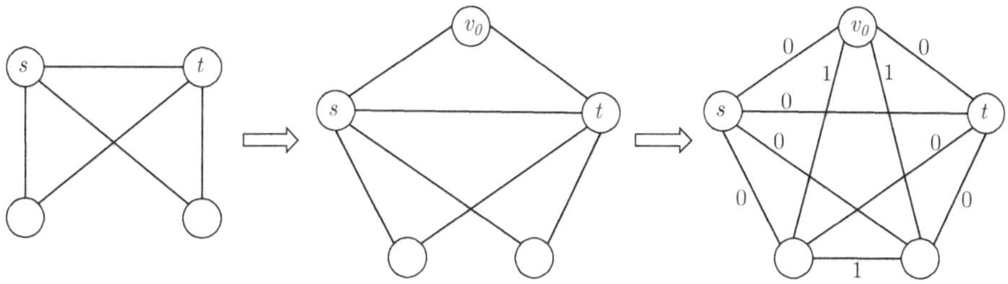

Postprocesador. Si la subrutina asumida calcula una ruta del viajante T de coste cero en el grafo G' construido por el preprocesador, el postprocesador elimina de T a v_0 y sus dos aristas incidentes y, entonces, devuelve el camino resultante. En caso contrario, como ocurre en el ejemplo anterior, el postprocesador devuelve "sin solución".

Demostración de corrección

Para argumentar la corrección, justificaremos esta imagen:

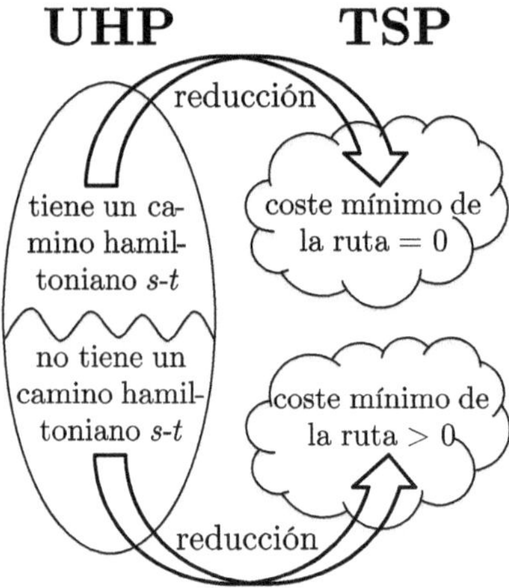

Caso 1: instancias no hamiltonianas.   Supongamos que la reducción no devuelve "sin solución" para alguna instancia G del camino hamiltoniano no dirigido, que no tiene ningún camino hamiltoniano s-t. Esto significaría que la subrutina asumida devuelve una ruta T de coste cero del grafo G' construida por el preprocesador (una ruta de G' que evita todas las aristas de coste 1). Como únicamente tienen coste cero en G' las aristas de G y las aristas (v_0, s) y (v_0, t), las dos aristas de T incidentes a v_0 deberían ser (v_0, s) y (v_0, t), y el resto de T debería ser un camino s-t libre de ciclos que visite todos los vértices de V, utilizando únicamente las aristas de G. Por tanto, $T - \{(v_0, s), (v_0, t)\}$ sería un camino hamiltoniano s-t de G, lo que contradice nuestra asunción inicial.

Caso 2: instancias hamiltonianas.   Supongamos que la instancia dada del camino hamiltoniano no dirigido tiene un camino hamiltoniano s-t, que llamaremos P. La instancia G' del TSP, construida por el preprocesador, tendrá entonces una ruta de coste cero en $P \cup \{(v_0, s), (v_0, t)\}$. Con, al menos, una ruta de coste cero disponible, la subrutina debería encontrarla. Al igual que en el caso 1, el postprocesador extraerá la información necesaria de esta ruta y devolverá un camino hamiltoniano s-t de G. $\mathcal{QED}$

22.8 La suma de subconjuntos es NP–complejo

La última de nuestro desfile de demostraciones de complejidad NP es la correspondiente al problema de la *suma de subconjuntos*. Como consecuencia de ello, tanto el problema de la mochila como el de la minimización de la envergadura también son NP–complejos (ver los problemas 22.7 y 22.10).

Problema: suma de subconjuntos

Entrada: enteros positivos $a_1, a_2, \ldots, a_n$ y un entero positivo t.

Salida: un subconjunto de los a_i cuya suma sea igual a t (o una declaración correcta de que tal subconjunto no existe).

Por ejemplo, si los a_i son todas las potencias de 10 desde 1 hasta 10^{100}, existe un subconjunto con una suma objetivo t si, y solo si, t (escrito en base 10) tiene un máximo de 101 dígitos, donde cada dígito es un 0 o un 1.

De lo único que se preocupa el problema de la suma de subconjuntos es de un montón de números. No parece que tenga mucho que ver con problemas relacionados con objetos complejos, como los grafos. A pesar de ello, el resultado principal de esta sección es:

Teorema 22.9 (Reducción del IS a la suma de subconjuntos) *El problema del conjunto independiente se reduce al problema de la suma de subconjuntos.*

Este resultado, en combinación con el corolario 22.3, demuestra que:

Corolario 22.10 (Complejidad NP de la suma de subconjuntos) *El problema de la suma de subconjuntos es NP–complejo.*

22.8.1 La técnica básica

De momento, vamos a centrarnos en el problema de comprobar si un grafo dado tiene un conjunto independiente de un tamaño k dado, en vez de calcular un conjunto independiente de tamaño máximo (cualquier solución del primer problema se amplía fácilmente al segundo: basta con utilizar

---

búsquedas lineal o binaria para identificar el valor más alto de k para el que el grafo tiene un conjunto independiente de tamaño k).

El preprocesador de la reducción debe, de alguna manera, provocar una metamorfosis de una grafo y un tamaño objetivo a la entrada esperada por la subrutina del problema de la suma de conjuntos asumida: un montón de enteros positivos[15]. La técnica más sencilla imaginable definiría un número por vértice (junto a un objetivo t), de forma que los conjuntos independientes de tamaño objetivo k correspondan a subconjuntos de números cuya suma sea t:

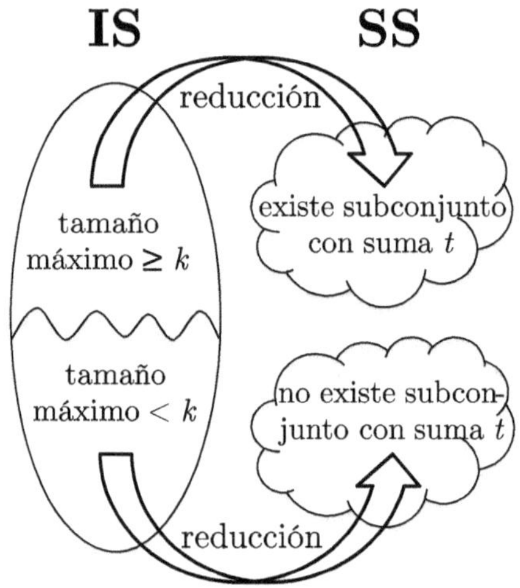

---

[15]Como caso especial de la suma de la mochila (ver el problema 22.7), el problema de la suma de subconjuntos se puede resolver mediante programación dinámica en tiempo *pseudopolinómico*, lo que significa tiempo polinómico en relación al tamaño de la entrada y a las magnitudes de los números incluidos en la misma (ver la página 21 y el problema 20.11.a). Deberías esperar, por tanto, que el preprocesador construya una instancia de la suma de subconjuntos con números exponencialmente grandes: una instancia para la que nuestros algoritmos de programación dinámica no ofrecen mejora respecto a la búsqueda exhaustiva.

Los problemas que son tanto NP–complejos como resolubles en tiempo pseudopolinómico se denominan *NP–complejos débiles*, mientras que los problemas *NP–complejos fuertes* siguen siendo NP–complejos en aquellas instancias en las que todos los números de la entrada están limitados por una función polinómica en relación al tamaño de la entrada (un problema NP–complejo sin números en la entrada, como el problema 3–SAT, es, automáticamente, NP–complejo fuerte). De los diecinueve problemas de la figura 22.1, todos son NP–complejos fuertes, con la excepción de los de la suma de subconjuntos y la mochila.

22.8.2 Ejemplo: ciclo de cuatro

La idea clave consiste en utilizar cada uno de los dígitos de orden bajo de un número para codificar si una arista es incidente al vértice correspondiente. Por ejemplo, el preprocesador podría codificar los vértices de un ciclo de cuatro

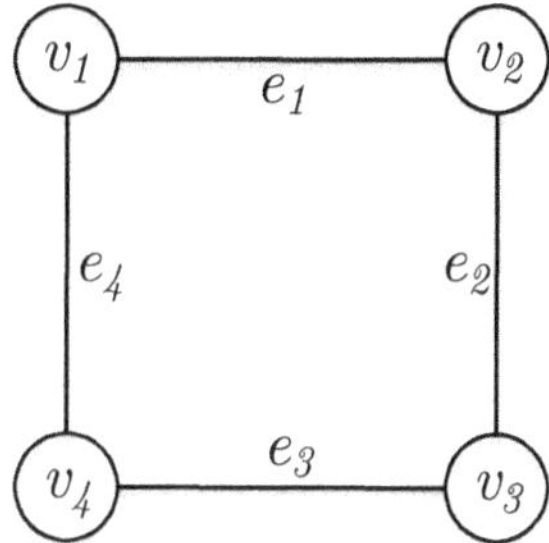

utilizando los siguientes números de cinco dígitos (expresados en base 10):

v_1	v_2	v_3	v_4
11001	11100	10110	10011

Así, los últimos cuatro dígitos de la codificación de v_2 indican que es adyacente a e_1 y e_2, pero no a e_3 o e_4.

La idea parece prometedora. Los dos conjuntos independientes de tamaño 2 del ciclo de cuatro, $\{v_1, v_3\}$ y $\{v_2, v_4\}$, corresponden a dos pares de números con la misma suma: $11001 + 10110 = 11100 + 10011 = 21111$. El resto de subconjuntos tienen sumas distintas. Por ejemplo, la suma correspondiente al conjunto no independiente $\{v_3, v_4\}$ es $10110 + 10011 = 20121$. En consecuencia, un postprocesador podría traducir cualquier subconjunto de números que sumasen 21111 a un conjunto independiente de tamaño 2 del ciclo de cuatro.

22.8.3 Ejemplo: ciclo de cinco

Supongamos, sin embargo, que queremos intentar realizar la misma maniobra con el ciclo de cinco:

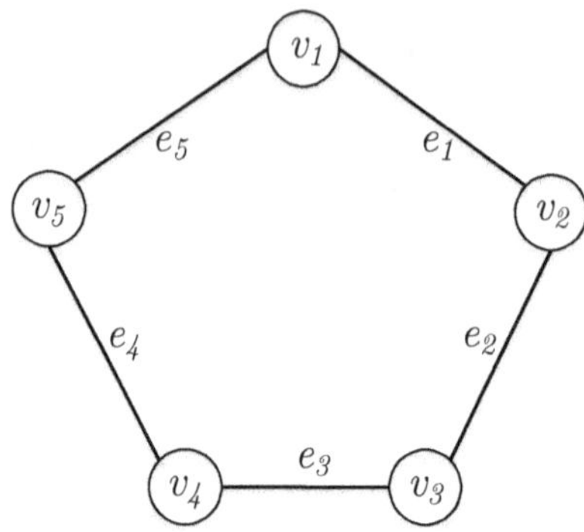

codificando cada vértice (y sus aristas incidentes) empleando un número de seis dígitos. Los distintos conjuntos independientes de tamaño 2 corresponderán ahora a pares de números con sumas diferentes: por ejemplo, 211101 y 211110 para $\{v_1, v_3\}$ y $\{v_2, v_4\}$. En general, un dígito de orden bajo de la suma será 0 si corresponde a una arista que no tenga ningún extremo en el conjunto independiente, y 1 en caso contrario.

Para corregir los dígitos de orden bajo que, de otra forma, serían 0, el preprocesador puede definir un número adicional por arista. En el caso del ciclo de cinco, la lista final de números es:

v_1	v_2	v_3	v_4	v_5
110001	111000	101100	100110	100011

e_1	e_2	e_3	e_4	e_5
10000	1000	100	10	1

Ahora, se puede obtener la suma objetivo $t = 211111$ tomando los números correspondientes a un conjunto independiente de tamaño 2 (como $\{v_1, v_3\}$ o $\{v_2, v_4\}$) junto a los números correspondientes a las aristas que no tienen ningún extremo en el conjunto independiente (como e_4 o e_5, respectivamente). No existe ninguna otra forma de obtener esta suma objetivo (como deberías comprobar).

22.8.4 Demostración del teorema 22.9

La demostración del teorema 22.9 amplía el ejemplo de la sección anterior, para llegar a las instancias generalistas del conjunto independiente.

Descripción de la reducción

Preprocesador. Dados un grafo no dirigido $G = (V, E)$, con conjuntos de vértices $V = \{v_1, v_2, \dots, v_n\}$ y aristas $E = \{e_1, e_2, \dots, e_m\}$, y un tamaño objetivo k, el preprocesador construye $n + m + 1$ enteros positivos que definen una instancia del problema de la suma de subconjuntos:

- Para cada vértice v_i, definir el número $a_i = 10^m + \sum_{e_j \in A_i} 10^{m-j}$, donde A_i indica la arista incidente a v_i (escrito en base 10, el dígito inicial es 1 y el dígito j-ésimo posterior es 1 si e_j es incidente a v_i y 0 en caso contrario).

- Para cada arista e_j, definir el número $b_j = 10^{m-j}$.

- Definir la suma objetivo $t = k \cdot 10^m + \sum_{j=1}^{m} 10^{m-j}$ (expresado en base 10, los dígitos de k seguidos de m unos).

Postprocesador. Si la subrutina asumida calcula un subconjunto de $\{a_1, a_2, \dots, a_n, b_1, b_2, \dots, b_m\}$ con suma t, el postprocesador devuelve los vértices v_i que corresponden a los a_i del subconjunto (por ejemplo, si se le entrega el subconjunto $\{a_2, a_4, a_7, b_3, b_6\}$, el postprocesador devolverá el subconjunto de vértices $\{v_2, v_4, v_7\}$). Si la subrutina asumida responde "sin solución", el postprocesador también responderá "sin solución".

Bucle exterior. Tanto el preprocesador como el postprocesador están diseñados para obtener información de un conjunto independiente de tamaño objetivo k. Para calcular un conjunto independiente de tamaño máximo a partir de un grafo de entrada $G = (V, E)$, la reducción comprueba todos los valores posibles de $k = n, n - 1, n - 2, \dots, 2, 1$:

1. Llamar al preprocesador para transformar G y el valor actual de k en una instancia del problema de la suma de subconjuntos.

2. Llamar a la subrutina asumida del problema de la suma de subconjuntos.

3. Llamar al postprocesador entregándole la salida de la subrutina. Si devuelve un conjunto independiente S de G, de tamaño k, detener el proceso y devolver S.

En total, la reducción llama a la subrutina de la suma de subconjuntos un máximo de n veces y realiza una cantidad de trabajo adicional máxima de tamaño polinómico.

Demostración de corrección

La reducción es correcta siempre que toda iteración de su bucle exterior determine correctamente, para el valor actual de k, si el grafo de entrada tiene un conjunto independiente de tamaño k.

Caso 1: no existe un conjunto independiente de tamaño k. Supongamos que una iteración del bucle exterior de la reducción no devuelve, por error, "sin solución" para algún grafo $G = (V, E)$ que no tenga ningún conjunto independiente de tamaño k. Esto significaría que la subrutina asumida devuelve un subconjunto N de los números $\{a_1, a_2, ..., a_n, b_1, b_2, ..., b_m\}$ aportados por el preprocesador junto a la suma objetivo t. Digamos que $S \subseteq V$ indica los vértices que corresponden a los a_i en N. Para obtener una contracción, argumentaremos a continuación que S es un conjunto independiente de G de tamaño k.

En general, para todo subconjunto de s de los a_i y cualquier número de los b_j, la suma (expresada en base 10) corresponde a los dígitos de s seguidos de m dígitos pertenecientes a $\{0, 1, 2, 3\}$ (hay exactamente tres números que pueden contribuir al j-ésimo de los m dígitos finales: b_j y los dos a_i correspondientes a los extremos de e_j). Como los dígitos iniciales de la suma objetivo t coinciden con los de k, el subconjunto N debería contener k de los a_i, por tanto, S tendría tamaño k. Como los m dígitos finales de s son todos 1, el subconjunto N no puede contener dos a_i que correspondan a los extremos de una arista común. Por lo tanto, S es un conjunto independiente de G.

Caso 2: hay, al menos, un conjunto independiente de tamaño k. Supongamos que el grafo de entrada $G = (V, E)$ tiene un conjunto independiente S de tamaño k. La instancia de la suma de subconjuntos construida por el preprocesador tendrá, entonces, un subconjunto con suma objetivo t: se eligen los k a_i correspondientes a los vértices de S, junto a los b_j correspondientes a las aristas que no tienen ningún extremo en S. Con, al menos, una solución viable disponible, la subrutina asumida debe devolver un subconjunto N con suma t. Al igual que en el caso 1, el postprocesador extraerá la información correspondiente de N y devolverá un conjunto independiente de G de tamaño k. $\mathcal{QED}$

☆ Para demostrar que un problema B es NP–complejo, sigue la siguiente receta de dos pasos: (i) elige un problema NP–complejo A; (ii) demuestra que A se reduce a B.

☆ El problema 3–SAT es el caso especial del problema de satisfacibilidad en el que toda restricción tiene un máximo de tres literales.

☆ El teorema de Cook–Levin demuestra que el problema 3–SAT es NP–complejo.

☆ Partiendo del problema 3–SAT, miles de aplicaciones de la receta de dos pasos han demostrado que miles de problemas son NP–complejos.

☆ Las reducciones en las demostraciones de complejidad NP se ajustan a una plantilla: procesamiento previo de la entrada, llamada a la subrutina asumida, procesamiento posterior de la salida.

☆ En el conjunto del problema independiente, la entrada es un grafo no dirigido y el objetivo es el de calcular un subconjunto de tamaño máximo de vértices no adyacentes.

☆ El problema 3–SAT se reduce al del conjunto independiente, lo que demuestra que este último es NP–complejo.

☆ Un camino hamiltoniano s-t de un grafo G comienza en el vértice s, termina en el vértice t y visita todos los vértices de G exactamente una vez.

☆ El problema 3–SAT se reduce a la versión dirigida del problema del camino hamiltoniano, demostrando que este último es NP–complejo.

☆ La versión no dirigida del problema del camino hamiltoniano se reduce al problema del viajante, demostrando que este último es NP–complejo.

☆ En el problema de la suma de subconjuntos, el objetivo consiste en calcular un subconjunto de un conjunto dado de enteros positivos, cuya suma es igual a un objetivo determinado (o determinar que tal subconjunto no existe).

☆ El problema del conjunto independiente se reduce al problema de la suma de subconjuntos, demostrando que este último es NP–complejo.

Comprueba que lo has entendido

Problema 22.1 *(S)* Asume que la conjetura P ≠ NP es cierta. ¿Cuál de los siguientes problemas se puede resolver en tiempo polinómico (elige todas las opciones correctas)?

a) Dado un grafo no dirigido conexo, calcular un árbol de expansión con el menor número posible de hojas.

b) Dado un grafo no dirigido conexo, calcular un árbol de expansión con el grado máximo más pequeño posible (el grado de un vértice es el número de aristas incidentes).

c) Dado un grafo no dirigido conexo con longitudes de arista no negativas, un vértice de inicio s y un vértice de finalización t, calcular la longitud mínima de un camino s-t libre de ciclos con, exactamente, $n - 1$ aristas (o $+\infty$ en caso de que tal camino no exista).

d) Dado un grafo no dirigido conexo con longitudes de arista no negativas, un vértice de inicio s y un vértice de finalización t, calcular la longitud mínima de un camino s-t (no necesariamente libre de ciclos) con, exactamente, $n - 1$ aristas (o $+\infty$, si tal camino no existe).

Problema 22.2 *(S)* Asume que la conjetura P ≠ NP es cierta. ¿Cuál de los siguientes problemas se puede resolver en tiempo polinómico (elige todas las opciones correctas)?

a) Dado un grafo dirigido $G = (V, E)$ con longitudes de arista no negativas, calcular la máxima longitud de un camino más corto entre cualquier par de vértices (es decir, $\max_{v,w \in V} \text{dist}(v, w)$, donde $\text{dist}(v, w)$ indica la distancia de camino más corto entre el vértice v y el vértice w).

b) Dado un grafo acíclico dirigido con longitudes de aristas de valores reales, calcular la longitud de un camino más largo entre cualquier par de vértices.

c) Dado un grafo dirigido $G = (V, E)$ con longitudes de aristas no negativas, calcular la longitud de un camino más largo libre de ciclos entre cualquier par de vértices (es decir, $\max_{v,w \in V} maxlen(v, w)$, donde $maxlen(v, w)$ indica la longitud de un camino más largo libre de ciclos desde v hasta w).

d) Dado un grafo dirigido con longitudes de arista de valores reales, calcular la longitud de un camino más largo libre de ciclos entre cualquier par de vértices.

Problema 22.3 *(S)* Denominemos a la versión del problema del camino hamiltoniano dirigido de la página 32, en el que solo es necesaria una respuesta de "sí"/"no" como *versión de decisión*. Denominemos la versión de la página 175, en el que se pide un camino hamiltoniano *s-t* concreto (siempre que exista) como *versión de búsqueda*. Denominemos a la versión del TSP de la sección 19.1.2 como *versión de optimización* y definamos la *versión de búsqueda* del TSP como: dado un grafo completo, costes de aristas de valores reales y un coste objetivo C, devolver una ruta del viajante con un coste total máximo C (o declarar correctamente que no existe ninguna).

¿Cuál de las siguientes afirmaciones es cierta (elige todas las que lo sean)?

a) La versión de decisión del problema del camino hamiltoniano dirigido se reduce a la versión de búsqueda.

b) La versión de búsqueda del problema del camino hamiltoniano dirigido se reduce a la versión de decisión.

c) La versión del búsqueda del TSP se reduce a la versión de optimización.

d) La versión de optimización del TSP se reduce a la versión de búsqueda.

Problema 22.4 *(P)* En el problema del *clique*, la entrada consiste en un grafo no dirigido y el objetivo es devolver un *clique* (un subconjunto de vértices mutuamente adyacentes) lo más grande que sea posible. Demuestra que el problema del conjunto independiente se reduce al problema del *clique*, lo que implica (según el corolario 22.3) que el segundo es NP–complejo.

Problema 22.5 *(P)* En el problema de la *cobertura de vértices*, la entrada consiste en un grafo no dirigido $G = (V, E)$, y el objetivo es el de identificar un subconjunto $S \subseteq V$ de vértices, de tamaño mínimo, que incluya, al menos, un extremo de cada arista en E. Demuestra que el problema del conjunto independiente se reduce al de cobertura de vértices, lo que implica (según el corolario 22.3) que el segundo es NP–complejo.

Problema 22.6 *(P)* En el problema de la *cobertura de conjuntos*, la entrada consta de m subconjuntos $A_1, A_2, \ldots, A_m$ de un conjunto base U, y el objetivo es el de identificar una colección de tamaño mínimo de subconjuntos cuya unión sea igual a U. Demuestra que el problema de la cobertura de vértices se reduce al de la cobertura de conjuntos, lo que implica (según el problema 22.5) que el segundo es NP–complejo.

Problema 22.7 *(P)* Demuestra que el problema de suma de subconjuntos se reduce al problema de la mochila (página 20), lo que implica (según el corolario 22.10) que el segundo es NP–complejo.

Problemas más difíciles

Problema 22.8 *(S)* Demuestra que el problema de la cobertura de conjuntos se reduce al de la cobertura máxima (sección 20.2.1), lo que implica (según el problema 22.6) que el segundo es NP–complejo.

Problema 22.9 *(P)* Demuestra que el problema del camino hamiltoniano no dirigido se reduce al del camino hamiltoniano dirigido, y viceversa (en particular, que el corolario 22.6 se deriva del corolario 22.5).

Problema 22.10 *(P)*

(a) Demuestra que el problema de la suma de subconjuntos sigue siendo NP–complejo en el caso especial en el que la suma objetivo es igual a la mitad de la suma de los números de entrada (es decir, $t = \frac{1}{2} \sum_{i=1}^{n} a_i)$[16].

(b) Demuestra que este caso especial del problema de la suma de subconjuntos se reduce al problema de minimización de la envergadura

---

[16]Este caso especial del problema de la suma de subconjuntos se suele denominar problema de *partición*.

con dos máquinas, lo que implica (según (a)) que el segundo es NP–complejo[17].

Problema 22.11 *(P)* Demuestra que el problema 3–SAT se reduce al caso especial del problema del coloreado de grafos (página 145) en el que el número k de colores permitidos es 3, lo que implica (según el teorema de Cook–Levin) que el segundo es NP–complejo[18].

Problema 22.12 *(P)* El problema 20.12 nos presentaba el caso especial *métrico* del TSP, en el que los costes c de las aristas del grafo de entrada $G = (V, E)$ son no negativos y satisfacen la desigualdad del triángulo:

$$c_{vw} \leq \sum_{e \in P} c_e$$

para todo par $v, w \in V$ de vértices y un camino v-w, denominado P, en G. El problema 20.12 también desarrollaba un algoritmo heurístico de tiempo polinómico que, dada una instancia métrica del TSP, cuenta con la garantía de que devuelve una ruta con un coste total de, como máximo, el doble del mínimo posible. ¿Podemos hacerlo mejor y resolver el caso especial métrico de forma exacta o, al menos, extender la garantía de corrección aproximada del algoritmo heurístico al TSP general?

(a) Demuestra que el caso especial métrico del TSP es NP–complejo.

(b) Asume que la conjetura P $\neq$ NP es cierta. Demuestra que no existe un algoritmo de tiempo polinómico que, para toda instancia del TSP con costes de aristas no negativos (y sin dar nada más por asumido), devuelve una ruta con un coste total de, como mucho, 10^{100} veces el mínimo posible.

---

[17]El caso especial de dos máquinas del problema de minimización de la envergadura se puede resolver en tiempo pseudopolinómico mediante programación dinámica (como deberías comprobar) y es, en consecuencia, NP–complejo débil (ver la nota al pie 15). Una reducción más complicada muestra que la versión general es NP–compleja fuerte.

[18]El problema del coloreado de grafos se puede resolver en tiempo lineal cuando $k - 2$ (ver la nota al pie 43 del capítulo 21).

Capítulo 23

P, NP y todo eso

Los capítulos 19 a 22 han cubierto todo aquello que el diseñador puro de algoritmos necesita conocer en relación a los problemas NP–complejos (las implicaciones algorítmicas de la complejidad NP, las herramientas algorítmicas para abrirse paso con los problemas NP–complejos y cómo identificar los problemas NP–complejos al vuelo). Hemos definido, provisionalmente, la complejidad NP en términos de la conjetura P ≠ NP y hemos descrito informalmente esta conjetura en la sección 19.3.5, sin aportar ninguna definición matemática formal (que no nos hacía falta en ese momento). Este capítulo opcional completa aquellos aspectos que han quedado sin tratar[1].

La sección 23.1 describe nuestros planes para acumular pruebas sobre la no abordabilidad de un problema, mediante reducciones al mismo de un gran número de otros problemas. La sección 23.1.2 distingue tres tipos de problemas computacionales: decisión, búsqueda y optimización. La sección 23.1.2 define la clase de complejidad $\mathcal{NP}$ como el conjunto de todos los problemas de búsqueda con soluciones reconocibles de forma eficiente, define formalmente los problemas NP–complejos y vuelve a visitar el teorema de Cook–Levin. La sección 23.3.6 define formalmente la conjetura P ≠ NP y analiza su estado actual. La sección 23.5 describe dos importantes conjeturas, más sólidas aún que la conjetura P ≠ NP —la hipótesis del tiempo exponencial (ETH) y la hipótesis del tiempo exponencial fuerte (SETH)— y sus implicaciones algorítmicas (para, por ejemplo, el problema del alinea-

---

[1]Este capítulo es una introducción al maravilloso y matemáticamente intenso campo de la *teoría de la complejidad computacional*, que estudia la cantidad de recursos computacionales (como tiempo, memoria o aleatorización) necesarios para resolver diferentes tareas computacionales (en función del tamaño de la entrada). Mantendremos una atención enfermiza a esta teoría, lo que resultará en un tratamiento poco convencional. Si quieres conocer más sobre la teoría de la complejidad computacional, te recomiendo que empieces con las excelentes (y gratuitas) clases en vídeo de Ryan O'Donnell (`http://www.cs.cmu.edu/~odonnell/`).

miento de secuencias). La sección 23.5.3 concluye tratando las reducciones de Levin y los problemas NP–completos (problemas universales que codifican simultáneamente todos los problemas con soluciones reconocibles de forma eficiente).

*23.1 Recogida de pruebas de la no abordabilidad

En 1967, Jack Edmonds conjeturó que el problema del viajante (TSP) no se podía resolver mediante ningún algoritmo de tiempo polinómico, ni siquiera con tiempos de ejecución de $O(n^{100})$ o $O(n^{10000})$ para entradas con n vértices (página 6). A falta de una demostración matemática, ¿cómo podemos plantear un caso razonable que apoye que esta teoría es cierta? Los intentos vanos de lograr tal algoritmo por parte de algunas de las mentes más brillantes de los últimos setenta años suponen una buena presunción de no abordabilidad pero, ¿podemos hacerlo mejor?

23.1.1 Planteamiento mediante reducciones

La idea clave consiste en mostrar que un algoritmo de tiempo polinómico para el TSP no se limitaría a resolver un único problema no resuelto: resolvería *miles* de ellos.

Recogida de pruebas de que el TSP es no abordable

1. Elige una colección C verdaderamente grande de problemas de computación.

2. Demuestra que *todo* problema perteneciente a C se reduce al TSP[2].

---

[2]Como recordatorio de las secciones 19.5.1 y 22.1, una *reducción* de un problema A a un problema B es un algoritmo que resuelve el problema A utilizando un número máximo polinómico (en relación al tamaño de la entrada) de llamadas a una subrutina que resuelva B, más una cantidad polinómica de trabajo adicional. Este tipo de reducción se conoce, en ocasiones, como *reducción de Cook* (en nombre de Stephen Cook) o *reducción de Turing de tiempo polinómico* (en nombre de Alan Turing), y es la más adecuada para el estudio de los algoritmos. Otros tipos de reducciones más restringidas son importantes para la definición de los problemas "NP–completos" (ver la sección 23.5.3).

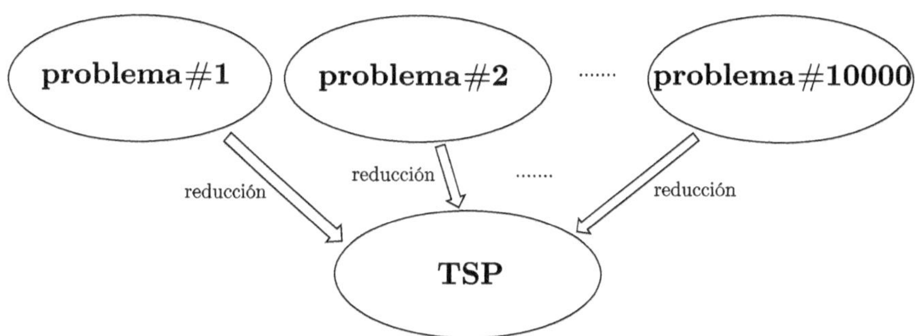

Un algoritmo de tiempo polinómico para el TSP proporcionaría automáticamente otro para cada uno de los problemas contenidos en C. Dicho de otra forma, si uno solo de los problemas de C no se puede resolver mediante un algoritmo de tiempo polinómico, entonces tampoco se puede resolver el TSP. Cuando más grande sea el conjunto C, más solidez adquiere el argumento de que el TSP no es un problema que se pueda resolver en tiempo polinómico.

23.1.2 Elección del conjunto C para el TSP

Para poder plantear el caso contra la abordabilidad del TSP en tiempo polinómico de la forma más sólida posible, ¿por qué no tocar las estrellas y hacer que C sea el conjunto de *todos* los problemas computacionales del mundo? Porque es demasiado ambicioso. Por muy difícil que sea el TSP, existen otros problemas muchísimo más difíciles. En el extremo están los problemas *indecidibles*, problemas que no pueden ser resueltos por un ordenador en una cantidad finita de tiempo (ni en tiempo exponencial, ni en tiempo doblemente exponencial, ni en nada). Un ejemplo famoso de problema indecidible es el *problema de la parada*: dado un programa (digamos que mil líneas de Python), determinar si entra en un bucle infinito o se detendrá en algún momento. La técnica más evidente consiste en ejecutar el programa y ver qué hace. Pero si el problema no se ha detenido pasado un siglo, ¿cómo sabes si está en un bucle infinito o si se detendrá mañana? Cabría esperar algún tipo de atajo más inteligente que la simulación pura y dura, pero, por desgracia, no existe ninguno que sea generalista[3].

---

[3]En 1936, Alan M. Turing publicó el artículo *"On Computable Numbers, with an Application to the Entscheidungsproblem"* (*Proceedings of the London Mathematical Society*, 1936). Considero, junto a muchos otros científicos de la computación, que este artículo supone el nacimiento de nuestra disciplina y, por este motivo, entiendo que el nombre de Turing debería situarse al mismo nivel de reconocimiento que, por ejemplo, Albert Einstein. ¿Qué

Ahora seguro que el TSP ya no tiene tan mal aspecto: al menos se puede resolver en una cantidad de tiempo finita (aunque exponencial) mediante la búsqueda exhaustiva. El problema de la parada no puede reducirse al TSP de ninguna manera, pues tal reducción traduciría el algoritmo de tiempo exponencial del TSP al del problema de la parada (que, según Turing, no existe).

Volviendo a la mesa de dibujo, ¿cuál es el mayor conjunto C de problemas computacionales que, de forma realista, se pueden reducir al TSP? Por intuición, el mayor conjunto al que podemos aspirar es el de *todos los problemas que se puedan resolver, de forma análoga, mediante un algoritmo de búsqueda exhaustiva*. Así, de entre todos esos problemas, el TSP sería uno de los más difíciles. ¿Existirá una definición matemática que absorba esta idea?

*23.2 Decisión, búsqueda y optimización

Antes de definir el conjunto de "problemas resolubles mediante búsqueda exhaustiva ingenua" (la clase de complejidad $\mathcal{NP}$), retrocedamos un momento y categoricemos los diferentes tipos de formatos de entrada–salida que hemos visto.

> ### Tres tipos de problemas computacionales
>
> 1. *Problema de decisión.* Devolver "sí" si existe una solución viable y "no" en caso contrario.
>
> 2. *Problema de búsqueda.* Devolver una solución viable, si existe, y "sin solución" en caso contrario.
>
> 3. *Problema de optimización.* Devolver una solución viable con el mejor valor de la función objetivo que sea posible (o "sin solución", en caso de que no exista ninguno).

hace que este artículo sea tan importante? Dos cosas. En primer lugar, Turing presentó un modelo formal de las posibilidades de los ordenadores de propósito generalista, llamados *máquinas de Turing* (hay que tener en cuenta que esto ocurrió diez años antes de que alguien construyese un ordenador de uso generalista). En segundo lugar, definir las posibilidades de los ordenadores permitió a Turing estudiar lo que *no podían* hacer y demostrar que el problema de la parada es indecidible. En consecuencia, desde, literalmente, el primer día, los científicos de la computación han sido muy conscientes de las limitaciones de los ordenadores al lidiar con problemas computacionales complejos.

En las aplicaciones, los problemas de decisión son los menos frecuentes y, de hecho, solo hemos visto un ejemplo en este libro: el enunciado original del problema del camino hamiltoniano dirigido (página 32), en el que las "soluciones viables" corresponden a los caminos hamiltonianos s-t. Los problemas de búsqueda y de optimización son comunes por igual. De los diecinueve problemas estudiados en el capítulo 22 (ver la figura 22.1), seis son de búsqueda: 3–SAT, SAT, coloreado de grafos, camino hamiltoniano dirigido (la versión de la página 175), camino hamiltoniano no dirigido y suma de subconjuntos. Los otros trece son problemas de optimización[4]. La definición de una "solución viable" (como una asignación satisfactoria, un camino hamiltoniano o una ruta del viajante quizá con, como mucho, un coste objetivo total) es específica de cada problema. En los problemas de optimización, la función objetivo (como la minimización del coste total o la maximización del valor total) también es específica de cada problema.

Las clases de complejidad se suelen referir a problemas de un solo tipo, para evitar errores de comprobación de tipos, por lo que limitaremos nuestra definición de $\mathcal{NP}$ a los problemas de búsqueda[5]. No temas que los problemas de optimización, como el TSP, caigan en el olvido: a todo problema de optimización le corresponde una versión de búsqueda. La entrada de la versión de búsqueda también incluye un valor buscado t de la función objetivo. La intención es hallar una solución viable con un valor mínimo de t (en los problemas de maximización) o máximo de t (en los problemas de minimización), o informar oportunamente de que tal valor no existe. Como veremos, las versiones de búsqueda de casi todos los problemas de optimización que hemos estudiado se encuentran en $\mathcal{NP}$[6].

---

[4]Para encajar el problema del camino más corto libre de ciclos en esta definición de problema de optimización, pensemos en la variante en la que se proporcionan dos vértices como entrada y se requiere que la salida sea un camino más corto libre de ciclos que vaya del primero al segundo. La demostración de complejidad NP de la sección 19.5.4 (lema 19.2) también es de aplicación a esta versión del problema.

[5]La mayoría de los libros definen la clase de complejidad $\mathcal{NP}$ en términos de problemas de decisión, lo que resulta más cómodo para desarrollar la teoría de la complejidad, pero más alejado de los problemas algorítmicos naturales. La versión de la clase que utilizamos aquí se denomina, en ocasiones, $\mathcal{FNP}$, donde la "$\mathcal{F}$" significa "funcional". Todas las implicaciones algorítmicas de la complejidad NP, incluyendo la veracidad o falsedad de la conjetura P ≠ NP, siguen siendo las mismas independientemente de la definición utilizada.

[6]La versión de búsqueda de un problema de optimización se reduce inmediatamente a la versión original: o una solución óptima encuentra el valor buscado t de la función objetivo, o no lo hará ninguna solución viable. El proceso inverso es más interesante: un problema de optimización típico se reduce a su versión de búsqueda mediante la búsqueda binaria sobre el objetivo t (ver también el problema 22.3). Tal problema de optimización se puede resolver en tiempo polinómico si, y solo si, su versión de búsqueda también se puede resolver en tiempo polinómico y, de forma similar, será NP–complejo si, y solo si, su versión de búsqueda también lo es.

Y llegamos al núcleo de la cuestión. ¿Cómo podemos definir el conjunto de de problemas "resolubles mediante búsqueda exhaustiva" o, dicho de otra forma, el conjunto de todos los problemas que pueden, potencialmente, reducirse al TSP? ¿Cuáles son los ingredientes mínimos necesarios para resolver un problema mediante una búsqueda exhaustiva ingenua?

23.3.1 Definición de la clase de complejidad $\mathcal{NP}$

La gran idea que se encuentra tras la clase de complejidad $\mathcal{NP}$ es la del *reconocimiento eficiente de presuntas soluciones*. Es decir, si alguien te entregase envuelta para regalo una solución aparentemente viable a una instancia de un problema, podrías comprobar rápidamente si se trata, de hecho, de una solución viable. Por ejemplo, si tienes un rompecabezas Sudoku o KenKen ya completado, es fácil saber si quien lo ha finalizado ha seguido todas las reglas. O, si te sugieren una sucesión de vértices de un grafo, es fácil comprobar si forman una ruta del viajante y, de ser así, si el coste total es, como máximo, el objetivo t dado[7].

La clase de complejidad $\mathcal{NP}$

Un problema de búsqueda pertenece a la clase de complejidad $\mathcal{NP}$ si, y solo si:

1. Para toda instancia, cada solución candidata tiene una longitud de descripción (digamos que en bits) limitada en su parte superior por una función polinómica relativa al tamaño de la entrada.

2. Para toda instancia y solución candidata, la presunta viabilidad de las soluciones se puede confirmar o denegar en tiempo polinómico en relación al tamaño de la entrada.

---

[7]De forma equivalente, se puede definir $\mathcal{NP}$ como los problemas de búsqueda que se pueden resolver de forma eficiente en un modelo computacional ficticio formado por "máquinas de Turing no deterministas". El acrónimo "NP" quiere decir "tiempo polinómico no determinista" (y jamás "no polinómico") y se refiere a esta definición alternativa. En el contexto de la algoritmia, debes pensar siempre en los problemas $\mathcal{NP}$ como en aquellos en los que las soluciones son fácilmente reconocibles.

23.3.2 Ejemplos de problemas en $\mathcal{NP}$

Lo requisitos para pertenecer al club de la $\mathcal{NP}$ son tan fáciles de cumplir, que casi todos los problemas de búsqueda vistos hasta ahora puede ser socios. Por ejemplo, la versión de búsqueda del TSP pertenece a la clase $\mathcal{NP}$: una ruta de n vértices se puede describir utilizando $O(n \log n)$ bits (aproximadamente $\log_2 n$ bits para nombrar a cada vértice) y, dada una lista de vértices, es fácil verificar si forman una ruta con un coste total de, como máximo, un objetivo t dado. El problema 3–SAT (sección 22.2) pertenece también a $\mathcal{NP}$: describir una asignación de verdad en n variables booleanas necesita n bits, y comprobar si alguna satisface todas las restricciones es una operación directa. Igualmente, es fácil comprobar si un camino propuesto es hamiltoniano, si una planificación de trabajos propuesta tiene una envergadura dada o si un subconjunto de vértices propuesto es un conjunto independiente, una cobertura de vértices o un *clique* de un tamaño dado.

Cuestionario 23.1

De los diecinueve problemas mostrados en la figura 22.1, ¿en cuántos pertenece a $\mathcal{NP}$ la versión de búsqueda?

a) 16

b) 17

c) 18

d) 19

Solución y aclaraciones en la sección 23.3.6

23.3.3 Los problemas $\mathcal{NP}$ se pueden resolver con búsqueda exhaustiva

Inicialmente, nos propusimos definir el conjunto de problemas que se pueden resolver mediante búsqueda exhaustiva ingenua (aquellos con opciones de reducirse al TSP) pero, en su lugar, hemos definido la clase $\mathcal{NP}$ como la formada por los problemas de búsqueda con soluciones reconocibles eficientemente. ¿Cuál es la conexión? Todo problema que esté incluido en $\mathcal{NP}$ se puede resolver en tiempo exponencial mediante búsqueda exhaustiva ingenua para verificar, una a una, las soluciones candidatas:

1. Enumerar las soluciones candidatas, de una en una:

   a) Si la candidata actual es viable, devolverla.

2. Devolver "sin solución".

Para un problema perteneciente a $\mathcal{NP}$, las soluciones candidatas necesitan $O(n^d)$ bits para su descripción, donde n indica el tamaño de la entrada y d es una constante (independiente de n). Por tanto, el número de candidatas posibles (y, en consecuencia, de iteraciones del bucle) es $2^{O(n^d)}$.[8] Según la segunda propiedad que define un problema NP, cada iteración del bucle se puede ejecutar en tiempo polinómico. Por lo tanto, la búsqueda exhaustiva resuelve correctamente el problema en tiempo "solamente" exponencial, en relación al tamaño de la entrada n.

23.3.4 Problemas NP–complejos

Los requisitos para pertenecer al club de la clase de complejidad $\mathcal{NP}$ son extraordinariamente sencillos de cumplir. Lo único que hace falta es la capacidad de reconocer una solución correcta (de las que sabes que lo son nada más verlas). Como resultado, $\mathcal{NP}$ conforma una clase enorme de problemas de búsqueda, que absorbe la inmensa mayoría de todos los que te puedas llegar a encontrar. Por tanto, si *todo* problema en $\mathcal{NP}$ se reduce a un problema A (si A es, al menos, tan difícil como cualquier otro problema en $\mathcal{NP}$), un algoritmo de tiempo polinómico para A llevaría directamente a algoritmos similares para el resto de problemas de $\mathcal{NP}$. Esto supone una evidencia lo suficientemente sólida de la no abordabilidad intrínseca y es, exactamente, la definición formal de un problema *NP–complejo*.

Un problema computacional es *NP–complejo* si todo problema en $\mathcal{NP}$ se reduce a él.

---

[8]La notación *Big-O* en un exponente suprime los factores constantes (y los términos de orden bajo) del mismo. Por ejemplo, una función $T(n)$ es $2^{O(\sqrt{n})}$ si existen constantes $c, n_0 > 0$ tales que $T(n) \leq 2^{c\sqrt{n}}$ para todos $n \geq n_0$ (mientras que $T(n) = O(2^{\sqrt{n}})$ significa que $T(n) \leq c \cdot 2^{\sqrt{n}}$ para todos $n \geq n_0$).

Una vez definida formalmente la conjetura P $\neq$ NP en la sección 23.3.6, veremos que todo problema que sea NP–complejo bajo esta definición, también satisface la definición provisional (sección 19.3.7) utilizada en los capítulos 19–22. El pequeño cambio en la definición no afecta a ninguna de las lecciones presentes en dichos capítulos. Por ejemplo, el teorema de Cook–Levin (teorema 22.1) muestra que el problema 3–SAT es NP–complejo según la definición formal (como veremos en la sección 23.3.5), las reducciones siguen extendiendo la complejidad NP (problema 23.4) y, en consecuencia, los diecinueve problemas estudiados en el capítulo 22 siguen siendo NP–complejos según esta nueva definición[9].

23.3.5 Volvemos al teorema de Cook–Levin

En el capítulo 22 nos bastaba con aceptar ciegamente el teorema de Cook–Levin (teorema 22.1) y emparejarlo con nuestra receta de dos pasos, para demostrar que los problemas son NP–complejos. Ahora estamos equipados con todas las definiciones necesarias para comprender, precisamente, lo que dice el teorema: todo problema en $\mathcal{NP}$ se reduce al problema 3–SAT. ¿Esto cómo puede ser cierto? El problema 3–SAT es muy sencillo, y la clase $\mathcal{NP}$ es tan extensa...

Los detalles de la demostración terminan por enredarse, pero esta es la esencia[10]. Seleccionamos un problema $\mathcal{NP}$ arbitrario A. Debemos demostrar que A se reduce al problema 3–SAT. Lo único que sabemos de A es que cumple con los dos requisitos que definen a un problema $\mathcal{NP}$: (i) se pueden describir soluciones viables a instancias de tamaño n utilizando un máximo de $c_1 n^{d_1}$ bits; y (ii) las presuntas soluciones viables a instancias de tamaño n se puede verificar en un tiempo máximo de $c_2 n^{d_2}$ (donde c_1, c_2, d_1, d_2 son constantes). Indicamos con VERIFICAR$_A$ el algoritmo en (ii) que verifique la viabilidad de una presunta solución.

Nos saldremos con la nuestra utilizando la reducción más sencilla que podamos imaginar (sección 22.4). El ingrediente principal es un preprocesa-

---

[9]Puedes consultar otros libros y, normalmente, encontrarás una definición de la complejidad NP con más requisitos, que pide reducciones de un modelo determinado, llamadas "reducciones de Levin" (la sección 23.6.1 define tales reducciones y la sección 23.6.2 las utiliza para definir problemas "NP–completos"). Bajo esta definición más restrictiva, solo los problemas de búsqueda serán elegibles para la complejidad NP, por lo que en vez de decir "el TSP es NP–complejo" la expresión correcta será "la versión de búsqueda del TSP es NP–compleja". La definición más amplia utilizada aquí, con reducciones generalistas (Cook), se ajusta más al punto de vista algorítmico de esta serie de libros.

[10]Si quieres consultar la demostración completa, la encontrarás en cualquier libro de texto sobre complejidad computacional.

dor que traduzca las instancias de A, tanto con soluciones viables como no viables, a instancias del 3–SAT tanto que se puedan satisfacer como que no, respectivamente:

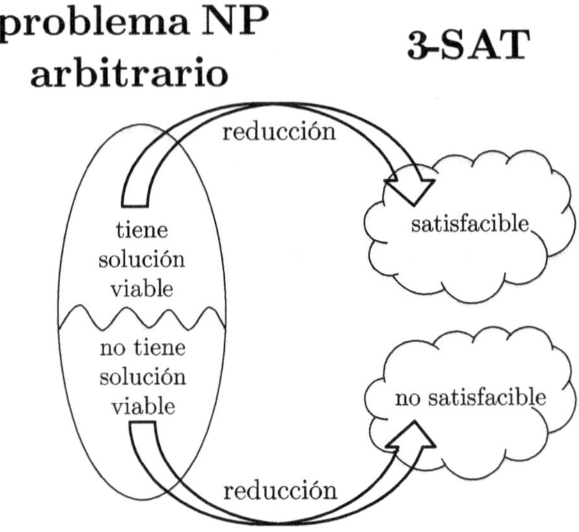

Preprocesador. Dada una instancia I_A de tamaño n para el problema A, el preprocesador construye una instancia del 3–SAT I_{3SAT}:

- Definir $c_1 n^{d_1}$ variables de *solución*. La intención de estas variables es la de registrar los bits que describen una solución candidata para I_A.

- Definir $(c_2 n^{d_2})^2 = c_2^2 \cdot n^{2d_2}$ variables de *estado*. La intención de estas es la de codificar la ejecución de VERIFICAR$_A$ sobre la solución candidata para I_A, codificada mediante las variables de solución.

- Definir las restricciones para garantizar la semántica de las variables de estado. Una restricción típica dice: "el bit de memoria j-ésimo después del paso $i+1$ es válido para el contenido relevante de memoria posterior al paso i, la instancia I_A dada, la solución candidata a I_A codificada por las variables de solución y el código para el algoritmo VERIFICAR$_A$".

- Definir las restricciones que aseguran que el cálculo codificado por las variables de estado finaliza con una afirmación de la viabilidad de la solución candidata, codificada por las variables de solución.

¿Por qué $(c_2 n^{d_2})^2$ variables de estado? El algoritmo VERIFICAR$_A$ realiza un máximo de $c_2 n^{d_2}$ operaciones básicas y, asumiendo un modelo computacional en el que se puede acceder a un bit de memoria por operación, hace referencia a un máximo de $c_2 n^{d_2}$ memoria. Por lo tanto, todos sus cálculos se pueden resumir (más o menos) utilizando una tabla de tamaño $c_2 n^{d_2} \times c_2 n^{d_2}$, donde las filas corresponden a los pasos i y las columnas a los bits j de memoria. Cada variable de estado codifica entonces el contenido de un bit de memoria en un punto del cálculo[11].

Las restricciones sobre la validez parecen complicadas. Pero como un paso de un algoritmo (como una máquina de Turing) resulta tan sencillo, cada una de estas restricciones lógicas se puede implementar con un pequeño número de disyunciones de tres literales (donde los detalles varían según el modelo computacional concreto). El resultado final es una instancia del 3–SAT I_{3SAT} con un número polinómico (en relación a n) de variables y restricciones.

Postprocesador. Si la subrutina asumida devuelve una asignación de verdad satisfactoria para la instancia I_{3SAT} del 3–SAT, construida por el preprocesador, el postprocesador devuelve la solución candidata para I_A, codificada por las asignaciones a las variables de solución. Si la subrutina asumida responde que I_{3SAT} no se puede satisfacer, el postprocesador informará de que I_A no tiene soluciones viables.

Esquema de la corrección. Las restricciones de la instancia I_{3SAT} del 3–SAT que hemos inventado, quedan definidas de tal manera que las asignaciones de verdad satisfactorias correspondan a las soluciones viables de la instancia I_A dada (codificada por las variables de solución), junto con las verificación de apoyo realizada por el algoritmo VERIFICAR$_A$ (codificado por las variables de estado). Por tanto, si I_A no tiene soluciones viables, la instancia I_{3SAT} no puede ser satisfecha. En sentido contrario, si I_A no cuenta con una solución viable, I_{3SAT} debe tener una asignación de verdad satisfactoria. La subrutina asumida del 3–SAT debe entonces calcular tal asignación, que será convertida por el postprocesador en una solución viable para I_A.

---

[11]Existen detalles adicionales que dependen del modelo computacional exacto utilizado para definir una "operación básica". La técnica más sencilla consiste en utilizar una máquina de Turing (ver la nota al pie 3), en cuyo caso es necesario otro conjunto de variables booleanas en cada paso, para codificar el estado interno actual de la máquina. Se puede hacer que la demostración funcione con cualquier modelo computacional razonable.

23.3.6 Solución al cuestionario 23.1

Respuesta correcta: (c). ¿La excepción? El problema de la maximización de la influencia. Mientras que calcular el coste total de una ruta dada o la envergadura de una determinada planificación son operaciones directas, la influencia de un subconjunto dado de k vértices viene definida como una expectativa con un número exponencial de términos (ver (20.10) y la solución al cuestionario 20.6). Como no está claro cómo evaluar en tiempo polinómico la función objetivo del problema de maximización de la influencia, la versión de búsqueda del problema no pertenece de forma evidente a $\mathcal{NP}$.

*23.4 La conjetura P $\neq$ NP

En la sección 19.3.5 incluimos la siguiente definición informal de la conjetura P $\neq$ NP: comprobar la presunta solución a un problema puede ser fundamentalmente más sencillo que diseñar nuestra propia solución desde cero. Ahora hemos llegado, por fin, al punto en el que podemos revestir a esta conjetura de formalidad.

23.4.1 $\mathcal{P}$: problemas $\mathcal{NP}$ que se pueden resolver en tiempo polinómico

Algunos de los problemas de $\mathcal{NP}$ se pueden resolver en tiempo polinómico, como el problema 2–SAT (problema 21.12) y la versión de búsqueda del problema del árbol de expansión mínimo (sección 19.1.1). La clase de complejidad $\mathcal{P}$ se define como el conjunto de esos problemas.

> **La clase de complejidad $\mathcal{P}$**
>
> Un problema de búsqueda pertenece a la clase de complejidad $\mathcal{P}$ si, y solo si, pertenece a $\mathcal{NP}$ y, además, se puede resolver mediante un algoritmo de tiempo polinómico.

Por definición, todo problema en $\mathcal{P}$ pertenece también a $\mathcal{NP}$:

$$\mathcal{P} \subseteq \mathcal{NP}$$

23.4.2 Definición formal de la conjetura

A estas alturas, adivinar el enunciado formal de la conjetura P ≠ NP no tiene ningún mérito, siendo $\mathcal{P}$ un subconjunto estricto de $\mathcal{NP}$:

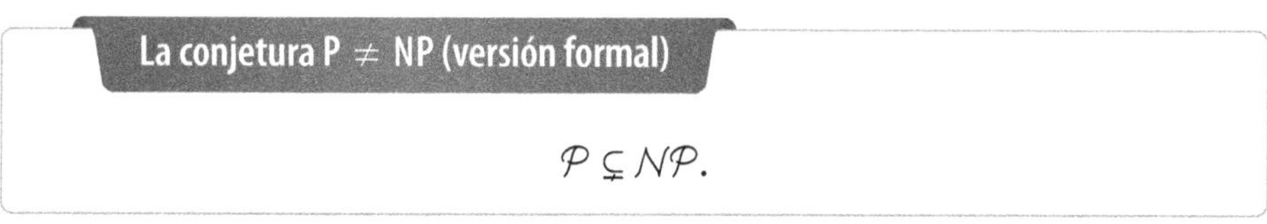

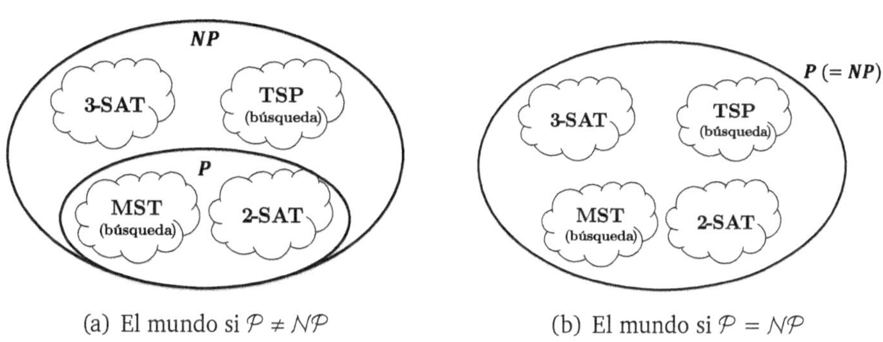

(a) El mundo si $\mathcal{P} \neq \mathcal{NP}$ (b) El mundo si $\mathcal{P} = \mathcal{NP}$

La conjetura P ≠ NP afirma la existencia de un problema de búsqueda con soluciones eficientemente identificables (un problema $\mathcal{NP}$), que no puede ser resuelto por ningún algoritmo de tiempo polinómico (un problema en el que verificar una presunta solución viable resulta sencillo, pero diseñar una desde cero es complicado). Si la conjetura fuese falsa, $\mathcal{P} = \mathcal{NP}$ y la identificación eficiente de soluciones viables llevaría inmediatamente al cálculo eficiente de soluciones viables (siempre que existiesen).

Un algoritmo de tiempo polinómico para un problema NP–complejo A llevaría directamente a otro para cada problema $\mathcal{NP}$ (si todos los problemas de $\mathcal{NP}$ se redujesen a A, la abordabilidad se expandiría desde A hasta $\mathcal{NP}$ al completo), lo que demostraría que $\mathcal{P} = \mathcal{NP}$ y refutaría la conjetura P ≠ NP. Por tanto, la definición provisional de un problema NP–complejo en la sección 19.3.7 es una consecuencia lógica de la definición formal de la página 204:

Si la conjetura P ≠ NP es cierta, ningún problema NP–complejo se puede resolver utilizando un algoritmo de tiempo polinómico.

23.4.3 Estado de la conjetura P ≠ NP

La conjetura P ≠ NP es, probablemente, la cuestión abierta más importante de toda la ciencia de la computación y, además, uno de los problemas cuya solución matemática está más lejana. Por ejemplo, resolver la conjetura es uno de los siete "problemas del milenio" propuestos en el año 2000 por el *Clay Mathematics Institute*. Si consigues resolver uno de los siete, obtendrás un premio de un millón de dólares[12,13].

La mayoría de expertos consideran cierta la conjetura P ≠ NP (aunque el legendario lógico Kurt Gödel conjeturó, en una carta enviada en 1956 al todavía más legendario John von Neumann, una afirmación equivalente a $\mathcal{P} = \mathcal{NP}$). ¿Por qué? Para empezar, los humanos somos buenos descubriendo algoritmos rápidos. Si, de verdad, fuese el caso de que todo problema perteneciente a $\mathcal{NP}$ se puede resolver mediante un algoritmo rápido, ¿por qué todavía no ha sido descubierto por ingenieros o científicos súper listísimos? Al mismo tiempo, las demostraciones que enmarcan los límites de los algoritmos han sido escasas y dispersas. Si $\mathcal{P} \subsetneq \mathcal{NP}$, tampoco es una sorpresa que todavía no sepamos cómo demostrarlo.

En segundo lugar, ¿cómo podríamos reconciliar la afirmación $\mathcal{P} = \mathcal{NP}$ con la forma en la que parece funcionar el mundo? Todos "conocemos", por experiencia directa, tareas en las que verificar el trabajo de alguien (como una demostración matemática) requiere mucho menos tiempo y creatividad que buscar nuestra propia solución entre todas las posibles. Aun así, $\mathcal{P} = \mathcal{NP}$ implicaría que toda esa creatividad se puede automatizar. Por ejemplo, en principio al menos, un algoritmo podría generar una demostración del último teorema de Fermat en tiempo polinómico en relación a la longitud de la demostración[14].

---

[12]Los otros seis: la hipótesis de Riemann, la ecuación de Navier–Stokes, la conjetura de Poincaré, la conjetura de Hodge, la conjetura de Birch y Swinnerton–Dyer y el problema de la existencia y el intervalo de masa de Yang–Mills. A fecha de redacción de este libro (año 2020), solo se ha logrado resolver la conjetura de Poincaré (por Grigori Perelman, en 2006, cuando se hizo famoso por rechazar el dinero del premio).

[13]Aunque un millón de dólares no es una suma despreciable, minimiza la importancia y el valor de los avances del conocimiento humano necesarios para resolver un problema como la conjetura P ≠ NP.

[14]Las ramificaciones de $\mathcal{P} = \mathcal{NP}$ dependerían de si todos los problemas $\mathcal{NP}$ se pudiesen resolver mediante algoritmos rápidos en la práctica o, alternativamente, mediante algoritmos que se ejecutasen, técnicamente, en tiempo polinómico pero que fuesen demasiado complejos o lentos de implementar y utilizar. La primera suposición, menos plausible, implicaría unas consecuencias para la sociedad, incluyendo el fin de la criptografía y el comercio electrónico tal y como los conocemos (ver nota al pie 32 del capítulo 19). Un buen libro de divulgación sobre el tema es *A Golden Ticket*, de Lance Fortnow (Princeton

---

Ya que se trata de una afirmación matemática, ¿qué tal si aportamos alguna prueba matemática que apoye o rebata la conjetura P ≠ NP? En este aspecto, la escasez de recursos es sorprendente. Por extraño que parezca, nadie ha logrado demostrar una afirmación tan aparentemente obvia. El principal impedimento es la extraordinariamente variada fauna que puebla la tierra de los algoritmos de tiempo polinómico. Si el límite inferior cúbico del tiempo de ejecución que tan "evidente" resulta en el caso de la multiplicación de matrices es falso (como demostramos gracias al algoritmo de Strassen en la *primera parte*), ¿quién se va a atrever a afirmar que otras especies exóticas no vayan a transgredir los límites inferiores "evidentes", incluyendo los que presumimos para los problemas NP–complejos?

¿Quién tiene razón, Gödel o Edmonds? Cabría esperar que, a medida que van pasando los años, nos habríamos acercado a la resolución de la conjetura P ≠ NP, de una forma u otra. En vez de eso, según se ha comprobando que más y más técnicas matemáticas han resultado inadecuadas, la solución parece estar cada vez más lejos. Debemos afrontar la realidad de que, posiblemente, no tendremos una respuesta durante mucho tiempo (sin duda años, probablemente décadas y, quizá, incluso siglos)[15].

*23.5 La hipótesis del tiempo exponencial

23.5.1 ¿Necesitan los problemas NP–complejos tiempo exponencial?

Los problemas NP–complejos suelen estar combinados con problemas cuya solución requiere tiempo exponencial en el peor caso (la tercera inexactitud aceptable de la sección 19.6). La conjetura P ≠ NP no aborda este aspecto y, sin embargo, incluso aunque fuese cierto, quedaría abierta la posibilidad de que un problema NP–complejo, como el TSP, se pudiese resolver en tiempos $n^{O(\log n)}$ o $2^{O(\sqrt{n})}$ sobre instancias con n vértices. La creencia extendida de que los problemas NP–complejos típicos necesitan tiempo exponencial queda codificada en la *hipótesis del tiempo exponencial (ETH)*[16].

University Press, 2013). La segunda hipótesis, sobre la que el mismo Donald E. Knuth ha especulado, no tendría, necesariamente, implicaciones prácticas. En su lugar, indicaría que la definición matemática de lo que es resoluble en tiempo polinómico es excesivamente liberal como para capturar con precisión aquello a lo que nos referimos con "resoluble mediante un algoritmo rápido en el mundo físico"

[15]Si quieres conocer más sobre el contexto completo de la conjetura y su estado actual, puedes consultar el capítulo de Scott Aaronson "P $\overset{?}{=}$ NP", del libro *Open Problems in Mathematics*, editado por John F. Nash, Jr. y Michael Th. Rassias (Springer, 2016).

[16]La afirmación absoluta de que *todo* problema NP–complejo necesita tiempo exponencial es falsa. En el problema 23.5 puedes encontrar un caso de problema NP–complejo que se puede resolver en tiempo subexponencial.

Existe una constante $c > 1$ tal que: todo algoritmo que resuelva el problema 3–SAT necesita de un tiempo mínimo c^n en el peor caso, donde n indica el número de variables.

La ETH no excluye a algoritmos para el problema 3–SAT que superen a la búsqueda exhaustiva (que se ejecuta en un tiempo que crece junto a 2^n), hecho que no ocurre por accidente: el problema 21.13 muestra que *existen* algoritmos mucho más rápidos (aunque todavía exponenciales) para resolver la cuestión. Sin embargo, todos los algoritmos conocidos para el 3–SAT necesitan tiempo c^n donde $c > 1$ (la mejor marca actual se encuentra en $c \approx 1{,}308$). La ETH conjetura que esto es inevitable.

Se pueden utilizar las reducciones para demostrar que, en caso de que la ETH sea cierta, hay muchos otros problemas NP–complejos naturales que también necesitan tiempo exponencial. Por ejemplo, la ETH implicaría que existe una constante $a > 1$ tal que todo algoritmo para uno de los problemas NP–complejos de grafos del capítulo 22 necesite un tiempo de, al menos, a^n en el peor caso, donde n indica el número de vértices.

23.5.2 La hipótesis del tiempo exponencial fuerte (SETH)

La hipótesis del tiempo exponencial supone asumir argumentos más férreos que los de la conjetura $P \neq NP$: si la primera es cierta, también lo es la segunda. Las asunciones más fuertes llevan a conclusiones más fuertes. Lamentablemente, también son más propensas a resultar falsas (figura 23.1). Aun así, la mayoría de los expertos creen que la ETH es cierta.

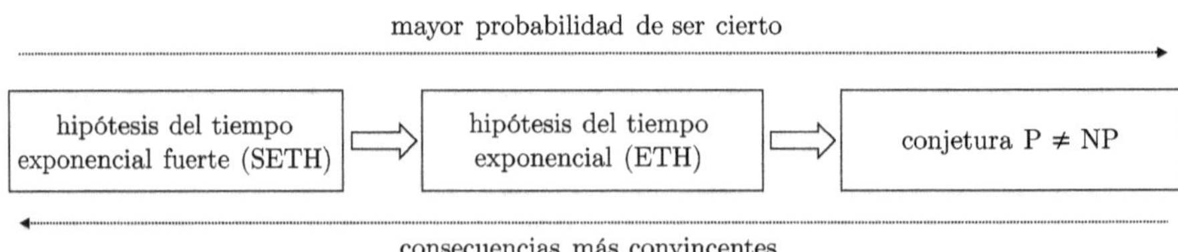

Figura 23.1: Tres conjeturas no demostradas sobre la no abordabilidad computacional de los problemas NP–complejos, ordenadas de la más fuerte (y menos probable) a la más débil (y más probable).

A continuación, planteamos una asunción incluso más fuerte que resulta más controvertida, pero que plantea implicaciones algorítmicas notables. ¿Qué podría ser más fuerte que asumir que la solución a un problema NP-complejo necesita tiempo exponencial? *Asumiendo que no exista un algoritmo para el problema que sea significativamente más rápido que la búsqueda exhaustiva.* Esto es imposible para el caso del 3–SAT (según el problema 21.13). ¿Quizá para otro problema? No hace falta que busquemos muy lejos: el problema SAT generalista, sin restricciones en el número de disyunciones por restricción (página 146), es un candidato aceptable.

La generalidad (y, en consecuencia, la dificultad) del problema k–SAT es no decreciente en relación a k, el número máximo de literales por restricción. ¿Aumenta estrictamente la dificultad del problema a la par que k? Por ejemplo, el algoritmo 3–SAT aleatorizado del problema 21.13 se puede extender al problema k–SAT para todo entero positivo k, pero su tiempo de ejecución se degrada en relación a k, aproximadamente en $(2 - \frac{2}{k})^n$, donde n es el número de variables (ver la nota al pie 44 en la página 156). Esta misma degradación del tiempo de ejecución a 2^n, según crece k, aparece en todos los algoritmos k–SAT conocidos. ¿Podría ser necesaria?

> ### La hipótesis del tiempo exponencial fuerte (SETH)
>
> Para toda constante $c < 2$, existe un entero positivo k tal que: todo algoritmo que resuelva el problema k–SAT necesita un tiempo de, al menos, c^n en el peor caso, donde n indica el número de variables[17].

Refutar la SETH supondría un avance teórico de primer orden para los algoritmos de satisfacibilidad (una familia de algoritmos k–SAT, uno por cada entero positivo k, que se ejecutan en tiempo $O((2 - \epsilon)^n)$, donde n indica el número de variables y $\epsilon > 0$ es una constante, independiente de k y n, como 0,01 o 0,001). Dicho avance podría presentarse, o no, en un futuro cercano, y la opinión de los expertos en la SETH está dividida. En cualquier caso, todos están preparados para que sea refutada en cualquier momento[18].

---

[17]Aunque no resulte obvio, la SETH no implica a la ETH.

[18]La ETH y la SETH fueron formuladas por Russell Impagliazzo y Ramamohan Paturi en su artículo *"On the Complexity of k-SAT"* (*Journal of Computer and System Sciences*, 2001).

23.5.3 Límites de tiempo de ejecución inferiores para problemas fáciles

¿Por qué tratar una conjetura tan estricta que podría perfectamente ser falsa? Porque la SETH, una conjetura sobre la no abordabilidad de los problemas NP–complejos, tiene también implicaciones algorítmicas impactantes para los problemas resolubles en tiempo polinómico[19].

De la SETH al alineamiento de secuencias

En las *tres partes anteriores* de esta serie de libros aspirábamos a lograr algoritmos lo más rápidos posible, teniendo siempre presente el Santo Grial de los algoritmos espectacularmente rápidos, con tiempos de ejecución lineales o casi lineales. Lo logramos en un buen número de problemas (sobre todo en las *dos primeras partes*). En otros casos (sobre todo en la *tercera parte*), nos quedamos cortos. Por ejemplo, con el problema de alineamiento de secuencias (ver la nota al pie 24 de la página 27 y el capítulo 17 de la *tercera parte*), cantamos victoria con el algoritmo de programación dinámica NW (Needleman–Wunsch), que se ejecuta en tiempo $O(n^2)$, donde n indica la longitud de la más larga de las dos cadenas de entrada.

¿Podemos hacerlo mejor que con este algoritmo de alineamiento de secuencias de tiempo cuadrático? O, ¿cómo podríamos reunir pruebas de que es imposible? La teoría de la complejidad NP, desarrollada para razonar sobre aquellos problemas que parecen imposibles de resolver en tiempo polinómico, resulta aparentemente irrelevante en este caso. Pero un área relativamente nueva de la teoría de la complejidad computacional, llamada *complejidad de grano fino*, muestra que las asunciones de complejidad para problemas NP–complejos (como la SETH) se traducen con todo el sentido a problemas que se pueden resolver en tiempo polinómico[20]. Por ejemplo, un algoritmo que mejorase al tiempo cuadrático para el alineamiento de secuencias llevaría automáticamente a un algoritmo mejor que la búsqueda exhaustiva para el problema k–SAT, con independencia del valor de k.[21]

---

[19]La ETH también cuenta con algunas consecuencias algorítmicas interesantes que no se sabe si provienen de la conjetura P $\neq$ NP. Por ejemplo, si la ETH fuese cierta, muchos problemas NP–complejos y elecciones de parámetros no permitirían la existencia de algoritmos de parámetro fijo (ver la nota al pie 22 en la página 135).

[20]Si quieres conocer más detalles, consulta el texto *"On Some Fine-Grained Questions in Algorithms and Complexity"*, de Virginia Vassilevska Williams (*Proceedings of the International Congress of Mathematicians*, 2018).

[21]Este resultado está presentado en el artículo *"Edit Distance Cannot Be Computed in Strongly Subquadratic Time (Unless SETH Is False)"*, de Arturs Backurs y Piotr Indyk (*SIAM Journal on Computing*, 2018).

Hecho 23.1 (La SETH implica que NW es, en esencia, óptimo) *Para toda constante $\epsilon > 0$, un algoritmo de tiempo $O(n^{2-\epsilon})$ para el problema de alineamiento de secuencias, donde n es la longitud de la cadena de entrada más larga, refutaría la SETH.*

En otras palabras, la *única vía* de mejora del tiempo de ejecución del algoritmo NW es hacer un avance significativo con el problema SAT. Resulta una conexión sorprendente entre dos problemas en apariencia tan alejados el uno del otro.

Reducciones con explosión exponencial

El hecho 23.1, al igual que todas nuestras demostraciones de complejidad NP del capítulo 22, se limita a una reducción (en realidad, una por cada entero positivo k) en la que k–SAT juega el papel del problema difícil conocido y el alineamiento de secuencias el del problema objetivo:

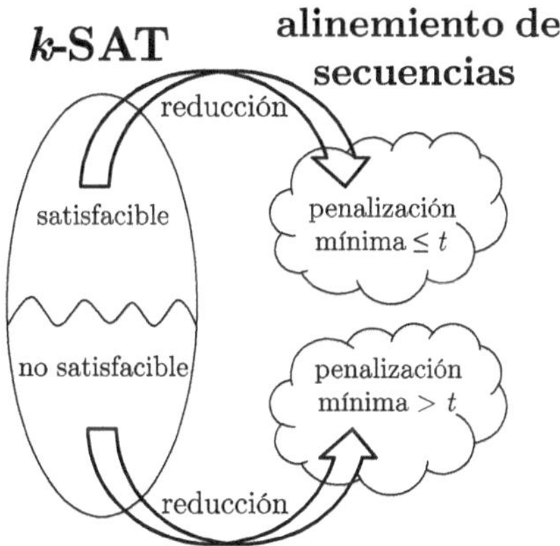

Pero, ¿cómo podemos reducir un problema NP–complejo a otro resoluble en tiempo polinómico sin refutar la conjetura P $\neq$ NP? Cada reducción tras el hecho 23.1 utiliza un preprocesador que traduce una instancia del k–SAT con n variables a una instancia del alineamiento de secuencias que es *exponencialmente más grande*, con cadenas de entrada que tienen longitud N en el entorno de $2^{n/2}$.[22] La reducción también asegura que la instancia inventada tiene un alineamiento con una penalización total máxima de un objetivo t

---

[22]Esta explosión exponencial nos recuerda los números exponencialmente grandes esenciales para nuestra reducción del problema del conjunto independiente al de la suma de subconjuntos (teorema 22.9). Ver la nota al pie 15 en la página 186.

inventado si, y solo si, la instancia k–SAT dada se puede satisfacer, y un postprocesador puede extraer fácilmente una asignación que se pueda satisfacer a partir de un alineamiento con una penalización total máxima de t.

¿Por qué una explosión de $N \approx 2^{n/2}$? Porque ese número coincide con los tiempos de ejecución de los algoritmos de vanguardia para el alineamiento de secuencias (programación dinámica) y el k–SAT (búsqueda exhaustiva). Formar tal reducción con un algoritmo de alineamiento de secuencias de tiempo $O(N^2)$ nos lleva únicamente a un algoritmo para el k–SAT con un tiempo de ejecución $\approx 2^n$, el mismo que el de la búsqueda exhaustiva. Siguiendo el mismo razonamiento, una subrutina de alineamiento de secuencias que, hipotéticamente, consumiese un tiempo de (digamos) $O(N^{1,99})$ nos llevaría automáticamente (para todo k) a un algoritmo que resolvería el problema k–SAT en un tiempo cercano a $O((2^{n/2})^{1,99}) = O((1,9931)^n)$. Como la base de este exponente es inferior a 2 (para todo k), tal algoritmo refutaría la SETH[23].

*23.6 Completitud NP

Lo único que hace falta para resolver en tiempo polinómico todos los problemas de $\mathcal{NP}$ (todos los problemas con soluciones eficientemente identificables) es una subrutina de tiempo polinómico para un problema NP–complejo, como 3–SAT. Pero existe una certeza aún más sólida: todo problema en $\mathcal{NP}$ es *literalmente un caso especial hábilmente disfrazado del 3–SAT*. En otras palabras, el problema 3–SAT es *universal* entre los problemas $\mathcal{NP}$, en el sentido de que es capaz de codificar simultáneamente todos los problemas contenidos en $\mathcal{NP}$. Este es el significado de "completitud NP". La versiones de búsqueda de casi todos los problemas estudiados en el capítulo 22 son también NP–completos en este sentido.

23.6.1 Reducciones de Levin

La idea de que un problema de búsqueda A es un "caso especial hábilmente disfrazado" de otro problema de búsqueda B, se expresa mediante un tipo muy restrictivo de reducción, denominada *reducción de Levin*. Al igual que las "reducciones más sencillas que se pueda imaginar" presentadas en la sección 22.4, una reducción de Levin ejecuta únicamente los tres pasos inevitables: transformar, en un paso de procesamiento previo, una instancia

---

[23]El problema 23.7 presenta una reducción más sencilla de este tipo para el problema del cálculo del diámetro de un grafo.

---

dada de A en otra de B; invocar la subrutina asumida de B; y transformar, en un paso de procesamiento posterior, la solución viable devuelta por la subrutina (si es que existe) en otra para la instancia dada de A[24,25]:

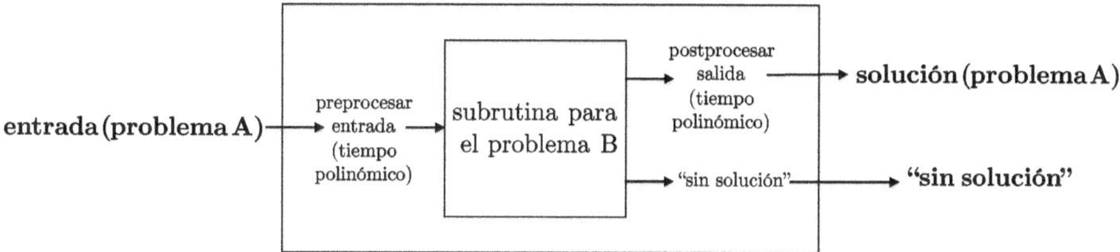

Reducción de Levin de A a B

1. *Preprocesador:* dada una instancia I de un problema A, transformarla en tiempo polinómico en una instancia I' de un problema B.

2. *Subrutina:* llamar a la subrutina asumida de B con I' como entrada.

3. *Postprocesador (caso viable):* si la subrutina devuelve una solución viable a I', transformarla en tiempo polinómico en una solución viable a I.

4. *Postprocesador (caso no viable):* si la subrutina devuelve "sin solución", devolver "sin solución".

A lo largo de este libro, y sin darnos cuenta, solo hemos utilizado las reducciones de Levin, sin desplegar toda el potencial de las reducciones generalistas (de Cook). Nuestra reducción en el teorema 22.4 desde el problema 3–SAT hasta el problema del camino hamiltoniano dirigido (página 180)

---

[24]Las reducciones de Levin se ajustan a la plantilla de la sección 22.4 y, además: (i) ambos problemas deben ser problemas de búsqueda; y (ii) el postprocesador debe responder "sin solución" si, y solo si, la subrutina asumida también lo hace.

[25]Si A y B son problemas de decisión ("sí"/"no") en vez de problemas de búsqueda, no es necesario un procesamiento posterior y la respuesta (binaria) devuelta por la subrutina para B se puede utilizar sin cambios como salida final. Esta analogía de una reducción de Levin para problemas de decisión tiene varios nombres: reducción de Karp, reducción de varios a uno en tiempo polinómico y reducción por mapeo de tiempo polinómico.

es un ejemplo canónico: dada una instancia del 3–SAT, el preprocesador construye un grafo dirigido que es, a continuación, alimentado como entrada a una subrutina para calcular un camino hamiltoniano *s-t* y, si la subrutina devuelve dicho camino, el postprocesador extrae del mismo una asignación de verdad satisfactoria[26].

23.6.2 Los problemas más difíciles de $\mathcal{NP}$

Un problema B es NP–complejo si es algorítmica suficiente como para resolver todos los problemas de $\mathcal{NP}$ en tiempo polinómico, lo que significa que para cada problema A de $\mathcal{NP}$ existe una reducción (de Cook) de A a B (página 204). Para tener la consideración de "NP–completo", un problema B debe pertenecer también a la clase $\mathcal{NP}$ e incluir al resto de problemas $\mathcal{NP}$ como casos especiales hábilmente disfrazados.

Problema NP–completo

Un problema computacional B es *NP–completo* si:

1. Para todo problema A en $\mathcal{NP}$, existe una reducción de Levin de A a B;

2. B es miembro de la clase $\mathcal{NP}$.

Como una reducción de Levin es un caso especial de una reducción (de Cook), todo problema NP–completo es, automáticamente, NP–complejo[27].

De todos los problemas presentes en $\mathcal{NP}$, aquellos que son NP–completos son los más difíciles. Cada uno de esos problemas codifica simultáneamente a todos los problemas de búsqueda con soluciones identificables eficientemente[28].

---

[26]Las otras tres reducciones principales del capítulo 22 (los teoremas 22.2, 22.7 y 22.9) se convierten en reducciones de Levin una vez que el problema de optimización original es sustituido por su versión de búsqueda (como deberías comprobar). Por ejemplo, la reducción desde el problema del camino hamiltoniano no dirigido al TSP (teorema 22.7) solo necesita una subrutina para la versión de búsqueda del TSP (para comprobar si existe alguna ruta de coste cero).

[27]Debido a la segunda condición, solo los problemas de búsqueda pueden ser considerados para la completitud NP. Por ejemplo, el TSP es NP–complejo pero no NP–completo, mientras que su versión de búsqueda es tanto NP–compleja como NP–completa.

[28]La mayoría de los libros definen la completitud NP utilizando problemas de decisión

---

23.6.3 Existencia de problemas NP–completos

¿Cuál es la definición de un problema NP–completo? Un *único* problema de búsqueda con soluciones identificables eficientemente que codifica simultáneamente *todos* los problemas de búsqueda. Es tan impresionante que cuesta creer que exista algo así.

Pero, un segundo… la verdad es que no hemos visto ningún ejemplo de problema NP–completo. ¿Hay alguno? ¿Existirá un problema de búsqueda tan "universal"? Sí, si el teorema de Cook–Levin lo demuestra. El motivo es que su demostración (sección 23.3.5) solo utiliza una reducción de Levin: un preprocesador que transforma instancias de un problema $\mathcal{NP}$ arbitrario en instancias del 3–SAT y un postprocesador que obtiene soluciones viables a partir de asignaciones de verdad satisfactorias. Como el problema 3–SAT también es miembro de $\mathcal{NP}$, cumple con las dos condiciones de completitud NP en todo su esplendor.

Teorema 23.2 (Teorema de Cook–Levin (versión más fuerte)) *El problema 3–SAT es NP–completo.*

Demostrar, partiendo de cero, que un problema es NP–completo es una tarea ardua (a Cook y a Levin no les otorgaron importantes galardones por nada) pero que no es necesario realizar más de una vez. Al igual que las reducciones (de Cook) extienden la complejidad NP de un problema a otro, las de Levin extienden la completitud NP (problema 23.4):

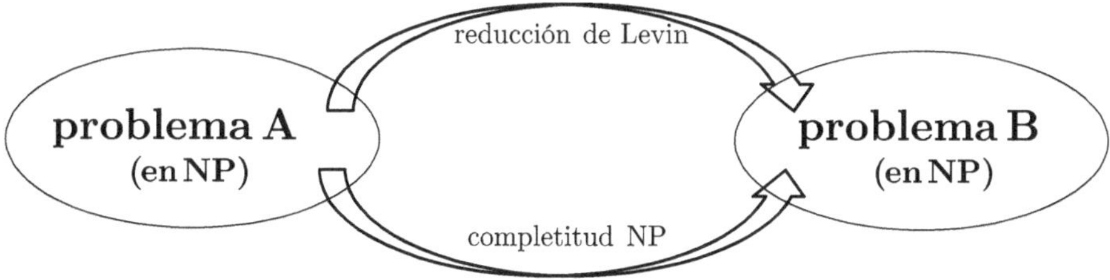

Por tanto, para demostrar que un problema es NP–completo, basta con seguir esta receta de tres pasos (donde el tercer paso es una comprobación de que el problema pertenece, efectivamente, a $\mathcal{NP}$):

(en vez de búsqueda) y reducciones de Karp (en vez de Levin, ver la nota al pie 25). La interpretación y las implicaciones algorítmicas de la completitud NP son las mismas en cualquier caso.

Esta receta ha sido aplicada en innumerables ocasiones y, como resultado, sabemos que miles de problemas naturales son NP–completos, incluyendo ámbitos como la ingeniería, la biología y las ciencias sociales. Por ejemplo, las versiones de búsqueda de casi todos los problemas estudiados en el capítulo 22 son NP–completos (problema 23.3)[29]. El libro clásico de Garey y Johnson (ver nota al pie 8 en la página 168) incluye cientos más[30].

---

[29]¿La excepción? El problema de maximización de la influencia, cuya versión de búsqueda es evidente que no está en $\mathcal{NP}$ (ver la solución al cuestionario 23.1).

[30]La inescrutabilidad propia del término "NP–completo" le hace un flaco favor al concepto fundamental que define, que merece apreciación y admiración extensivas. Sin embargo, se le dieron muchas vueltas al nombre, como quedó documentado en el artículo de Donald E. Knuth *"A Terminological Proposal"* (*SIGACT News*, 1974). Las primeras sugerencias de Knuth sobre lo que terminaríamos conociendo como "NP–completo" fueron: "hercúleo", "formidable" y "arduo". Otras opciones que se barajaron incluyeron "bien cocido" (por Kenneth Steiglitz, como guiño al apellido de Cook) y "duro de roer" (por Albert R. Meyer, supuestamente como abreviatura de "duro como en la satisfacibilidad"). Al mismo tiempo, Shen Lin planteó "PET" como un acrónimo flexible que tanto podía significar "probable tiempo exponencial", mientras la conjetura P ≠ NP estuviese sin resolver; como "tiempo exponencial demostrable", si la conjetura se demuestra; o "anteriormente tiempo exponencial", en caso de que sea refutada (no es momento de ponerse quisquilloso y traer a colación el problema 23.5...).

☆ $\mathcal{NP}$ es el conjunto de todos los problemas de búsqueda para los que sus soluciones viables tienen longitud polinómica y se pueden verificar en tiempo polinómico.

☆ Un problema es NP–complejo si todo problema en $\mathcal{NP}$ se reduce a él.

☆ $\mathcal{P}$ es el conjunto de todos los problemas de $\mathcal{NP}$ que se pueden resolver utilizando un algoritmo de tiempo polinómico.

☆ La conjetura P $\neq$ NP afirma que $\mathcal{P} \subsetneq \mathcal{NP}$.

☆ La hipótesis del tiempo exponencial (ETH) afirma que los problemas NP–complejos naturales, como el 3–SAT, necesitan tiempo exponencial.

☆ La hipótesis del tiempo exponencial fuerte (SETH) afirma que, a medida que crece k, ningún algoritmo para el problema k–SAT mejora de forma significativa a la búsqueda exhaustiva.

☆ Si la SETH es cierta, ningún algoritmo para el problema de alineamiento de secuencias supone una mejora significativa sobre el algoritmo de Needleman–Wunsch.

☆ Una reducción de Levin realiza el mínimo trabajo que se pueda imaginar: procesar previamente la entrada, llamar a las subrutinas asumidas, procesar posteriormente la salida.

☆ Un problema B es NP–completo si pertenece a la clase $\mathcal{NP}$ y, para todo problema $A \in \mathcal{NP}$, existe una reducción de Levin de A a B.

☆ Para demostrar que un problema B es NP–completo, seguir la siguiente receta de tres pasos: (i) demostrar que $B \in \mathcal{NP}$; (ii) elegir un problema A NP–completo; y (iii) diseñar una reducción de Levin de A a B.

☆ El teorema de Cook–Levin demuestra que el problema 3–SAT es NP–completo.

Problema 23.1 *(S)* ¿Cuál de las siguientes afirmaciones podría ser cierta, dado el estado del conocimiento actual (elige todas las que lo sean)?

a) Existe un problema NP–complejo que se puede resolver en tiempo polinómico.

b) La conjetura P $\neq$ NP es cierta y además el problema 3–SAT se puede resolver en tiempo $2^{O(\sqrt{n})}$, donde n es el número de variables.

c) No existe ningún problema NP–complejo que se pueda resolver en tiempo $2^{O(\sqrt{n})}$, donde n es el tamaño de la entrada.

d) Algunos problemas NP–completos se pueden resolver en tiempo polinómico y otros no.

Problema 23.2 *(S)* Demuestra que la conjetura de 1967 de Edmonds, según la cual el que el TSP (en su versión de optimización) no se pueda resolver mediante ningún algoritmo de tiempo polinómico es equivalente a la conjetura P $\neq$ NP.

Problema 23.3 *(S)* ¿Cuáles de las dieciocho reducciones mostradas en la sección 22.3.2 se pueden convertir fácilmente en reducciones de Levin entre las versiones de búsqueda de los problemas correspondientes?

Problemas más difíciles

Problema 23.4 *(P)* Este problema justifica formalmente las recetas de las páginas 161 y 220 para demostrar que un problema es, respectivamente, NP–complejo y NP–completo.

(a) Demuestra que si un problema A se reduce a un problema B, y B se reduce a un problema C, entonces A se reduce a C.

(b) Justifica que si un problema NP–complejo se reduce a un problema B, entonces B también es NP–complejo (utiliza la definición formal de la complejidad NP de la página 204).

(c) Demuestra que si existen reducciones de Levin de un problema A a un problema B, y de B a un problema C, entonces existe una reducción de Levin de A a C.

(d) Justifica que si un problema B pertenece a $\mathcal{NP}$ y existe una reducción de Levin de un problema NP–completo a B, entonces B también es NP–completo.

Problema 23.5 *(S)* Decimos que una instancia del problema 3–SAT está *rellena* si su lista de restricciones termina con n^2 copias redundantes de la restricción de un solo literal "x_1", donde n indica el número de variables booleanas y x_1 es la primera de esas variables.

En el problema del *3–SAT RELLENO*, la entrada es la misma que en el problema 3–SAT. Si la entrada 3–SAT dada no está rellena o no se puede satisfacer, el objetivo es devolver "sin solución". En caso contrario, el objetivo es devolver una asignación de verdad satisfactoria para la instancia (rellena).

(a) Demuestra que el problema 3–SAT RELLENO es NP–complejo (o, incluso, NP–completo).

(b) Demuestra que el problema 3–SAT RELLENO se puede resolver en tiempo subexponencial, en concreto en tiempo $2^{O(\sqrt{N})}$, para entradas de tamaño N.

Problema 23.6 *(P)* Asumamos que la hipótesis del tiempo exponencial (página 212) es cierta. Demuestra que existe un problema en $\mathcal{NP}$ que no se puede resolver en tiempo polinómico ni es NP–complejo[31].

Problema 23.7 *(P)* El *diámetro* de un grafo no dirigido $G = (V, E)$ es la distancia máxima del camino más corto entre dos vértices cualesquiera: $\max_{v,w \in V} \operatorname{dist}(v, w)$, donde $\operatorname{dist}(v, w)$ indica el número mínimo de aristas en un camino v-w de G (o $+\infty$, si tal camino no existe).

(a) Explica cómo calcular el diámetro de un grafo en tiempo $O(mn)$, donde n y m indican el número respectivo de vértices y aristas de G (puedes asumir que n y m son, como mínimo, 1).

(b) Asumimos que la hipótesis del tiempo exponencial fuerte (página 213) es cierta. Demuestra que, para toda constante $\epsilon > 0$, no existe ningún algoritmo de tiempo $O((mn)^{1-\epsilon})$ para calcular el diámetro de un grafo.

---

[31]Un resultado famoso y más difícil de demostrar, conocido como teorema de Ladner, muestra que la conclusión permanece cierta mientras se asuma únicamente la (más débil) conjetura P $\neq$ NP.

Capítulo 24

Estudio de un caso: la subasta de incentivos de la FCC

La complejidad NP no es solo un mero concepto académico, sino que, ciertamente, determina el espectro de opciones computacionalmente viables en la solución de problemas del mundo real. Este capítulo detalla un acontecimiento reciente que pone de manifiesto la importancia de la complejidad NP, en el contexto de un problema económico de altos vuelos: la redistribución eficiente de un recurso escaso (el espectro radioeléctrico). La solución desarrollada por el gobierno de los EE.UU., conocida como *subasta de incentivos de la FCC*, supuso una aplicación exhaustiva de la caja de herramientas algorítmicas que has aprendido en este libro. Según vayas conociendo los detalles, tómate un momento para apreciar la maestría de los algoritmos que has ido descubriendo desde que nos entreteníamos con la multiplicación de Karatsuba y el algoritmo MergeSort del capítulo 1 de la *primera parte*: cómo lo que empezó como una cacofonía de trucos misteriosos e inconexos se ha transformado en una sinfonía de técnicas de diseño de algoritmos combinadas entre sí[1].

24.1 Redistribución del espectro radioeléctrico

24.1.1 De la televisión a los teléfonos móviles

La televisión se expandió en Estados Unidos en la década de 1950 con la voracidad de un incendio descontrolado. En aquella época, la televisión

---

[1]Si quieres conocer más detalles de la subasta de incentivos de la FCC de la mano de sus diseñadores principales (Kevin Leyton–Brown, Paul Milgrom e Ilya Segal), puedes consultar su artículo *"Economics and Computer Science of a Radio Spectrum Reallocation"* (*Proceedings of the National Academy of Sciences*, 2017). Si, además, quieres profundizar en las interrelaciones entre las subastas y los algoritmos, tienes a tu disposición mi libro *Twenty Lectures on Algorithmic Game Theory* (Cambridge University Press, 2016).

se emitía únicamente de forma inalámbrica por medio de ondas de radio, enviadas desde un repetidor y recibidas por antenas. Para coordinar las emisiones de los repetidores y evitar interferencias entre ellos, la Comisión federal para las comunicaciones (FCC) dividió las frecuencias utilizables (el *espectro*) en bloques de 6 megahercios (MHz), denominados *canales*. Diferentes repetidores de una misma ciudad podrían, así, emitir en diferentes canales. Así, "canal 14" se refiere a las frecuencias entre 470 MHz y 476 MHz, "canal 15" a las frecuencias entre 476 Mhz y 482 Mhz, etc[2].

¿Sabes qué más viaja por el aire en forma de ondas de radio? Toda la información que intercambia tu teléfono móvil con la estación base más cercana. Por ejemplo, si estamos en el año 2020 y tu operadora es Verizon Wireless, lo más probable es que hayas estado bajando y subiendo datos utilizando las frecuencias 746–756 MHz y 777–787 MHz, respectivamente. Para evitar interferencias, la parte del espectro reservada para la información celular no se superpone con la reservada para la televisión terrestre (es decir, inalámbrica).

El uso de datos móviles e inalámbricos ha vivido una explosión durante el siglo XXI, creciendo en, aproximadamente, un orden de magnitud solo en los últimos cinco años. Transmitir más información necesita más frecuencias dedicadas y no todas sirven para la comunicación por radio (por ejemplo, debido a su limitada potencia, las muy altas frecuencias solo pueden transportar señales a distancias cortas). El espectro es un recurso escaso y la tecnología moderna está lo suficientemente hambrienta como para devorar todo lo que sea posible.

Puede que la televisión siga siendo enorme, pero la televisión terrestre ya no lo es. Aproximadamente el 85–90% de los hogares de EE.UU. dependen únicamente de la televisión por cable (que no utiliza el espectro inalámbrico para nada) o por satélite (que utiliza frecuencias mucho más altas que las aplicaciones inalámbricas más habituales). Reservar la parte más valiosa del espectro para la televisión podía tener sentido a mediados del siglo XX, pero ya no es el caso en el siglo XXI.

---

[2]Los canales de ultra alta frecuencia (UHF) comienzan en los 470 MHz y van creciendo en bloques de 6 MHz. Los canales de muy alta frecuencia (VHF) utilizan frecuencias más bajas, 174–216 MHz (para los canales 7–13) y 54–88 MHz (para los canales 2–6, junto con 4 MHz para usos varios, como sistemas de apertura de puertas automáticas).

24.1.2 Una redistribución reciente del espectro

En el momento de escribir este libro, prácticamente se ha completado una redistribución total del espectro. Después del 13 de julio de 2020, ninguna emisora de televisión de EE.UU. emitirá en las frecuencias de lo que, hasta ahora, habían sido los canales más altos, aquellos entre el 38 y el 51 (614–698 MHz). Toda emisora que haya estado utilizando estos canales debe cambiar a otros más bajos o dejar de funcionar (sin perjuicio de que mantenga su programación a través del cable o el satélite). Incluso algunas de las emisoras que ya trabajaban en canales inferiores al 38 deben seguir el mismo camino de desconectarse o trasladarse a otros, para dejar espacio a sus compañeras que provienen de los canales altos. Dicho esto, 175 emisoras han renunciado a sus licencias de emisión y unas 1000 han cambiado de canal[3].

Los 84 MHz de espectro liberados se han redistribuido y asignado a compañías de telecomunicaciones como T–Mobile, Dish y Comcast, que los utilizarán para consolidar, en los años venideros, una nueva generación de redes inalámbricas (T–Mobile, por ejemplo, ya ha encendido el interruptor de su nueva red 5G en todo el país). Donde una vez estuvieron los canales 38–51, ahora encontramos siete pares independientes de bloques de 5 MHz. El primer par, por ejemplo, ocupa las frecuencias de 617–622 MHz (para información descendente hacia un dispositivo) y 663–668 MHz (para la información ascendente), el segundo corresponde a 622–627 MHz y 668–673 MHz, etc[4].

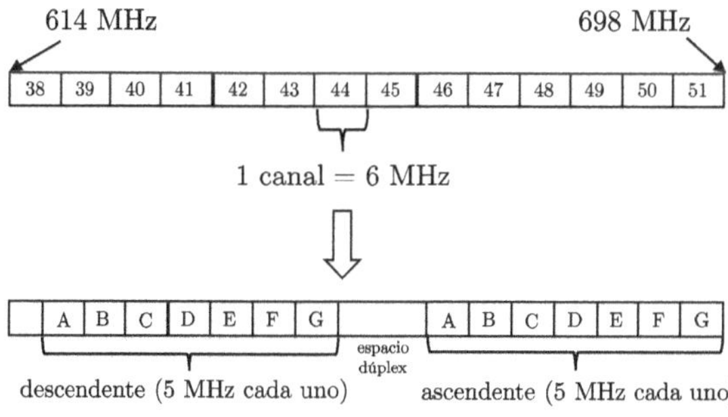

---

[3]Desde el cambio, en 2009, de la televisión analógica a la exclusivamente digital, cualquier canal lógico (según el número que aparece en el receptor) se puede reasignar a un canal físico diferente del asociado históricamente a ese número. Por lo tanto, una emisora puede conservar su canal lógico aunque el físico haya cambiado.

[4]También existe un espacio dúplex de 11 MHz (652–663 MHz) que separa los dos tipos de bloques, y una zona de seguridad de 3 MHz (614–617 MHz) para evitar interferencias con el canal 37 (608–614 MHz), que lleva mucho tiempo reservado para la radioastronomía y la telemetría médica.

De entrada, la operación suena a un enorme caos. ¿Qué emisoras deben cesar su actividad? ¿Cuáles deben cambiar sus canales? ¿Cuáles serán esos nuevos canales? ¿Qué indemnización deberían recibir los propietarios para compensar sus pérdidas? ¿Quién debería pagarlo? Todas estas son las preguntas que recibieron respuesta gracias a la *subasta de incentivos de la FCC*, un complejo algoritmo que encuentra sus raíces más profundas en el mismo tratamiento de problemas NP–complejos que hemos descrito en este libro.

24.2 Heurísticas voraces para la recuperación de licencias

La subasta de incentivos de la FCC tuvo dos partes: una *subasta inversa* para decidir qué emisoras de televisión debían desconectarse o cambiar de canales, así como la indemnización que debía corresponderles; y una *subasta directa* para elegir a los destinatarios de los bloques del espectro liberado y los precios de estos. El gobierno de EE.UU. (junto a muchos otros países) llevaba veinticinco años realizando subastas directas para vender con enorme éxito licencias de uso del espectro, realizando pequeños cambios con el paso del tiempo. Este estudio de caso se centra en la decisión sin precedentes de incorporar una subasta inversa a la subasta de incentivos de la FCC, en la que recaen los aspectos más innovadores.

24.2.1 Cuatro asunciones temporales para simplificar

La FCC otorga derechos de propiedad a las emisoras de televisión mediante *licencias de emisión*, que autorizan el uso de un canal en un área geográfica determinada. La FCC asume la responsabilidad de asegurar que cada emisora está libre de interferencias en su área concreta[5].

El objetivo de la subasta inversa de la subasta de incentivos de la FCC consistía en recuperar suficientes licencias de las emisoras de televisión para lograr liberar una cantidad de espectro objetivo (como los canales 38–51). Para obtener una impresión inicial del problema, vamos a hacer algunas asunciones que lo simplifiquen y que iremos eliminando según avancemos:

---

[5]A los efectos de la subasta de incentivos de la FCC, la asignación específica de un canal a una emisora no se consideró parte de los derechos de propiedad del licenciatario. Fue necesaria una norma del Congreso para autorizar esta interpretación y permitir que la subasta reasignase los canales de las emisoras según fuese necesario (una de las escasas ocho leyes que logró aprobar el Congreso en 2012, quizá gracias a su título a prueba de vetos: la "Ley para la creación de empleo y alivio fiscal de la clase media").

---

1. Todas las emisoras que sigan activas utilizarán un solo canal (digamos que el canal 14).

2. Dos emisoras pueden utilizar el mismo canal simultáneamente si, y solo si, sus áreas de emisión no se superponen.

3. Cada emisora tiene un valor económico conocido.

4. El gobierno puede decidir unilateralmente qué emisoras siguen activas.

Desde un punto de vista económico, las emisoras más valiosas deberían ser las que conservasen sus licencias. El objetivo, entonces, sería identificar un conjunto de emisoras que no se interfiriesen entre sí y que maximizase la suma de los valores de las mismas. ¿Reconoces este problema de optimización?

24.2.2 Emboscada del conjunto independiente ponderado

Es, ni más ni menos, el problema del conjunto independiente ponderado (página 20). Los vértices corresponden a las emisoras, las aristas a los pares de emisoras que se interfieren entre sí y los valores de las emisoras a los pesos de los vértices:

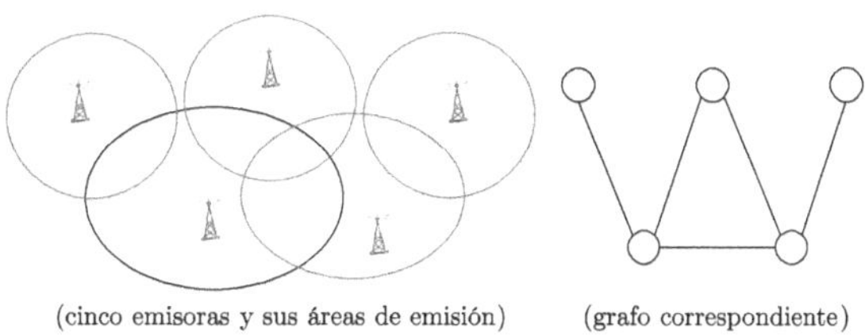

(cinco emisoras y sus áreas de emisión)   (grafo correspondiente)

Gracias al corolario 22.3, sabemos que este problema es NP–complejo, incluso aunque todos los vértices tengan un valor de 1. El problema se puede resolver en tiempo lineal utilizando programación dinámica cuando el grafo de entrada es un árbol (ver el capítulo 16 en la *tercera parte*), pero los patrones de interferencias de las emisoras de televisión no se parecen en nada a un árbol. Por ejemplo, todas las emisoras de una misma ciudad interfieren entre sí, lo que lleva a la presencia de un *clique* en el grafo correspondiente.

Ahora que hemos diagnosticado el problema como NP–complejo, es el momento de buscar un remedio en el compartimento apropiado de nuestra caja de herramientas algorítmicas (la complejidad NP no es una sentencia de muerte). Siendo más ambiciosos, ¿se puede obtener una solución exacta al problema en un tiempo razonable de, digamos, una semana?

La respuesta depende del tamaño del problema. Si solo hubiese treinta emisoras implicadas, la búsqueda exhaustiva sería más que suficiente. Pero el problema real debía de hacerse cargo de miles de emisoras y de decenas de miles de restricciones relativas a las interferencias (muy por encima de las posibilidades de la búsqueda exhaustiva y de las técnicas de programación dinámica de las secciones 21.1–21.1.7).

La última esperanza de obtener un algoritmo exacto sería una caja mágica más o menos fiable para problemas de optimización, como un solucionador MIP (sección 21.4). El problema del conjunto independiente ponderado se puede codificar fácilmente como un problema MIP (problema 21.9), y esto es, justamente, lo primero que intentó la FCC. Lamentablemente, el problema era demasiado grande y hasta los solucionadores MIP más vanguardistas tuvieron que rendirse (o, al menos, se rindieron ante la versión multicanal del problema, más realista, que se describe en la sección 24.2.4). Agotadas las opciones de un algoritmo correcto al 100%, la FCC no tuvo otra opción que sacrificar la corrección y recurrir a algoritmos heurísticos rápidos.

24.2.3 Algoritmos heurísticos voraces

Los algoritmos voraces son un punto de partida perfecto para empezar a experimentar con algoritmos heurísticos rápidos en el caso del problema del conjunto independiente ponderado, al igual que en el de muchos otros.

El algoritmo voraz básico

Quizá la técnica voraz más sencilla para el problema del conjunto independiente ponderado consista en imitar al algoritmo de Kruskal para el árbol de expansión mínimo y realizar una única pasada por todos los vértices (en orden decreciente de su peso), añadiendo siempre un vértice a la salida, salvo que este impida la viabilidad:

Entrada: grafo no dirigido $G = (V, E)$ y un peso no negativo w_v para cada vértice $v \in V$.
Salida: un conjunto independiente de G.

$S := \emptyset$
ordenar vértices de V de mayor a menor peso
```
// Bucle principal
```
para cada $v \in V$, en orden no creciente de peso **hacer**
    si $S \cup \{v\}$ es viable **entonces**   `// todos los no adyacentes`
        $S := S \cup \{v\}$
devolver S

Por ejemplo, en el grafo

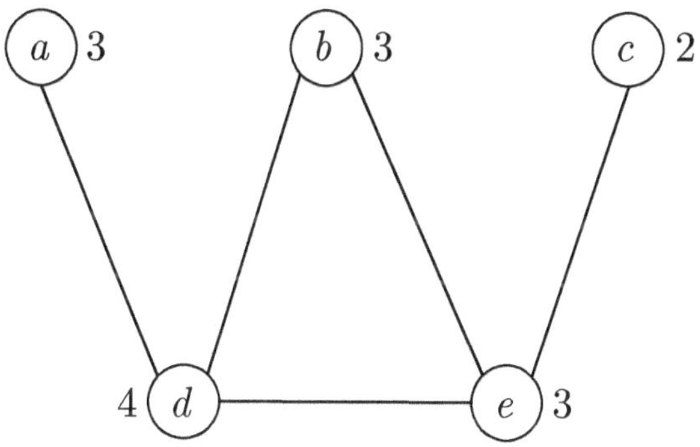

(vértices etiquetados con sus pesos)

el algoritmo WISVorazBásico selecciona el vértice d, con mayor peso, en la primera iteración, ignora los vértices de peso 3 en las segunda, tercera y cuarta iteraciones (porque son todos adyacentes a d) y finaliza seleccionando el vértice c. El conjunto independiente resultante tiene un peso total de 6 y no es óptimo (ya que el conjunto independiente $\{a, b, c\}$ tiene un peso total de 8).

Como el problema del conjunto independiente ponderado es NP–complejo y el algoritmo WISVorazBásico se ejecuta en tiempo polinómico, debemos acostumbrarnos a los ejemplos de este tipo. Pero he aquí un caso más preocupante (con los vértices etiquetados según sus pesos):

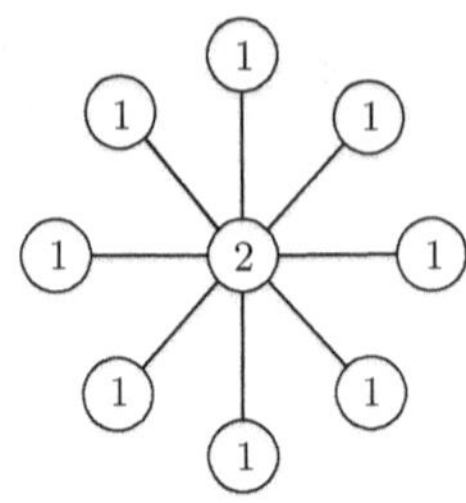

El algoritmo WISVorazBásico es engañado y se compromete con el centro de la estrella, imposibilitando así elegir ninguna hoja. ¿Cómo podemos evitar las confusiones de este tipo?

Multiplicadores específicos de cada vértice

Para evitar los desatinos del algoritmo WISVorazBásico, podemos discriminar los vértices con muchos vecinos. Por ejemplo, si reconocemos que seleccionar un vértice v aporta un beneficio w_v al tiempo que excluye de consideración a $1 + \text{grado}(v)$ (donde $\text{grado}(v)$ indica el grado de v), la única pasada del algoritmo podría tomar el orden de impactos por dólar $w_v/(1 + \text{grado}(v))$ en vez del correspondiente al peso w_v.[6] Este algoritmo voraz devuelve el conjunto independiente de peso máximo en nuestros dos ejemplos. En términos más generalistas, el algoritmo puede calcular, en un paso de procesamiento previo, los multiplicadores específicos de cada vértice que quiera, antes de proceder a la pasada por todos ellos:

WISVorazGeneralista

calcular β_v para cada $v \in V$ // ej: $\beta_v = 1 + \text{grado}(v)$
$S := \emptyset$
ordenar vértices de V de mayor a menor valor de w_v/β_v
para cada $v \in V$, en orden no creciente de w_v/β_v **hacer**
    si $S \cup \{v\}$ es viable **entonces**   // todos los no adyacentes
        $S := S \cup \{v\}$
devolver S

---

[6]Puede que reconozcas esta idea del problema 20.3 y el algoritmo heurístico voraz para el problema de la mochila, que ordena los elementos en orden decreciente de sus razones valor–tamaño.

¿Cuál es la mejor elección para los multiplicadores específicos de cada vértice? No importa lo audaz que sea la fórmula que calcula cada parámetro β_v, siempre habrá ejemplos en los que el algoritmo WISVorazGeneralista devolverá un conjunto independiente subóptimo (asumiendo que los valores β_v se puedan calcular en tiempo polinómico y que la conjetura P $\neq$ NP sea cierta). La mejor elección depende de las instancias del problema que suelan aparecer en cada aplicación concreta y, en consecuencia, deberían ser determinadas empíricamente utilizando instancias representativas[7].

Parámetros específicos de cada emisora en la subasta de incentivos de la FCC

Las instancias representativas del problema del conjunto independiente ponderado y el problema multicanal, más generalista, que veremos en la siguiente sección, fueron aspectos fáciles de resolver durante la fase de diseño de la subasta inversa. El grafo (resultante de las emisoras implicadas y sus áreas de emisión) se conocía perfectamente por adelantado. Se pudieron realizar estimaciones precisas del rango de los pesos más probables de los vértices (valores de las emisoras), en base a la información histórica. Con una elección bien ajustada de los multiplicadores específicos de cada vértice, el algoritmo WISVorazGeneralista (y de la generalización multicanal FCCVoraz descrita en la siguiente sección) devolvía constantemente soluciones a instancias representativas con un peso total que superaba el 90% del máximo posible[8,9].

24.2.4 El caso multicanal

Ha llegado el momento de librarnos de la primera asunción que, para simplificar, planteamos en la sección 24.2.1 y permitir que las emisoras que

---

[7]Un consejo general para el abordaje de problemas NP–complejos en aplicaciones reales: aprovecha todo lo que puedas tus conocimientos sobre el caso en particular.

[8]¿Cómo se calculaban los parámetros en la auténtica subasta de incentivos de la FCC? Mediante la fórmula $\beta_v = \sqrt{\text{grado}(v)} \cdot \sqrt{\text{pob}(v)}$, donde grado($v$) y pob($v$) indican, respectivamente, los números de emisoras superpuestas y la población atendida por la emisora v. El término $\sqrt{\text{grado}(v)}$ discriminaba las emisoras que impedirían que muchas otras pudiesen seguir operando. La cuestión del término $\sqrt{\text{pob}(v)}$ era más sutil (y controvertida), pues su efecto era el de reducir la indemnización que debía abonar el gobierno a aquellas emisoras de televisión pequeñas que, muy probablemente, iba a dejar de emitir de todos modos.

[9]La FCC también logró obtener soluciones de alta calidad en un tiempo razonable deteniendo de forma anticipada solucionadores MIP de vanguardia, antes de que llegasen a la solución óptima (ver la página 143). La técnica voraz terminó por imponerse debido a su fácil traducción a un formato de subasta transparente (como se detalla en la sección 24.4).

seguían funcionando recibiesen la asignación de cualquiera de los k canales. El algoritmo WISVorazGeneralista parecía fácil de extender a la versión multicanal del problema[10]:

FCCVoraz

calcular β_v para cada emisora v

$S := \emptyset$

ordenar emisoras de mayor a menor valor de w_v/β_v

para cada emisora v, en orden no creciente de w_v/β_v **hacer**

    si $S \cup \{v\}$ es viable **entonces**   `// ajustarse a k canales`

        $S := S \cup \{v\}$

devolver S

Se parece mucho a nuestros otros algoritmos voraces (de tiempo polinómico), ¿verdad? Pero vamos a echarle un vistazo a una iteración del bucle principal, responsable de verificar si la emisora actual v se puede añadir a la solución S, calculada hasta el momento, sin comprometer la viabilidad. ¿Qué hace que un subconjunto de emisoras sea "viable"? La viabilidad significa que las emisoras puede operar al mismo tiempo sin generar interferencias entre ellas. Es decir, debería existir una asignación de las emisoras contenidas en $S \cup \{v\}$ a los k canales disponibles, de forma que no haya dos emisoras asignadas a un mismo canal que operen en áreas superpuestas. ¿Reconoces el problema computacional?

24.2.5 Emboscada del coloreado de grafos

Efectivamente, es el problema del coloreado de grafos (página 145). Los vértices corresponden a las emisoras, las aristas a los pares de emisoras con áreas de emisión superpuestas y los k colores a los k canales disponibles.

Como sabemos, gracias al problema 22.11, el problema del coloreado de grafos es NP–complejo, incluso aunque $k = 3$.[11] Pero aún el algoritmo

---

[10]Pensemos en que k es 23, correspondiente a los canales 14–36. La subasta de incentivos de la FCC también permitiría que emisoras UHF pasasen a la banda VHF (canales 2–13), pero la mayoría de la subasta se mantuvo en la banda UHF.

[11]Comprobar la viabilidad en el caso especial de un solo canal (sección 24.2.2) corresponde al problema trivial de comprobar la 1–colorabilidad o, de forma equivalente, a comprobar si un conjunto de vértices forma un conjunto independiente.

FCCVoraz debe resolver *muchas* instancias del problema del coloreado de grafos, una por cada iteración de su bucle principal. ¿Cómo están relacionadas estas instancias?

¿Ahora qué? ¿El haber diagnosticado que nuestro problema de comprobación de la viabilidad es el problema del coloreado de grafos, NP–complejo, descarta el uso de un algoritmo heurístico voraz para maximizar aproximadamente el valor total de las emisoras que permanecen activas?

24.2.6 Solución al cuestionario 24.1

Respuesta correcta: (d). La respuesta (a) es evidentemente incorrecta: la primera instancia siempre es viable, mientras que algunas de las instancias hacia el final del algoritmo podrían no serlo. La respuesta (b) también es incorrecta: por ejemplo, la solución calculada hasta el momento podría impedir que entrasen nuevos elementos en la región noreste de los EE.UU., mientras que la costa oeste podría tener espacio de sobra. La respuesta (c) es incorrecta y la (d) es correcta, ya que la solución S calculada hasta el momento solo cambia en la iteraciones en las que el conjunto de emisoras $S \cup \{v\}$ sea viable. Por ejemplo, expresado en términos de coloreado de grafos:

24.3 Comprobación de la viabilidad

Si tuviésemos una caja mágica para comprobar la viabilidad, podríamos ejecutar el algoritmo FCCVoraz y, con suerte, después de ajustar cuidadosamente los multiplicadores específicos de cada emisora, calcular con fiabilidad soluciones con un valor total cercano al máximo posible. Nuestros sueños sobre cajas mágicas ya se han visto truncados en una ocasión, cuando el problema original de maximización del valor resultó ser demasiado complejo incluso para los solucionadores MIP más vanguardistas (sección 24.2.2). ¿Por qué el resultado iba a ser distinto en esta ocasión?

24.3.1 Codificación como problema de satisfacibilidad

La subrutina que necesita el algoritmo FCCVoraz es responsable únicamente de comprobar la viabilidad (correspondiente a comprobar si un subgrafo dado es k–coloreable), no la optimización (correspondiente a hallar el subgrafo k–coloreable de valor máximo de un grafo dado). Esto hace crecer la esperanza de que pueda existir una caja mágica que resuelva el problema, más sencillo (aunque todavía NP–complejo), de comprobación de la viabilidad, aunque no dispongamos de ella para el problema de optimización. El cambio de la optimización por la comprobación de la viabilidad también sugiere que podríamos experimentar con nuevos lenguajes y tecnologías, la lógica y los solucionadores SAT, en vez de la aritmética y los solucionadores MIP.

La formulación del problema del coloreado de grafos como un problema de satisfacibilidad, que vimos en la sección 21.5.3, adquiere relevancia inmediata en este caso. Solo por recordarlo, por cada vértice v del grafo de entrada y color permitido $i \in \{1, 2, ..., k\}$, existe una variable booleana (verdadero/falso) x_{vi}. Por cada arista (u, v) del grafo de entrada y color i, existe una restricción

$$\neg x_{ui} \vee \neg x_{vi} \qquad\qquad (24.1)$$

que descarta la asignación del color i a u y v al mismo tiempo. Por cada vértice v del grafo de entrada, existe una restricción

$$x_{v1} \vee x_{v2} \vee \cdots \vee x_{vk} \tag{24.2}$$

que descarta dejar a v sin colorear.

Opcionalmente, por cada vértice v y colores distintos $i, j \in \{1, 2, \dots, k\}$, se puede utilizar la restricción

$$\neg x_{vi} \vee \neg x_{vj} \tag{24.3}$$

para descartar asignar tanto el color i como el color j a v.[12]

24.3.2 Incorporación de restricciones adicionales

La auténtica subasta de incentivos de la FCC utilizó una formulación ligeramente más complicada que (24.1)–(24.3). La emisoras con áreas de emisión superpuestas interfieren entre sí cuando están asignadas al mismo canal y, dependiendo de factores diversos, pueden hacerlo también cuando están asignadas a canales adyacentes (como 14 y 15). Un equipo distinto de la FCC determinó por adelantado, para cada par de emisoras, exactamente qué pares de asignaciones de canales causarían interferencias. Esta lista de asignaciones de pares de canales prohibida, aunque difícil de compilar, era fácil de incorporar directamente a la formulación de la satisfacibilidad, con una restricción del tipo

$$\neg x_{uc} \vee \neg x_{vc'} \tag{24.4}$$

por cada par u, v de emisoras y sus correspondientes asignaciones de canales prohibidas c, c'. Por ejemplo, la restricción $\neg x_{u14} \vee \neg x_{v15}$ evitaría que las emisoras u y v recibiesen, respectivamente, los canales 14 y 15. La lista de restricciones por interferencias sustituye la segunda de las asunciones que, para simplificar, hicimos en la sección 24.2.1.

Otro problema es que no todas las emisoras podían recibir todos los canales disponibles. Por ejemplo, las que se encontraban cerca de la frontera mexicana no podían emitir en un canal que interfiriese con otra emisora ya existente en el país vecino. Para reflejar estas restricciones adicionales, la variable de decisión x_{vi} fue omitida siempre que la emisora v tuviese prohibido el canal i.

---

[12]Los vértices pueden recibir varios colores si se omiten estas restricciones, pero cualquier forma de elegir entre los colores asignados resulta en un k–coloreado.

Estas alteraciones a la formulación SAT inicial (24.1)–(24.3) ilustran una fortaleza presente en los solucionadores MIP y SAT, relativa al diseño de algoritmos específicos para un problema: suelen ser una buena opción para acomodar todo tipo de restricciones adicionales, necesitando modificaciones mínimas sobre la formulación básica.

24.3.3 El problema de reempaquetado

El problema de la comprobación de viabilidad en la subasta inversa de la subasta de incentivos de la FCC es prácticamente el problema del coloreado de grafos, pero no exactamente (debido a las restricciones adicionales vistas en la sección 24.3.2), por lo que vamos a darle un nuevo nombre: el *problema de reempaquetado*.

Problema: el problema de reempaquetado

Conocemos por adelantado: una lista V de emisoras de televisión, los canales C_v utilizables por cada emisora $v \in V$ y los pares de canales permitidos P_{uv} para cada par de emisoras $u, v \in V$.

Entrada: un subconjunto $S \subseteq V$ de emisoras de televisión.

Salida: una asignación de cada emisora de televisión $v \in S$ a un canal de C_v, tal que cada par de emisoras $u, v \in S$ reciba la asignación de un par de canales de P_{uv} (o declare correctamente que tal asignación no existe).

Decimos que un subconjunto de emisoras es *empaquetable* si la instancia de reempaquetado correspondiente tiene una solución viable y *no empaquetable* en caso contrario.

Las aspiraciones algorítmicas de la FCC eran ambiciosas: resolver el problema de reempaquetado, de forma fiable, en menos de un minuto (en la sección 24.4 veremos el motivo de que el tiempo fuese tan escaso). Las instancias de reempaquetado de la subasta de incentivos de la FCC incluían miles de emisoras, decenas de miles de pares de emisoras superpuestas y docenas de canales disponibles. Después de la traducción a satisfacibilidad (como hemos visto en las secciones 24.3.1–24.3.2), las instancias resultantes incluían decenas de miles de variables de decisión y más de un millón de restricciones.

Eso es muchísimo. Aun así, ¿por qué no probar los solucionadores SAT más vanguardistas y ver qué sucede? Lamentablemente, al aplicarlos directamente, estos solucionadores necesitaban más de diez minutos para resolver instancias de reempaquetado representativas. Hacerlo mejor suponía poner toda la carne en el asador.

24.3.4 Truco 1: presolucionadores (la vía rápida)

La subasta de incentivos de la FCC utilizó *presolucionadores* para excluir rápidamente aquellas instancias que eran evidentemente empaquetables o no empaquetables. Estos presolucionadores aprovechan la estructura anidada de las instancias de reempaquetado del algoritmo FCCVoraz (ver el cuestionario 24.1), donde cada instancia tenía la forma $S \cup \{v\}$ para un conjunto empaquetable de emisoras S y una nueva emisora v.

Por ejemplo, la subasta realizaba dos pruebas locales rápidas y no muy ortodoxas que comprobaban el vecindario (relativamente pequeño) de v. Formalmente, dice que dos emisoras son *vecinas* si aparecen juntas en, al menos, una restricción de interferencias (24.4), y $N \subseteq S$ indica los vecinos de v en S.

1. Comprobar si $N \cup \{v\}$ es empaquetable. Si no, detenerse y devolver "no empaquetable" (prueba de corrección: los superconjuntos de conjuntos no empaquetables son, en sí mismos, también no empaquetables).

La analogía en una instancia de coloreado de grafos consistiría en comprobar si un vértice v dado y sus vecinos forman un subgrafo k–coloreable. Por ejemplo (con $k = 2$):

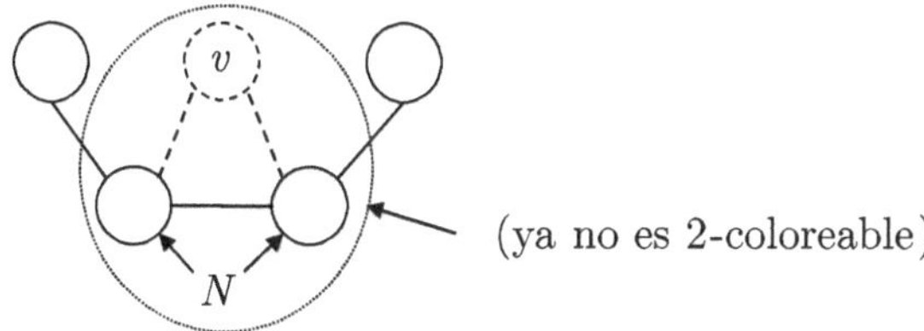

2. Heredar las asignaciones de canales viables calculadas anteriormente para las emisoras (empaquetables) S. Mantener fijas las asignaciones de todas las emisoras en $S - N$. Comprobar si existe una asignación de canales para las emisoras en $N \cup \{v\}$ tal que las asignaciones combinadas sean viables. Si es así, devolver "empaquetable" junto a las asignaciones de canales combinadas.

El que este paso tenga éxito depende normalmente de las asignaciones de canales heredadas para las emisoras en $S - N$. Por ejemplo (con $k = 3$):

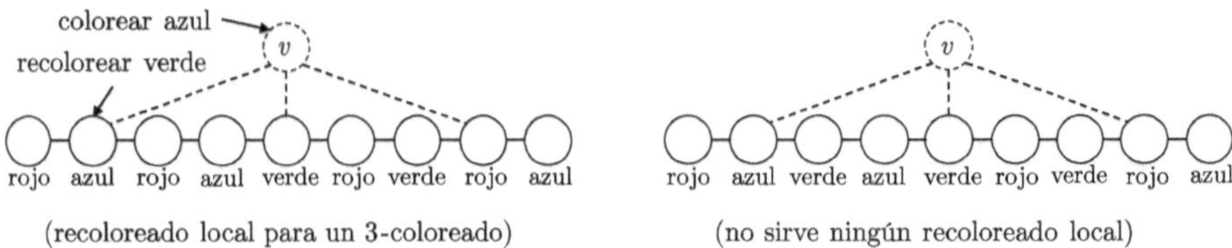

(recoloreado local para un 3-coloreado)   (no sirve ningún recoloreado local)

El tamaño del vecindario N solía estar en uno o dos dígitos, por lo que cada uno de estos pasos se podía realizar utilizando un solucionador SAT. Se mantenía la ambigüedad en las instancias de reempaquetado que no hubiesen sido detenidas por ninguno de los dos pasos. Dichas instancias podrían haber sido empaquetables, debido a una asignación de canales viable que se desviase de la forma restringida planteada en el paso 2. O podrían haber si no empaquetables, si ningún empaquetado de $N \cup \{v\}$ del paso 1 fuese extensivo a otro de los incluidos en $S \cup \{v\}$.

24.3.5 Truco 2: procesamiento previo y simplificación

Toda instancia de reempaquetado que hubiese sobrevivido a los presolucionadores era sometida a un paso de procesamiento previo diseñado para reducir su tamaño[13].

Eliminación de las emisoras fáciles

Diremos que una emisora u de $S \cup \{v\}$ es *fácil* si, independientemente de cuáles sean las asignaciones de canales del resto de emisoras, u se puede asignar a un canal de C_u que evite interferencias con el resto de sus vecinas (la analogía en una instancia de coloreado de grafos sería un vértice cuyo grado sea menor que el número k de colores).

3. Eliminar iterativamente las emisoras fáciles: (i) inicializar $X := S \cup \{v\}$; (ii) mientras X contenga una estación fácil u, $X := X - \{u\}$.

Por ejemplo, en un contexto de coloreado de grafos (con $k = 3$):

---

[13]Esta idea es similar, en esencia, a las "operaciones básicas de coste cero" a las que tantas veces hemos recurrido en esta serie de libros. Si tienes una operación básica espectacularmente rápida (como la ordenación, el cálculo de componentes conexos, etc.) que pueda simplificar el problema, ¿por qué no utilizarla?

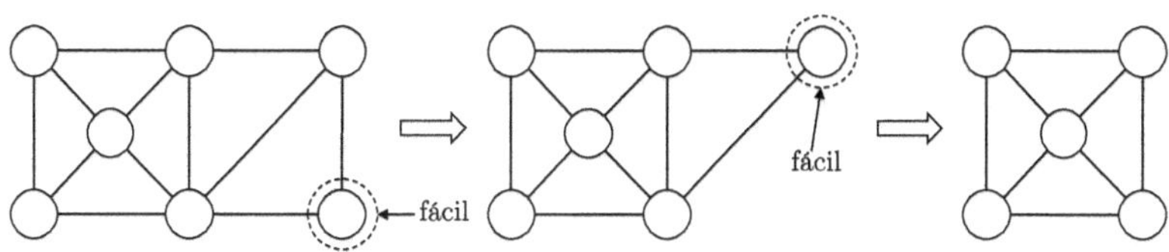

Descomposición del problema

El siguiente paso buscaba descomponer el problema en subproblemas independientes más pequeños (la analogía en una instancia del coloreado de grafos sería calcular un k–coloreado separado para cada componente conexo).

4. Dado un conjunto de emisoras (no fáciles):

   a) Formar un grafo H donde los vértices corresponden a las emisoras y las aristas a sus emisoras vecinas.

   b) Calcular los componentes conexos de H.

   c) Por cada componente conexo, resolver el problema de reempaquetado correspondiente.

   d) Si al menos un subproblema es no empaquetable, devolver "no empaquetable". En caso contrario, devolver "empaquetable" junto a la unión de las asignaciones de canales calculadas en los subproblemas.

Como una emisora solo puede interferir con emisoras vecinas, los diferentes subproblemas no interactúan de ninguna manera. Por lo tanto, las emisoras en X son empaquetables si, y solo si, todos los subproblemas independientes también lo son.

¿En qué ayuda la descomposición del problema? La subasta de incentivos de la FCC se mantenía vigente en la solución de todos los subproblemas, cuyo tamaño combinado era el mismo que el del problema original. Pero siempre que encontramos un algoritmo que se ejecuta en tiempo superlineal (como cabe esperar de un solucionador SAT), es más rápido resolver las instancias por partes que de una sola vez[14].

24.3.6 Truco 3: un repertorio de solucionadores SAT

Las instancias de reempaquetado más complejas sobrevivieron al ataque de los presolucionadores y el procesamiento previo, a la espera de herramientas más sofisticadas. Aunque todos los solucionadores SAT de vanguardia tuvieron éxito sobre algunas instancias representativas, ninguno cumplió con el mandato de la FCC de resolver las instancias con fiabilidad en menos de un minuto. ¿Y ahora qué?

Los diseñadores de la subasta inversa de la subasta de incentivos de la FCC tenían dos ventajas a su favor: (i) la observación empírica del comportamiento de diferentes solucionadores SAT sobre diferentes instancias, y (ii) los procesadores informáticos modernos. En vez de poner todos los huevos en la misma cesta, la subasta empleó un repertorio de *ocho* solucionadores cuidadosamente ajustados, que funcionaban en paralelo en una estación de trabajo con 8 núcleos[15,16]. Por fin se había reunido suficiente munición algorítmica para resolver más del 99% de las instancias de reempaquetado presentes en la subasta, dentro del límite de un minuto cada una. Bastan-

---

[14]Consideremos, por ejemplo, un algoritmo de tiempo cuadrático, con un tiempo de ejecución cn^2 sobre instancias de tamaño n para una constante $c > 0$. Resolver dos instancias de tamaño $(n/2)$ consume un tiempo $2 \cdot c(n/2)^2 = cn^2/2$, lo que supone una aceleración por un factor de 2 sobre la solución a una instancia de tamaño n.

[15]¿Y cómo se eligieron estos ocho solucionadores? Mediante un algoritmo heurístico voraz análogo a los de los problemas de cobertura máxima (sección 20.2) y maximización de la influencia (sección 20.2.8). Los solucionadores se eligieron secuencialmente, maximizando cada uno de ellos la mejora marginal del tiempo de ejecución sobre instancias representativas, en relación al resto de solucionadores que ya pertenecían al repertorio.

[16]Para los aficionados a la búsqueda local (secciones 20.4–20.5) molestos por su ausencia aparente en este estudio de caso: varios de los solucionadores SAT del repertorio eran algoritmos de búsqueda local (pensemos en versiones voraces y altamente parametrizadas del algoritmo SAT aleatorizado descrito en el problema 21.13).

---

te espectacular cuando estamos hablando de instancias de satisfacibilidad con decenas de miles de variables y más de un millón de restricciones.

24.3.7 Tolerancia a fallos

Más del 99% suena muy bien pero, ¿qué ocurría el 1% restante del tiempo? ¿Estaba la subasta de incentivos de la FCC funcionando a ciegas mientras ocho solucionadores SAT revoloteaban alrededor, desesperados por hallar una asignación satisfactoria?

Otra característica del algoritmo FCCVORAZ es su tolerancia a fallos gracias a su subrutina de comprobación de la viabilidad. Supongamos que, al comprobar la viabilidad de un conjunto $S \cup \{v\}$, la subrutina supera su límite de tiempo y devuelve "no lo sé". Sin una garantía de viabilidad (que es un requisito blindado), el algoritmo no puede arriesgarse a añadir v a su solución y debe ignorarlo, perdiendo potencialmente parte del valor que podría haber obtenido. Pero el algoritmo siempre finaliza en una cantidad de tiempo predecible con una solución viable, y la pérdida de valor atribuible a la superación de los límites de tiempo debería ser modesta, ya que estos son poco frecuentes, como lo eran en la subasta de incentivos de la FCC.

24.3.8 Solución al cuestionario 24.2

Respuesta correcta: (d). Si el conjunto final X no es empaquetable, tampoco lo es el superconjunto $S \cup \{v\}$. Si X es empaquetable, toda asignación viable de canales a las emisoras de X se puede extender a $S \cup \{v\}$ por completo, con una emisora fácil cada vez (en orden inverso a su eliminación):

24.4 Implementación de una subasta con cuenta atrás

¿Dónde está la "subasta" en la subasta de incentivos de la FCC? ¿No resuelve el algoritmo FCCVoraz de la sección 24.2, junto a la subrutina de reempaquetado de la sección 24.3, el problema de la maximización del valor de forma casi óptima? Con un máximo de unos pocos miles de comprobaciones de viabilidad (una por cada emisora participante) y un minuto consumido en cada una de esas comprobaciones, el algoritmo debería de ejecutarse por completo en cuestión de unos pocos días. ¿Es hora de cantar victoria?

No. De lo que es hora es de revisar y eliminar las dos últimas asunciones que, por simplificar, hicimos en la sección 24.2.1. No se obligaba a las emisoras a cesar su actividad, sino que eran estas quienes renunciaban voluntariamente a sus licencias (a cambio de una indemnización). Entonces, ¿por qué no ejecutar el algoritmo FCCVoraz para saber qué emisoras podían continuar funcionando y pagar al resto el importe que estuviesen dispuestas a aceptar? Porque el valor de una emisora, definido aquí como la indemnización mínima que su propietario aceptaría por cesar su actividad, no se conocía con antelación (se podría haber preguntado a los propietarios, pero seguramente habrían sobrevalorado sus pretensiones, con la esperanza de obtener una compensación adicional). ¿Cómo se podía implementar el algoritmo FCCVoraz sin conocer el valor de las emisoras por adelantado?

24.4.1 Subastas y algoritmos

Piensa en las subastas que hayas podido ver en una película o en la realidad (la venta de un terreno, una casa de subastas o una colecta benéfica). El subastador hace preguntas del tipo "¿quién quiere comprar esta pelota de tenis firmada por Roger Federer por cien dólares?" y los posibles compradores levantan sus manos. En la subasta inversa de la subasta de incentivos de la FCC, el "subastador" (el gobierno) estaba comprando en vez de vendiendo, por lo que las preguntas eran más bien del estilo "¿quién quiere vender su licencia de emisión por un millón de dólares?". La respuesta de una emisora a esta pregunta, con una oferta de indemnización p, revelaba si su valor (la indemnización mínima aceptable) estaba por encima o por debajo de p.

El algoritmo FCCVoraz comienza ordenando las emisoras en orden no creciente de w_v/β_v, donde w_v es el valor de la emisora v y β_v es un parámetro específico de la emisora (un punto de partida aparentemente inútil cuando se desconoce el valor de las emisoras)[17]. ¿Es posible volver a implementar el algoritmo para que las emisoras se ordenen solas, utilizando únicamente operaciones compatibles con la subasta del tipo "es $w_v \leq p$"?

24.4.2 Ejemplo

Para ver mejor el funcionamiento, asumiremos por ahora que los valores de las emisoras son enteros positivos entre 1 y un límite superior W conocido. Asumiremos también que solo hay un canal libre ($k = 1$) y que $\beta_v = 1$ para toda emisora v. Supongamos, por ejemplo, que hay cinco emisoras y que $W = 5$:

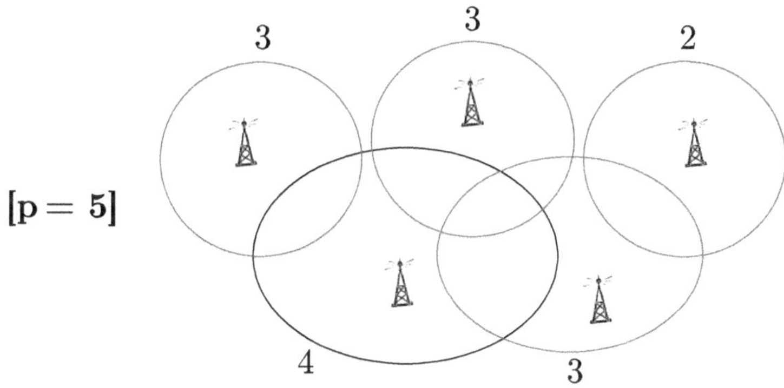

(emisoras etiquetadas con sus valores)

La idea es comenzar desde la indemnización más alta imaginable ($p = W$) y trabajar hacia abajo. El conjunto S de emisoras que permanecerán activas está vacío inicialmente. En la primera iteración del algoritmo, el valor de cada emisora se compara con el valor inicial de p (es decir, con 5). De forma equivalente, se le pregunta a cada emisora si aceptaría una indemnización de 5 a cambio de su licencia. Todos los participantes aceptan y el algoritmo reduce p para continuar con la siguiente iteración. Todos los participantes vuelven a aceptar la oferta de indemnización reducida (con $p = 4$). En la siguiente iteración, la emisora con valor 4 rechaza la oferta de $p = 3$, y el algoritmo responde añadiéndola al conjunto S de emisoras activas:

---

[17]En la subasta de incentivos de la FCC, los parámetros β_v, específicos de las emisoras, *eran* conocidos por adelantado, ya que dependían únicamente de la población atendida y de las restricciones de interferencias de cada emisora (ver la nota al pie 8).

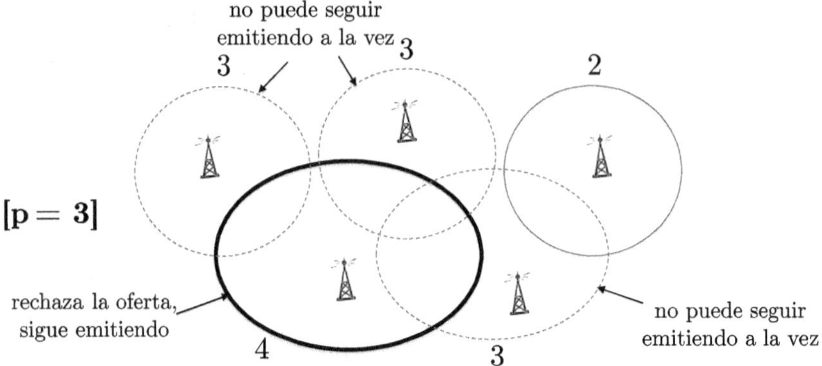

Con la emisora de valor 4 de vuelta en el aire y con un solo canal disponible, las tres emisoras superpuestas quedan bloqueadas y deben permanecer inactivas. En las siguientes iteraciones, el algoritmo realiza ofertas de indemnización decrecientes a la única emisora cuyo destino sigue sin conocerse, la emisora de valor 2. Esta rechaza la oferta de $p = 1$, momento en el que es añadida a S y el algoritmo se detiene:

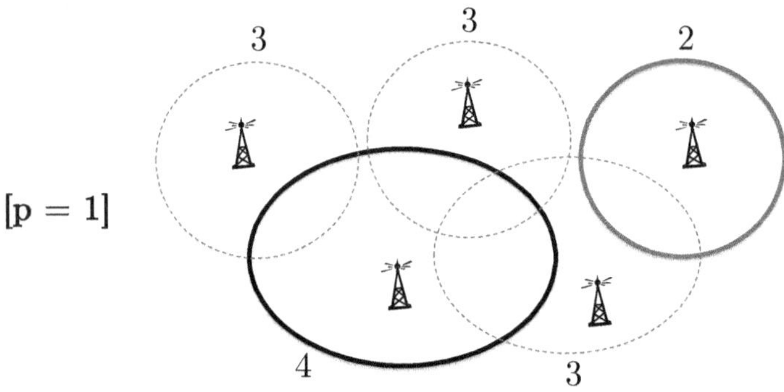

En este ejemplo, y en general, este proceso iterativo recrea la trayectoria del algoritmo WISVorazBásico sobre la instancia del conjunto independiente ponderado correspondiente (sección 24.2.3): las emisoras abandonan (y vuelven al aire) en orden no creciente de su valor, sujeto a la viabilidad. ¿Podemos extender esta idea para incorporar el algoritmo FCCVoraz al completo?

24.4.3 Nueva implementación del algoritmo FCCVoraz

Es posible emular los parámetros β_v, específicos de cada emisora, del algoritmo FCCVoraz utilizando ofertas específicas a cada emisora, ofreciendo una indemnización $\beta_v \cdot p$ a la emisora v en una iteración con "precio base" p. Una emisora v con un valor w_v abandonará cuando el precio base p caiga por debajo de w_v/β_v. Como p va disminuyendo gradualmente, el proceso resultando simula fielmente el algoritmo FCCVoraz: las emisoras abandonan (y vuelven al aire) en orden no creciente de w_v/β_v, sujeto a la viabilidad. El algoritmo resultante recibe el nombre de *subasta con cuenta atrás* y es, exactamente, el utiliza el la subasta inversa de la subasta de incentivos de la FCC (con $\epsilon = 0{,}05$ y los β_v definidos según se indica en la nota al pie 8):

FCCCuentaAtrás

Entrada: conjunto V de emisoras, parámetro $\beta_v > 0$ para cada
$v \in V$, parámetro $\epsilon \in (0, 1)$.
Salida: un subconjunto reempaquetable $S \subseteq V$.

```
p := NÚMERO GRANDE                   // maximizar participación
S := ∅                               // emisoras que siguen activas
X := ∅                               // emisoras que se desconectan
mientras S ∪ X ≠ V hacer             // quedan emisoras en el limbo
    para cada emisora v ∉ S ∪ X, en orden arbitrario hacer
        // llamar a la comprobación de viabilidad (§24.3)
        si S ∪ {v} empaquetable entonces // queda espacio para v
            ofrecer indemnización βᵥ · p a v
            si oferta rechazada entonces      // como p < wᵥ/βᵥ
                S := S ∪ {v}                  // v vuelve al aire
        en otro caso      // sin espacio para v (o se supera el
            límite de tiempo)
            X := X ∪ {v}                 // v debe seguir desconectada
    p := (1 − ε) · p // ofertas más bajas en la siguiente ronda
devolver S
```

El bucle exterior del algoritmo FCCCuentaAtrás controla el valor p del "reloj". Este precio base se reduce en una pequeña cantidad en cada iteración (llamada *ronda*), hasta que el destino de todas las emisoras ha quedado sellado. Dentro de una ronda, el bucle interior realiza una única pasada sobre las emisoras restantes, en orden arbitrario, con la intención de hacer una nueva oferta de indemnización a la baja a cada una de ellas. Pero antes de hacer una oferta inferior a una emisora v, el algoritmo llama a la comprobación de viabilidad de la sección 24.3, para asegurarse de que v podrá encontrar un espacio en el espectro en caso de que la oferta sea rechazada[18]. Si la comprobación de viabilidad determina que $S \cup \{v\}$ no es empaquetable, o si alcanza su límite de tiempo, el algoritmo no puede arriesgarse a un rechazo de v y mantiene v inactiva. Si la comprobación de viabilidad encuentra un empaquetado viable para las emisoras contenidas en $S \cup \{v\}$, el algoritmo puede continuar con seguridad con la oferta más baja a v. El algoritmo devuelve el conjunto final S de emisoras que seguirán en el aire, junto con las asignaciones de canales calculadas por la comprobación de viabilidad.

24.4.4 Hora de cobrar

El algoritmo FCCCuentaAtrás determina qué emisoras seguirán activas y las asignaciones de sus nuevos canales. Pero tiene otra responsabilidad: calcular los importes abonados a cambio de las licencias de las emisoras que se desconectarán (las que permanecen activas no reciben ninguna indemnización[19]).

En primer lugar, ¿cuál es el precio base p inicial? En la subasta de incentivos de la FCC, este valor se eligió de forma que fuese lucrativo hasta el absurdo, animando así a que las emisoras participasen (la participación era voluntaria). Por ejemplo, la oferta de apertura para la WCBS, la afiliada de la CBS en Nueva York, fue de 900 millones de dólares[20]. Las emisoras implicadas estaban obligadas a vender su licencia al precio de apertura en caso de que el gobierno se lo solicitase, y lo mismo era aplicable para cualquier oferta posterior (más baja) aceptada durante la subasta. El gobierno, naturalmente, pagó el menor precio acordado:

---

[18]El algoritmo FCCVoraz original de la sección 24.2.4 solo llama a la comprobación de viabilidad una vez por cada emisora. En la nueva implementación, el algoritmo FCCCuentaAtrás necesita comprobar la viabilidad en *todas las rondas*. La subasta de incentivos de la FCC se ejecutó con docenas de rondas, lo que supuso unas cien mil comprobaciones de viabilidad en total. Este es el motivo por el que la FCC le concedió un solo minuto a cada comprobación (e incluso con límites de tiempo de un minuto, la subasta tardó meses en finalizar).

[19]Técnicamente, las emisoras obligadas a cambiar de canal después de la subasta de incentivos de la FCC recibieron una modesta suma de dinero (muy inferior al precio normal de venta de una licencia), para compensar los costes de los cambios técnicos necesarios.

[20]Recordemos que la venta de la licencia solo implicaba abandonar las emisiones terrestres, migajas en comparación a la televisión por cable y por satélite.

A pesar de toda la complejidad implicada, la subasta inversa de la subasta de incentivos de la FCC resultó extremadamente sencilla para las emisoras involucradas. La oferta de apertura por una licencia de conocía por adelantado, y cada oferta subsiguiente era, automáticamente, por el 95% de la anterior. Mientras la oferta actual superase el valor que se daba la emisora a su licencia, la acción natural era aceptarla (ya que la emisora se reservaba el derecho de rechazar ofertas más bajas posteriores). Una vez que la oferta actual caía por debajo del valor de la licencia, la respuesta más obvia era rechazarla y volver a emitir (ya que cualquier oferta venidera sería todavía peor).

La eficacia de la comprobación de viabilidad (sección 24.3) tenía un efecto de primer orden en los costes para el gobierno. No había perjuicios cuando la subrutina llegaba a su límite de tiempo con un conjunto no empaquetable de emisoras, pues el algoritmo FCCCuentaAtrás seguía adelante de todas formas. Pero cuando el comprobador de viabilidad llegaba a su tiempo límite con un conjunto empaquetable de emisoras $S \cup \{v\}$, quedaba una montaña de dinero (normalmente del orden de millones de dólares) sobre la mesa[21]. La subasta podía haber hecho una oferta menor a la emisora v, pero a costa de la comprobación de viabilidad. Esto explica por qué los diseñadores de la subasta querían que la tasa de éxito de la subrutina se acercase lo más posible al 100%.[22]

24.5 El resultado final

La subasta de incentivos de la FCC funcionó durante cerca de un año, desde marzo de 2016 hasta marzo de 2017. Casi tres mil emisoras de televisión estuvieron implicadas, 175 de las cuales decidieron abandonar sus emisiones a cambio de una indemnización total cercana a los diez mil millones de dólares (con una media de unos cincuenta millones de dólares por licen-

---

[21]Aproximadamente el 50% de los límites de tiempo se produjeron con conjuntos empaquetables de emisoras.

[22]¿Ha habido alguna vez una relación más directa entre el tiempo de ejecución de un algoritmo y grandes sumas de dinero?

cia, con una varianza importante según las diferentes regiones del país)[23]. Unas mil emisoras reasignaron sus canales.

Mientras tanto, los 84 MHz de espectro liberado fueron reorganizados en siete pares de bloques de 5 MHz (un bloque de subida y otro de bajada). Cada una de las licencias a la venta en la subasta directa de la subasta de incentivos de la FCC correspondía a uno de estos siete pares y a una de las 416 regiones en los EE.UU. (llamadas "áreas económicas parciales"). ¿El beneficio de la subasta directa? Veinte mil millones de dólares[24]. La mayor parte del beneficio resultante se utilizó para reducir el déficit[25] de los EE.UU.

La subasta de incentivos de la FCC resultó en un éxito sin precedentes y nunca podría haberse realizado sin tener a mano una caja de herramientas algorítmicas de primer orden, para lidiar con problemas NP–complejos. La misma caja que tú, terminando ya este libro, puedes tomar como propia.

> ### Conclusiones
>
> ☆ La subasta de incentivos de la FCC fue un algoritmo complejo que liberó 84 MHz de espectro radioeléctrico utilizado para la televisión terrestre y lo reutilizó para la siguiente generación de redes inalámbricas.

---

[23]Puedes encontrar los resultados completos en `https://auctiondata.fcc.gov/`.

[24]Menos mal que el beneficio de la subasta directa superó los costes asociados a la subasta inversa: ¿tuvo el gobierno su día de suerte? Esto conduce a otra pregunta: ¿quién decidió que 84 Mhz era la cantidad de espectro liberado más oportuna?

La auténtica subasta de incentivos de la FCC tenía un bucle exterior adicional, que determinaba el número ideal de canales a liberar (uno de los motivos por los que la subasta duró tanto tiempo). En su primera iteración (llamada "etapa"), la subasta trató ambiciosamente de liberar hasta veintiún canales (126 MHz), suficientes para crear diez licencias de pares por región, para vender en la subasta directa (los veintiún canales era 30–36 y 38–51, el canal 37 estaba excluido como se menciona en la nota al pie 4). Esta etapa fue un fracaso estrepitoso, con un cálculo de costes en el entorno de los sesenta y ocho mil millones de dólares y un beneficio de la subasta directa de unos veintitrés mil millones. La subasta siguió con una segunda etapa con el objetivo más modesto de liberar diecinueve canales (114 MHz, suficientes para nueve licencias de pares por región), retomando las subastas inversa y directa donde habían quedado en la primera etapa. La subasta finalmente se detuvo tras la cuarta etapa (liberando catorce canales, como se ha descrito en este capítulo), la primera en la que el beneficio cubría los costes.

[25]La reducción del déficit era el plan desde el principio, probablemente una de las razones de más peso para que el Congreso aprobase la ley (ver nota al pie 5).

☆ Su subasta inversa decidió qué emisoras de televisión debían dejar de emitir o cambiar de canal, junto a su correspondiente indemnización.

☆ Incluso con un solo canal disponible, determinar cuáles eran las emisoras más valiosas que no interfiriesen entre sí, se reduce al problema del conjunto independiente ponderado (NP–complejo).

☆ Con múltiples canales disponibles, la mera comprobación de si un conjunto de emisoras podía permanecer activo sin interferencias se reduce al problema del coloreado de grafos (NP–complejo).

☆ Sobre instancias representativas, un algoritmo heurístico voraz, cuidadosamente ajustado, devolvía soluciones fiables con valores totales cercanos a los óptimos.

☆ Cada iteración de este algoritmo voraz llamaba a una subrutina de comprobación de viabilidad para verificar si había espacio en el espectro radioeléctrico para la emisora actual.

☆ Se utilizó una subasta con cuenta atrás para implementar el algoritmo, con ofertas de indemnización decrecientes y emisoras abandonando a lo largo del tiempo.

☆ Gracias al uso de presolucionadores, procesamiento previo y un repertorio de ocho solucionadores SAT de vanguardia, más del 99% de las instancias de comprobación de viabilidad de la subasta de incentivos de la FCC se resolvieron en menos de un minuto.

☆ La subasta de incentivos de la FCC se ejecutó durante un año, eliminó 175 emisoras de las ondas y supuso un beneficio cercano a los diez mil millones de dólares.

Problema 24.1 *(S)* ¿Cuál de las herramientas algorítmicas descritas en los capítulos 20 y 21 no jugó ningún papel en la subasta de incentivos de la FCC?

a) Algoritmos heurísticos voraces

b) Búsqueda local

c) Programación dinámica

d) Solucionadores MIP y SAT

Problema 24.2 *(S)* En cada ronda del algoritmo FCCCuentaAtrás de la sección 24.4.3, las emisoras que siguen en el limbo se procesan en orden arbitrario. ¿Es el conjunto de emisoras S, devuelto por el algoritmo, independiente del orden utilizando en cada ronda (elige todas las afirmaciones correctas)?

a) Sí, siempre que no haya dos valores de emisoras w_v iguales y que todos los parámetros β_v tengan valor 1.

b) Sí, siempre que todos los parámetros β_v tengan valor 1 y que ϵ sea suficientemente pequeño.

c) Sí, siempre que no haya dos valores de emisoras w_v iguales, que todos los parámetros β_v tengan valor 1 y que ϵ sea suficientemente pequeño.

d) Sí, siempre que no haya dos razones w_v/β_v iguales y que ϵ sea suficientemente pequeño.

Problema 24.3 *(S)* Antes de hacer una oferta más baja a la emisora v, el algoritmo FCCCuentaAtrás comprueba si $S \cup \{v\}$ es un conjunto empaquetable de emisoras, donde S indica las emisoras que están activas. Supongamos que invertimos el orden de estos dos pasos:

ofrecer indemnización $\beta_v \cdot p$ a v
si oferta rechazada **entonces**   // como $p < w_v/\beta_v$
    si $S \cup \{v\}$ es empaquetable **entonces**   // hay espacio para v
        $S := S \cup \{v\}$ // v vuelve al aire
    en otro caso   // no hay espacio para v
        $X := X \cup \{v\}$ // v debe seguir desconectada

Supongamos que ofrecemos una indemnización a las emisoras que se desconectan, como se describe en la página 249, donde cada una recibe un pago correspondiente a la última oferta que aceptaron (la penúltima que recibieron). ¿Es cierto que una emisora debería aceptar cualquier oferta por encima de su valor y rechazar la primera que esté por debajo?

Problemas más difíciles

Problema 24.4 *(P)* Este problema investiga la calidad de la solución lograda por los algoritmos heurísticos WISVorazBásico y WISVorazGeneralista, en la sección 24.2.3, para el caso especial del problema del conjunto independiente ponderado en el que el grado(v) de cada vértice v es, como mucho, Δ (donde Δ es un entero no negativo, como 3 o 4).

(a) Demuestra que el conjunto independiente devuelto por el algoritmo WISVorazBásico tiene siempre un peso total de, al menos, $1/(\Delta+1)$ veces el peso total de todos los vértices del grafo de entrada.

(b) Demuestra que la misma garantía es cierta para el algoritmo WISVorazGeneralista, con β_v establecido a $1 + \text{grado}(v)$ para cada vértice $v \in V$.

(c) Muestra con ejemplos que, para todo entero no negativo Δ, las afirmaciones en (a) y (b) serían falsas si $1/(\Delta + 1)$ fuese sustituido por cualquier número mayor.

Problemas de programación

Problema 24.5 Prueba uno o más solucionadores SAT sobre una colección de instancias de coloreado de grafos, utilizando la formulación (24.1)–(24.3) (experimenta tanto incluyendo como excluyendo las restricciones de (24.3)). Por ejemplo, podrías investigar sobre grafos aleatorios, con una probabilidad independiente $p \in (0, 1)$ de que cada arista esté presente. O, incluso mejor, construye un grafo a partir de las restricciones de interferencias reales utilizadas en la subasta de incentivos de la FCC[26]. ¿Qué tamaño de entrada podría llegar a procesar el solucionador de forma fiable en menos de un minuto, o en menos de una hora? ¿Cuánto varía la respuesta en función del solucionador?

---

[26]Disponibles en `https://data.fcc.gov/download/incentive-auctions/Constraint_Files/`.

Manual de campaña para el diseño de algoritmos

Después de devorar la serie *Algoritmos iluminados*, estás en posesión de una caja de herramientas algorítmica muy completa y preparada para afrontar un espectro amplio de problemas computacionales. Tan amplio, de hecho, que te asustaría conocer el descomunal número de algoritmos, estructuras de datos y paradigmas de diseño que eres capaz de dominar a estas alturas. Al enfrentarte a un nuevo problema, ¿cuál es el método más eficaz de hacer funcionar esas herramientas? Para darte con qué empezar, te contaré la receta que suelo utilizar cuando abordo un problema computacional con el que no estoy familiarizado. Deberías desarrollar un método propio a medida que vayas adquiriendo más experiencia trabajando con algoritmos.

1. ¿Puedes evitar resolver el problema desde cero? ¿Es una versión disfrazada, una variante o un caso especial de un problema que ya sabes resolver? ¿Se puede, por ejemplo, reducir a ordenación, búsqueda en grafos o cálculo de caminos más cortos[27]? En ese caso, utiliza el algoritmo más rápido y sencillo que conozcas y que sea suficiente para resolver el problema.

2. ¿Puedes simplificar el problema procesando la entrada con una operación básica de coste cero, como la ordenación o el cálculo de componentes conexos?

3. Si debes diseñar un nuevo algoritmo desde cero, toma la medida a partir de la identificación del nivel que aporta la solución "evidente" (como la búsqueda exhaustiva). En relación a las entradas relevantes, ¿es la solución evidente lo bastante rápida?

---

[27]Si continúas profundizando en el estudio de los algoritmos, conocerás más problemas ya resueltos que aparecen, una y otra vez, disfrazados bajo otro aspecto. Entre otros ejemplos, están la transformada rápida de Fourier, los problemas de flujo máximo y corte mínimo, el emparejamiento bipartito y la programación lineal y convexa.

4. Si la solución evidente no resulta adecuada, piensa en tantos algoritmos voraces naturales como puedas y pruébalos sobre ejemplos pequeños. Lo más probable es que fallen todos, pero la forma en la que fallen te ayudará a entender mejor el problema.

5. Si hay una forma evidente de dividir la entrada en subproblemas más pequeños, ¿qué dificultad tendría combinar sus soluciones? Si ves que puedes hacerlo rápidamente, ataca con el paradigma de divide y vencerás.

6. Prueba con la programación dinámica. ¿Puedes argumentar que se puede construir una solución a partir de soluciones a subproblemas más pequeños, utilizando un mecanismo a elegir entre unos pocos? ¿Puedes formular una recurrencia para resolver rápidamente un subproblema, dadas las soluciones a los subproblemas más pequeños?

7. Si se da el feliz acontecimiento de que desarrolles un buen algoritmo para el problema, ¿puedes hacerlo incluso mejor mediante un hábil despliegue de estructuras de datos? Busca cálculos significativos realizados por el algoritmo una y otra vez (como búsquedas o cálculos de mínimos). Recuerda el principio de parsimonia: elige la estructura de datos más sencilla que permita todas las operaciones necesarias para tu algoritmo.

8. ¿Puedes simplificar o acelerar el algoritmo utilizando aleatorización? Por ejemplo, si tu algoritmo debe elegir un objeto entre muchos, ¿qué ocurre si esa elección es aleatoria?

9. Si todo lo anterior falla, contempla la posibilidad desafortunada, pero realista, de que *no exista* un algoritmo eficiente para resolver el problema. De los problemas NP–complejos que ya conoces, ¿cuál se parece más al tuyo? ¿Puedes reducir este problema NP–complejo al tuyo? ¿Qué hay del problema 3–SAT? ¿O de cualquiera de los incluidos en el libro de Garey y Johnson (página 168)?

10. Decide si prefieres sacrificar la corrección o la velocidad. Si prefieres una velocidad garantizada, a costa de la corrección, vuelve a iterar sobre los paradigmas de diseño de algoritmos, esta vez en busca de oportunidades de algoritmos heurísticos rápidos. El paradigma de diseño del algoritmo voraz suele ser el más útil en estas ocasiones.

11. Considera también la aplicación del paradigma de búsqueda local, tanto para aproximarte a la solución del problema desde cero como para realizar un paso de procesamiento posterior, que no supone

ninguna desventaja y que te permitirá aplicar algún otro algoritmo heurístico.

12. Si prefieres insistir en una corrección garantizada, sacrificando la velocidad, vuelve al paradigma de la programación dinámica y busca algoritmos exactos mejores que la búsqueda exhaustiva (aunque posiblemente seguirán siendo de tiempo exponencial).

13. Si la programación dinámica no te sirve o te lleva a algoritmos muy lentos, cruza los dedos y experimenta con cajas mágicas más o menos fiables. En los problemas de optimización, prueba a formularlos como programas enteros mixtos y pásalos por un solucionador MIP. Si los problemas son de verificación de la viabilidad, descríbelos mediante una formulación de satisfacibilidad y entrégaselos a un solucionador SAT.

Solución al problema 19.1: (b), (c). El algoritmo de programación dinámica para el problema de la mochila (NP–complejo) es un buen ejemplo de por qué (d) es incorrecta.

Solución al problema 19.2: (c). La nota al pie 2 muestra por qué (a) es incorrecta. Los árboles de expansión de un grafo puede tener todos costes distintos (si, por ejemplo, los costes de las aristas son distintas potencias de 2), por lo que (b) también es incorrecta. La lógica de (d) es errónea, ya que el problema MST es abordable computacionalmente incluso en grafos con un número exponencial de árboles de expansión.

Solución al problema 19.3: (b), (d). La respuesta (c) es incorrecta porque, aunque son conceptos relacionados, lo resoluble en tiempo polinómico no es lo mismo que lo resoluble en la práctica (imaginemos, por ejemplo, un algoritmo con tiempo de ejecución $O(n^{100})$ sobre entradas de tamaño n).

Solución al problema 19.4: (a). Por ejemplo, el algoritmo de programación dinámica para el problema de la mochila demuestra que (c) y (d) son incorrectas.

Solución al problema 19.5: (e). En el caso de (a) y (b), la reducción se produce en la dirección incorrecta. La respuesta (c) es incorrecta porque algunos problemas (como el problema de la parada mencionado en la nota al pie 18) son estrictamente más difíciles que otros (como el problema del MST). La respuesta (d) es incorrecta cuando, por ejemplo, A y B representan los problemas de caminos más cortos de origen único y entre todos los pares. La demostración formal de (e) se parece a la solución al cuestionario 19.3.

Solución al problema 19.6: (a), (b), (d). En (a), puedes asumir sin riesgo de perder la perspectiva generalista que la capacidad C de la mochila es de, como máximo, n^6 (¿por qué?). En el caso de (b), consulta el problema 20.11. En el caso de (c), el problema es NP–complejo incluso cuando la entrada está formada únicamente por enteros positivos (página 20).

Pista para el problema 19.7: Para utilizar una subrutina para el TSP que resuelva una instancia del TSPP, añadir un vértice adicional, conectado mediante una arista de coste cero a cada uno de los vértices originales. Para utilizar un subrutina para el TSPP que resuelva una instancia del TSP, dividir primero un vértice arbitrario v en dos copias v' y v'' (donde cada uno hereda los costes de las aristas de v y con $c_{v'v''} = +\infty$). Añadir después dos nuevos vértices x, y, ambos conectados al resto de vértices mediante aristas de coste infinito, con la excepción de que $c_{xv'} = c_{yv''} = 0$.

Pista para el problema 19.8: Visitar los vértices de G en el mismo orden en el que la búsqueda en profundidad (partiendo desde un vértice arbitrario) visitaría los vértices de T. Demuestra que el coste total de la ruta resultante es $2\sum_{e\in F} a_e$ y que ninguna ruta podría tener un coste total menor.

Solución al problema 20.1: (b). Para probar que (a) es falsa, pensemos en diez máquinas, diez trabajos de longitud 1, noventa trabajos de longitud 6/5 y un trabajo de longitud 2. Para demostrar (b), usemos las asunciones para mostrar que la longitud máxima de un trabajo es, como mucho, del 20% de la carga promedio de las máquinas, y apliquemos (20.3).

Solución al problema 20.2: (b). Para probar que (a) es falsa, utiliza una variante de dieciséis elementos del ejemplo visto en el cuestionario 20.5. La solución óptima debería utilizar dos subconjuntos, mientras que el algoritmo voraz emplea cinco (con desempate en el peor caso). En el caso de (b), las primeras k iteraciones del algoritmo voraz coinciden con las del algoritmo CoberturaVoraz, con un presupuesto de k. La garantía de corrección aproximada del segundo algoritmo (teorema 20.7) implica que este primer bloque de k iteraciones cubre, al menos, una fracción $1 - \frac{1}{e}$ de los elementos de U. El siguiente bloque de k iteraciones cubre, al menos, una fracción $1 - \frac{1}{e}$ de los elementos que no quedaron cubiertos por el primer bloque (¿por qué?). Después de t bloques de k iteraciones cada uno, el número de elementos todavía no cubiertos es, como máximo, de $(\frac{1}{e})^t \cdot |U|$. Este número es menor que 1 una vez que $t > \ln |U|$, por lo que el algoritmo finaliza en, como mucho, $O(k \log |U|)$ iteraciones.

Solución al problema 20.3: (c), (e), (f). Para probar que (a) y (d) son falsas, tomamos $C = 100$ y consideramos diez elementos con valor 2 y tamaño 10, junto a cien elementos con valor 1 y tamaño 1. Para probar que (b) es falsa, consideramos un elemento con tamaño y valor igual a 100 y un segundo elemento con valor 20 y tamaño 10. Para demostrar (c), imaginemos que permitimos al segundo algoritmo voraz hacer trampas y llenar completamente la mochila utilizando una fracción de un elemento adicional (con valor prorrateado). Utilizamos un intercambio de argumentos para demostrar que el valor total de esta solución tramposa es, como mínimo, el de cualquier solución viable. Afirmamos que el valor combinado de las soluciones devueltas por los dos primeros algoritmos voraces es, como mínimo, el de la solución tramposa (y, en consecuencia, el mejor de los dos es, como poco, igual de bueno al 50%). Para demostrar (e) y (f), afirmamos que el segundo algoritmo voraz solo se equivoca en el 10% peor (en términos de razón valor a tamaño) de la solución tramposa.

Solución al problema 20.4: (a). Cada iteración del bucle principal del algoritmo selecciona una arista del grafo de entrada. Digamos que M representa el conjunto de aristas elegidas. El subconjunto S devuelto por el algoritmo contiene entonces $2|M|$ vértices. No hay dos aristas en M que compartan un extremo (¿por qué?), por lo que toda solución viable debe incluir, al menos, $|M|$ vértices (un extremo por arista de M).

Solución al problema 20.5: (c). Un algoritmo de búsqueda local terminará por detenerse en una solución óptima *local*.

Pista para el problema 20.6: Almacena en un montículo un objeto por máquina, con claves iguales a las cargas actuales de las máquinas. Cada actualización de carga de una máquina se reduce a una operación ExtraerMínimo seguida de una operación Insertar, con el valor actualizado de la clave.

Pista para el problema 20.7: En el caso de (a), puedes ignorar cualquier trabajo posterior a j (¿por qué?). Demuestra que, si $\ell_j > M^*/3$, se asigna a cada máquina uno o dos de los primeros j trabajos, con los más largos en sus propias máquinas y el resto emparejados de forma óptima en el resto de máquinas. En el caso de (b), utiliza (20.3).

Pista para el problema 20.8: En el caso de (a), utiliza una rejilla de elementos de tamaño $k^{k-1} \times k^{k-1}$ y $2k - 1$ subconjuntos. En el caso de (b), sustituye cada elemento por un grupo de N copias del mismo (donde cada uno pertenece a los mismos subconjuntos que antes). Elimina los empates añadiendo una copia adicional en algunos grupos. La elección de N depende de ϵ.

Pista para el problema 20.9: Por ejemplo, dada una instancia del problema de la cobertura máxima con un presupuesto k, un conjunto base $U = \{1, 2, 3, 4\}$, y subconjuntos $A_1 = \{1, 2\}$, $A_2 = \{3, 4\}$ y $A_3 = \{2, 4\}$, codifícala utilizando el grafo dirigido

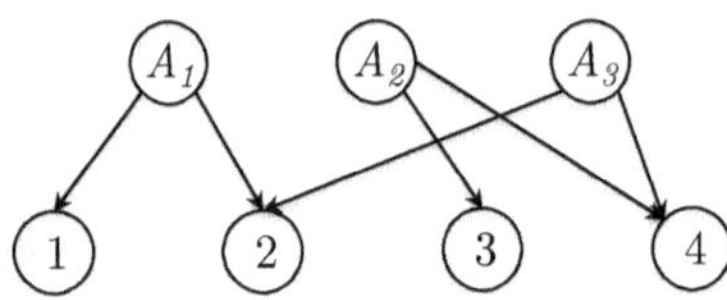

junto con la probabilidad de activación $p = 1$ y el mismo presupuesto k.

Pista para el problema 20.10: En el caso de (a), verificar directamente las propiedades para las funciones de cobertura y, entonces, aplicar el lema 20.10. En el caso de (b), el ingrediente principal es una versión generalista de los lemas 20.8 y 20.11 y, específicamente, las desigualdades (20.7) y (20.15). Digamos que S^* indica una solución óptima y que S_{j-1} representa los primeros $j - 1$ objetos elegidos por el algoritmo voraz. Una forma de ver las partes a la derecha de estas desigualdades es como la suma de los valores marginales sucesivos de los objetos de $S^* - S_{j-1}$, cuando se añaden a S_{j-1}, de uno en uno, en un orden arbitrario. Las partes a la izquierda expresan la suma de los valores marginales de los objetos en $S^* - S_{j-1}$ cuando cada uno de ellos es añadido a S_{j-1} de forma aislada. La submodularidad implica que cada término de la primera suma es, como máximo, la de la segunda. ¿Cuándo aparecen la no negatividad y la monotonicidad en la demostración?

Pista para el problema 20.11: En el caso de (a), cada subproblema calcula, para algunos $i \in \{0, 1, 2, \ldots, n\}$ y $x \in \{0, 1, 2, \ldots, n \cdot v_{max}\}$, el tamaño total mínimo de un subconjunto de los primeros i elementos que tiene un valor total mínimo de x (o $+\infty$, si tal subconjunto no existe). Para ver la solución completa, dispones de vídeos en www.algorithmsilluminated.org.

Pista para el problema 20.12: En el caso de (a), se puede ver toda ruta como un camino hamiltoniano (que, como árbol de expansión, tiene un coste total de, al menos, el de un MST) junto a una arista adicional (que, por asunción, tiene un coste no negativo). En el caso de (b), utilizar la desigualdad del triángulo para argumentar que todos los costes de las aristas en la instancia del TSP de árbol construido son, al menos, tan grandes como las de la instancia del TSP métrico dada. Utilizando la solución al problema 19.8, concluir que el coste total de la ruta calculada es, como máximo, el doble que la del MST T.

Pista para el problema 20.13: Representar el grafo, por ejemplo, utilizando una matriz de adyacencia (donde las entradas codifican los costes de las aristas) y la ruta actual utilizando una lista doblemente enlazada.

Solución al problema 20.14: En el caso de (a), el valor de la función objetivo es siempre un entero entre 0 y $|E|$, que aumenta en, al menos, 1 en cada iteración. En el caso de (b), consideremos un máximo local. Para cada vértice $v \in S_i$ y grupo S_j con $j \neq i$, el número de aristas entre v y los vértices de S_i es, como máximo, el que hay entre v y los vértices de S_j (¿por qué?). La suma de estas $|V| \cdot (k-1)$ desigualdades y su reordenación completan el argumento.

Solución al problema 21.1: (c).

Solución al problema 21.2: Con las columnas indexadas por los vértices de $V - \{a\}$ y las filas por los subconjuntos S que contienen A y, al menos, otro vértice:

$\{a,b\}$	1	n/d	n/d	n/d
$\{a,c\}$	n/d	4	n/d	n/d
$\{a,d\}$	n/d	n/d	5	n/d
$\{a,e\}$	n/d	n/d	n/d	10
$\{a,b,c\}$	6	3	n/d	n/d
$\{a,b,d\}$	11	n/d	7	n/d
$\{a,b,e\}$	13	n/d	n/d	4
$\{a,c,d\}$	n/d	12	11	n/d
$\{a,c,e\}$	n/d	18	n/d	12
$\{a,d,e\}$	n/d	n/d	19	14
$\{a,b,c,d\}$	14	13	10	n/d
$\{a,b,c,e\}$	15	12	n/d	9
$\{a,b,d,e\}$	17	n/d	13	14
$\{a,c,d,e\}$	n/d	22	21	20
$\{a,b,c,d,e\}$	23	19	18	17
	b	c	d	e

Solución al problema 21.3: (b). Añadir una arista (w, v) a un camino P de coste mínimo de $(i - 1)$ saltos, desde 1 hasta w, genera un ciclo si P ya visitaba v.

Solución al problema 21.4: (a), (b), (c), (d), (e).

Solución al problema 21.5: Con las columnas indexadas por los vértices y las filas por subconjuntos no vacíos de colores:

	a	b	c	d	e	f	g	h
$\{R\}$	0	0	$+\infty$	$+\infty$	$+\infty$	$+\infty$	$+\infty$	$+\infty$
$\{G\}$	$+\infty$	$+\infty$	0	0	$+\infty$	$+\infty$	$+\infty$	$+\infty$
$\{B\}$	$+\infty$	$+\infty$	$+\infty$	$+\infty$	0	0	$+\infty$	$+\infty$
$\{Y\}$	$+\infty$	$+\infty$	$+\infty$	$+\infty$	$+\infty$	$+\infty$	0	0
$\{R, G\}$	1	4	1	4	$+\infty$	$+\infty$	$+\infty$	$+\infty$
$\{R, B\}$	2	6	$+\infty$	$+\infty$	6	2	$+\infty$	$+\infty$
$\{R, Y\}$	$+\infty$	$+\infty$	$+\infty$	$+\infty$	$+\infty$	$+\infty$	$+\infty$	$+\infty$
$\{G, B\}$	$+\infty$	$+\infty$	7	3	7	3	$+\infty$	$+\infty$
$\{G, Y\}$	$+\infty$	$+\infty$	8	5	$+\infty$	$+\infty$	5	8
$\{B, Y\}$	$+\infty$	$+\infty$	$+\infty$	$+\infty$	9	10	9	10
$\{R, G, B\}$	5	7	3	5	8	3	$+\infty$	$+\infty$
$\{R, G, Y\}$	9	9	$+\infty$	$+\infty$	$+\infty$	$+\infty$	9	9
$\{R, B, Y\}$	12	15	$+\infty$	$+\infty$	$+\infty$	$+\infty$	15	12
$\{G, B, Y\}$	$+\infty$	$+\infty$	16	13	14	8	8	13
$\{R, G, B, Y\}$	10	17	13	19	15	11	10	11

Pista para el problema 21.6: Cualquier vértice j que logre el mínimo en (21.6) aparece el último en alguna ruta óptima. Un vértice k que logre el mínimo en (21.4) es el precedente inmediato de j en alguna de esas rutas. Se puede reconstruir el resto de la ruta, de forma similar, siguiendo el orden inverso. Para lograr un tiempo de ejecución lineal, modificar el algoritmo BellmanHeldKarp de forma que guarde un vértice de cada subproblema que logre el mínimo en la recurrencia (21.5), utilizada para calcular la solución al subproblema.

Pista para el problema 21.7: Modificar el algoritmo CaminoPancromático de forma que, para cada subproblema, guarde una arista (w, v) que logre el mínimo en la recurrencia (21.7), utilizada para calcular la solución al subproblema. Además, guardar un vértice que logre el mínimo en la última línea del pseudocódigo.

Pista para el problema 21.8: Aplicar las soluciones a los subproblemas de tamaño s después de calcular todas las correspondientes a los subproblemas de tamaño $(s+1)$. Utilizar la aproximación de Stirling (21.1) para obtener una estimación de $\binom{n}{n/2}$.

Solución al problema 21.9: (a) Con x_v indicando si el vértice v está incluido en la solución:

$$
\begin{aligned}
\text{maximizar} \quad & \sum_{v \in V} w_v x_v \\
\text{sujeto a} \quad & x_u + x_v \leq 1 \quad [\text{para toda arista } (u,v) \in E] \\
& x_v \in \{0,1\} \quad [\text{para todo vértice } v \in V].
\end{aligned}
$$

(b) Con x_{ij} indicando si un trabajo j está asignado a una máquina i, y con M representando la envergadura de la planificación correspondiente[28]:

$$
\begin{aligned}
\text{minimizar} \quad & M \\
\text{sujeto a} \quad & \sum_{j=1}^{n} \ell_j x_{ij} \leq M \quad [\text{para toda máquina } i] \\
& \sum_{i=1}^{m} x_{ij} = 1 \quad [\text{para todo trabajo } j] \\
& x_{ij} \in \{0,1\} \quad [\text{para toda máquina } i \text{ y trabajo } j] \\
& M \in \mathbb{R}.
\end{aligned}
$$

(c) Con x_i indicando si un subconjunto A_i está incluido en la solución, e y_e si un elemento e pertenece a un subconjunto seleccionado[29]:

$$
\begin{aligned}
\text{maximizar} \quad & \sum_{e \in U} y_e \\
\text{sujeto a} \quad & y_e \leq \sum_{i\,:\,e \in A_i} x_i \quad [\text{para todo elemento } e \in U] \\
& \sum_{i=1}^{m} x_i = k \\
& x_i, y_e \in \{0,1\} \quad [\text{para todo subconjunto } A_i \text{ y elemento } e].
\end{aligned}
$$

Pista para el problema 21.10: En el caso de (a), orientar la ruta en una dirección y establecer x_{ij} a 1 si j es el sucesor inmediato de i, o a 0 en caso contrario. En el caso de (b), mostrar que una unión de dos (o más)

---

[28]Si te molestan las restricciones con variables de decisión en ambos lados, puedes reescribirlas como $\sum_{j=1}^{n} \ell_j x_{ij} - M \leq 0$ para toda máquina i. Estas restricciones obligan a que M sea, al menos, tan grande como la carga máxima de las máquinas. En cualquier solución óptima al MIP, se debe conservar la igualdad (¿por qué?).

[29]El primer conjunto de restricciones obliga a que $y_e = 0$ siempre que no se haya elegido ninguno de los subconjuntos que contienen a e (y si hubiese sido elegido, y_e será igual a 1 en toda solución óptima).

ciclos dirigidos disjuntos que visitan juntos el resto de vértices, se traduce también en una solución viable del MIP. En el caso de (c), si la arista (i,j) es el ℓ-ésimo salto de la ruta (comenzando en el vértice 1), establecer $y_{ij} = n - \ell$. En el caso de (d), argumentar que toda solución viable tiene la forma de la construcción de (c).

Pista para el problema 21.11: Codificar, por ejemplo, la restricción $x_1 \vee \neg x_2 \vee x_3$ como $y_1 + (1 - y_2) + y_3 \geq 1$, donde las y_i son variables de decisión 0-1 (utilizar una función objetivo de relleno, como la constante 0).

Pista para el problema 21.12: Comenzar preprocesando la instancia 2–SAT para que cada restricción tenga, exactamente, dos literales (hay un truco que consiste en sustituir una restricción del tipo x_i por dos restricciones, $x_i \vee z$ y $x_i \vee \neg z$, donde z es una variable de decisión nueva; la solución más práctica es eliminar iterativamente restricciones con un único literal, pues tales restricciones obligan a una asignación de variables, que se puede propagar entonces al resto de restricciones que invoquen a la variable). Cuando solo queden restricciones con dos literales, la clave está en calcular los componentes fuertemente conexos de un grafo dirigido apropiado (lo que se puede hacer en tiempo lineal, ver el capítulo 8 de la *segunda parte*). Estarás en el camino correcto si el grafo tiene $2n$ vértices (uno por literal) y $2m$ aristas dirigidas. La instancia 2–SAT dada será viable si, y solo si, todo literal reside en un componente distinto al de su opuesto.

Pista para el problema 21.13: En el caso de (b), recordemos (21.10). En el de (c), se puede aprovechar el que av^* satisface la restricción, mientras que av no lo hace. En (d), hacemos uso del hecho de que una asignación de verdad y su opuesta tienen las mismas posibilidades de presentarse. Para (f), usamos la circunstancia de que un límite en el tiempo de ejecución de la forma $O((\sqrt{3})^n n^d \ln \frac{1}{\delta})$, para una constante d, también es $O((1{,}74)^n \ln \frac{1}{\delta})$ (debido a que cualquier función exponencial crece más rápido que cualquier función polinómica).

Solución al problema 22.1: (d). El problema del camino hamiltoniano no dirigido se reduce a cada uno de los problemas en (a)–(c). El problema en (d) se puede resolver en tiempo polinómico utilizando una variante del algoritmo para caminos más cortos de Bellman–Ford (ver el capítulo 18 de la *tercera parte*).

Solución al problema 22.2: (a), (b). Los problemas en (a) y (b) se reducen al problema de los caminos más cortos entre todos los pares sin ciclos negativos (en el caso de (b), después de multiplicar las longitudes de todas las aristas por -1), lo que se puede resolver en tiempo polinómico utilizando el algoritmo de Floyd–Warshall (ver el capítulo 18 de la *tercera parte*). El problema del camino hamiltoniano dirigido se reduce al problema de (c), demostrando que el segundo (y el problema más generalista de (d)) es NP–complejo.

Solución al problema 22.3: (a), (b), (c), (d). En el caso de (b), si la subrutina asumida para la versión de decisión responde "no", devolver "sin solución". Si responde "sí", utilizar la subrutina repetidamente para eliminar las aristas salientes de s, no eliminando nunca una arista que fuese a cambiar su respuesta a "no". Finalmente, solo quedará una arista saliente (s, v). Repetir el proceso desde v.

En el caso de (d), realizar búsqueda binaria sobre el coste total objetivo C. El tiempo de ejecución es polinómico en relación al número de vértices y al número de dígitos necesarios para representar los costes de las aristas, que es polinómico en relación al tamaño de la entrada. Ver también el análisis de la página 21.

Pista para el problema 22.4: Conmutar qué aristas están presentes o ausentes.

Pista para el problema 22.5: Un subconjunto S de vértices es una cobertura de vértices si, y solo si, su complemento $V - S$ es un conjunto independiente.

Pista para el problema 22.6: Utilizar un subconjunto por vértice, que contenga todas sus aristas incidentes.

Pista para el problema 22.7: Utilizar t como capacidad de la mochila. Utilizar a_i igualmente como valor y tamaño del elemento i.

Solución al problema 22.8: Llamar a una subrutina para el problema de la cobertura máxima con el sistema de conjuntos dado e incrementar sucesivamente los presupuestos $k = 1, 2, \ldots, m$. La primera vez que la subrutina devuelva k subconjuntos que cubran la totalidad de U, estos subconjuntos constituirán una solución óptima a la instancia de la cobertura de conjuntos dada.

Pista para el problema 22.9: Para reducir la versión no dirigida a la versión dirigida, sustituir cada arista no dirigida (v, w) con dos aristas dirigidas (v, w) y (w, v). En la otra dirección, realizar la siguiente operación sobre cada vértice:

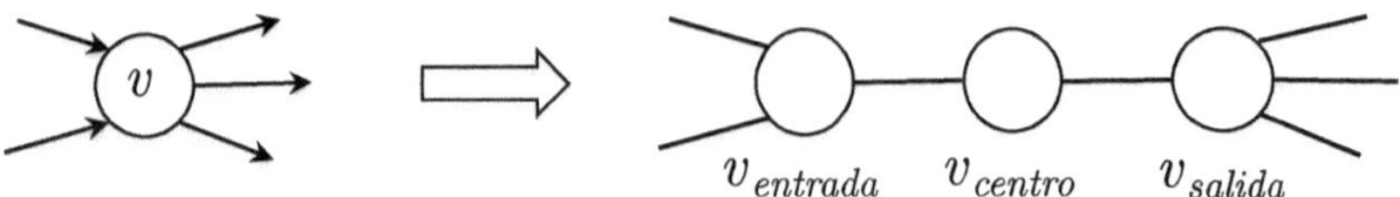

Pista para el problema 22.10: En el caso de (a), añadir un número adicional a la entrada. En el de (b), utilizar las a_i como longitudes de los trabajos.

Pista para el problema 22.11: Comenzar con un triángulo sobre los vértices llamados t (para "verdadero"), f (para "falso") y o (para "otro"). Añadir dos vértices v_i, w_i más por variable x_i en la instancia 3–SAT dada y conectarlos en un triángulo con o. En cada 3–coloreado, v_i y w_i tendrán los mismos colores que t y f, respectivamente (interpretados como $x_i :=$ verdadero), o los mismos colores que f y t, respectivamente (interpretados como $x_i :=$ falso). Implementar una disyunción de dos literales utilizando un subgrafo de la forma

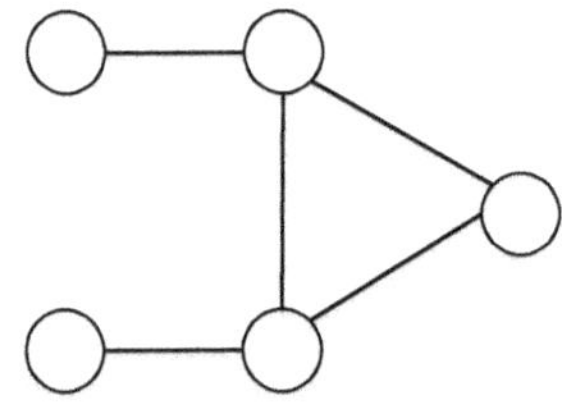

con las "entradas" a la izquierda y la "salida" a la derecha. Fusionar ambos subgrafos para implementar una disyunción de tres literales.

Pista para el problema 22.12: La parte (b) viene directamente de la reducción de la demostración del teorema 22.7. En el caso de la parte (a), sumar 1 a cada uno de los costes de las aristas de esta reducción.

Solución al problema 23.1: (a), (b). En (a), por lo que sabemos, el TSP (por decir uno) se puede resolver en tiempo polinómico. En (b), por lo que sabemos, $\mathcal{P} \neq \mathcal{NP}$ pero la hipótesis del tiempo exponencial es falsa. En (c), ver el problema 23.5. En (d), si cualquier problema NP–completo se puede resolver en tiempo polinómico, $\mathcal{P} = \mathcal{NP}$ y todos esos problemas se podrían resolver en tiempo polinómico.

Solución al problema 23.2: Como el TSP es NP–complejo (teorema 22.7), todo problema en $\mathcal{NP}$ se reduce a este. Por tanto, si la conjetura de Edmonds es falsa (lo que implica que existe un algoritmo de tiempo polinómico para el TSP), también lo ha de ser la conjetura P ≠ NP. Al contrario, si $\mathcal{P} = \mathcal{NP}$, la versión de búsqueda del TSP (que pertenece a $\mathcal{NP}$) se podría resolver en tiempo polinómico. La versión de optimización del TSP se reduce a la versión de búsqueda mediante búsqueda binaria (problema 22.3) y también se podría resolver en tiempo polinómico, lo que refutaría la conjetura de Edmonds.

Solución al problema 23.3: Todas ellas (como deberías comprobar).

Pista para el problema 23.4: En el caso de (a), crear las reducciones. En el de (c), encadenar los dos preprocesadores y los dos postprocesadores. Para determinar el tiempo de ejecución, argumentar igual que en el cuestionario 19.3.

Solución al problema 23.5: En el caso de (a), existe una reducción de Levin desde el 3–SAT al 3–SAT RELLENO (añadir una nueva variable y el relleno oportuno). En el de (b), comprobar (en tiempo lineal) si la entrada está rellena y, de ser así, utilizar búsqueda exhaustiva para calcular una asignación satisfactoria o llegar a la conclusión de que no existe ninguna. Debido a que el tamaño N de una instancia rellena es, como mínimo, de n^2, esta búsqueda exhaustiva se ejecuta en tiempo $2^{O(n)} = 2^{O(\sqrt{N})}$.

Pista para el problema 23.6: Utilizar el truco del problema anterior, con una cantidad de relleno superpolinómica pero subexponencial. Mostrar que un algoritmo de tiempo polinómico para el problema relleno refutaría la hipótesis del tiempo exponencial. Aprovechando que el problema relleno se puede resolver en tiempo subexponencial (¿por qué?), demostrar que una reducción (de Cook) desde el problema 3–SAT al problema relleno también refutaría la hipótesis del tiempo exponencial.

Pista para el problema 23.7: En el caso de (a), ejecutar búsqueda en anchura n veces, una por cada elección del vértice de inicio. En el de (b), dividir las n variables de una instancia k–SAT dada en dos grupos de tamaño $n/2$ cada uno. Introducir un vértice por cada una de las $2^{n/2}$ asignaciones de verdad posibles de las variables del primer grupo y hacer lo mismo con las del segundo grupo. Denominar a los dos conjuntos de $2^{n/2}$ como A y B. Introducir un vértice por cada una de las m restricciones, junto a los vértices adicionales s y t, denominar C a este conjunto de $m + 2$ vértices y definir $V = A \cup B \cup C$ (pregunta: ¿qué tamaño puede alcanzar m, en función de n y k?). Incluir aristas entre cada par de vértices de C, entre s y cada vértice de A y entre t y cada vértice de B. Completar el conjunto de aristas E conectando un vértice v de A o B a un vértice w correspondiente a una restricción si, y solo si, ninguna de las $n/2$ asignaciones de variables codificadas por v satisfacen la restricción correspondiente a w. Demostrar que el diámetro de $G = (V, E)$ es 3 o 2, dependiendo de si la instancia k–SAT dada se puede satisfacer o no.

Solución al problema 24.1: (c).

Solución al problema 24.2: (c), (d). Si en cada ronda del algoritmo FCC-CuentaAtrás existe, como máximo, una emisora v que permanece en el limbo y que rechazaría la oferta de dicha ronda (porque, por primera vez, w_v supera a $\beta_v \cdot p$), el orden no afecta a qué emisoras permanecen activas (¿por qué?)[30]. Cuando las razones w_v/β_v de las emisoras son distintas, se puede forzar esta condición tomando un ϵ lo suficientemente pequeño. En consecuencia, las respuestas (c) y (d) son correctas. Si dos emisoras deben abandonar en la misma ronda (debido a empates entre las razones w_v/β_v de las emisoras o a que ϵ no es lo suficientemente pequeño), las diferentes ordenaciones suelen llevar a salidas diferentes (como deberías comprobar), por tanto las respuestas (a) y (b) no son correctas.

Solución al problema 24.3: No necesariamente, pues en algunas ocasiones una emisora puede engañar al sistema rechazando una oferta superior a su valor y recibiendo así una indemnización superior que la que le habría correspondido de otra forma (por ejemplo, si el propietario de una emisora v, que permanece en el limbo, descubre que el conjunto $S \cup \{v\}$ se ha vuelto no empaquetable, siempre debería rechazar la siguiente oferta que reciba).

Pista para el problema 24.4: En el caso de (a), siempre que el algoritmo incluya v en su solución S calculada hasta el momento, deja de estar en consideración durante, al menos, otros Δ vértices, cada uno con un peso

---

[30]Aunque incluso en este caso la indemnización abonada a una emisora que se desconecte podría depender del orden de procesamiento (¿por qué?).

máximo de w_v. Por tanto, $\sum_{v \notin S} w_v \leq \sum_{v \in S} \Delta \cdot w_v$, lo que implica el límite indicado. En el caso de (b), para $v \in S$, digamos que $X(v)$ indica los vértices eliminados de posterior consideración debido a la inclusión de v en S: es decir, $u \in X(v)$ si v es el primer vecino de u añadido a S, o si u es el propio v. Debido al criterio voraz del algoritmo, siempre que v esté incluido en S, $w_v \geq \sum_{u \in X(v)} w_u/(\deg(u) + 1)$. Como todo vértice $u \in V$ pertenece al conjunto $X(v)$ con, exactamente, un vértice $v \in S$ (¿por qué?),

$$\sum_{v \in S} w_v \geq \sum_{v \in S} \sum_{u \in X(v)} \frac{w_u}{\text{grado}(u) + 1} = \sum_{u \in V} \frac{w_u}{\text{grado}(u) + 1} \geq \frac{\sum_{u \in V} w_u}{\Delta + 1}.$$

Índice alfabético